Vergessene Pfade
Taunus

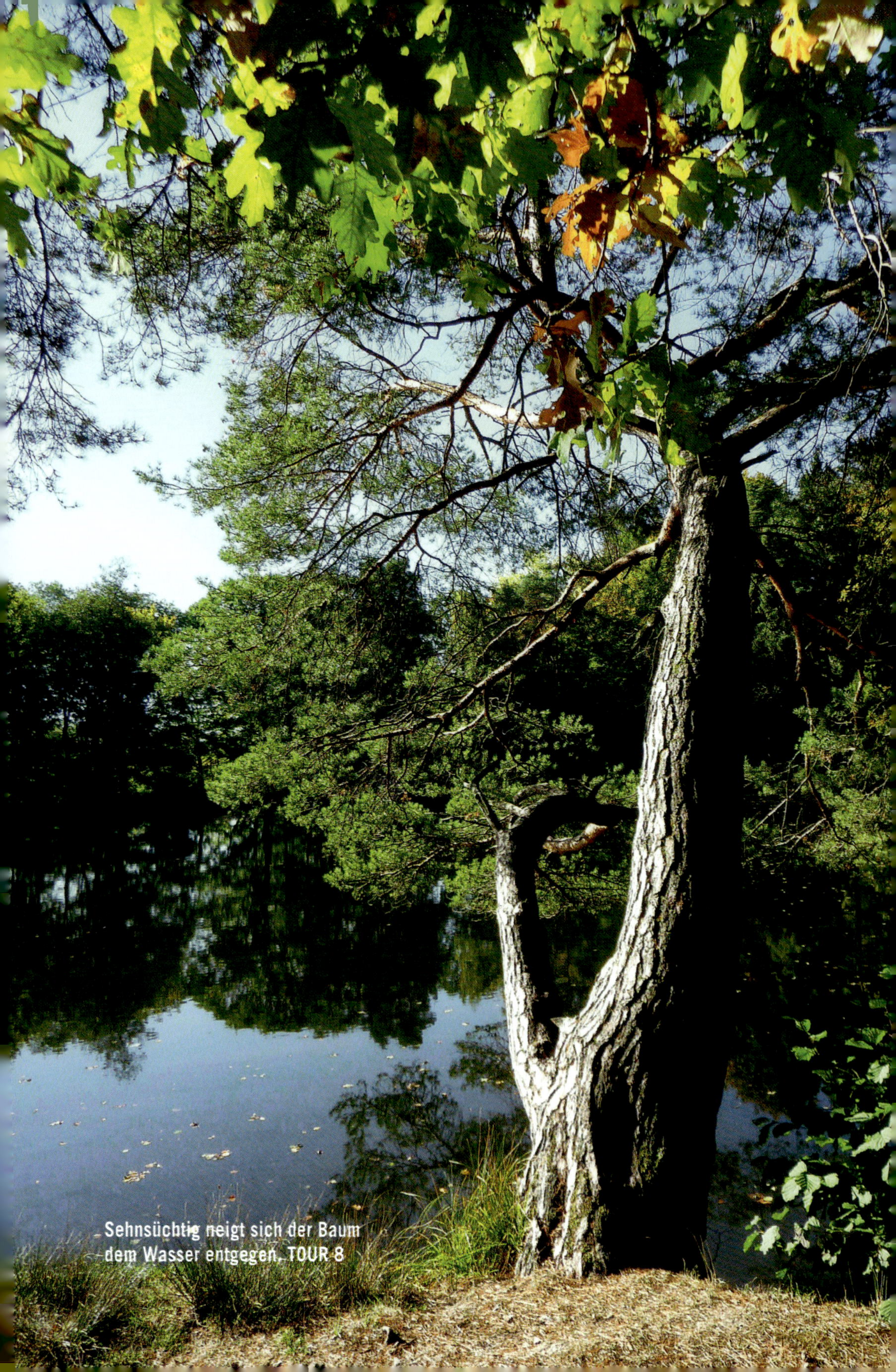

Sehnsüchtig neigt sich der Baum dem Wasser entgegen. TOUR 8

Antje Bayer

Vergessene Pfade
TAUNUS

35 außergewöhnliche Touren
abseits des Trubels

BRUCKMANN

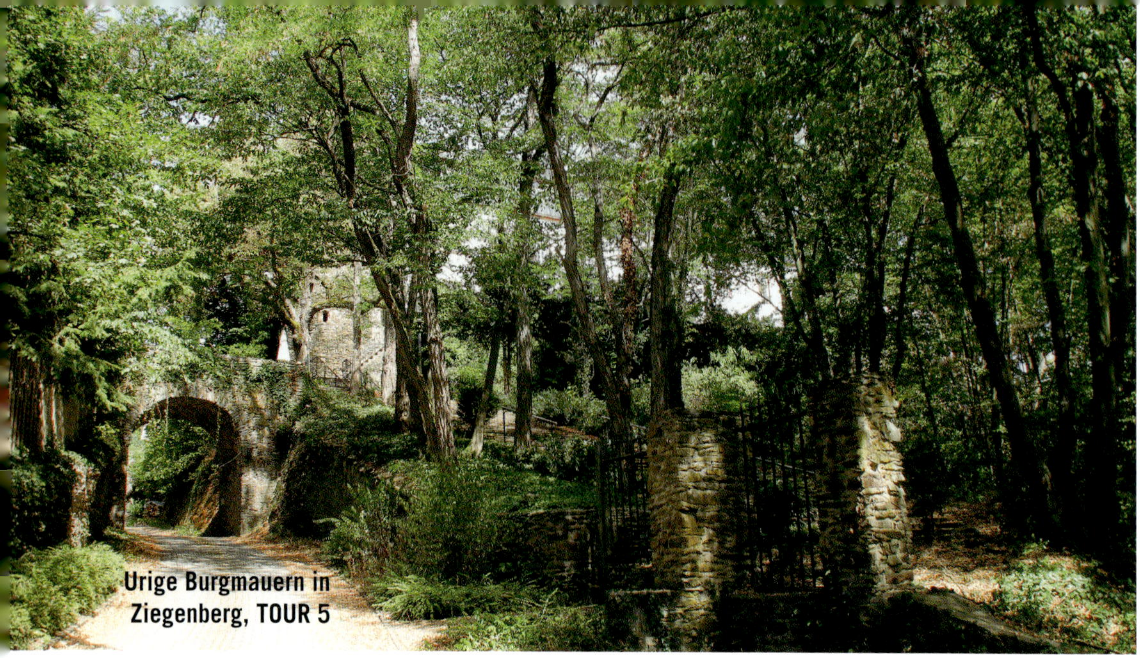

Urige Burgmauern in Ziegenberg, TOUR 5

Inhalt

DIE TOUREN

Gemütliches Picknickplätzchen mit Aussicht, TOUR 4

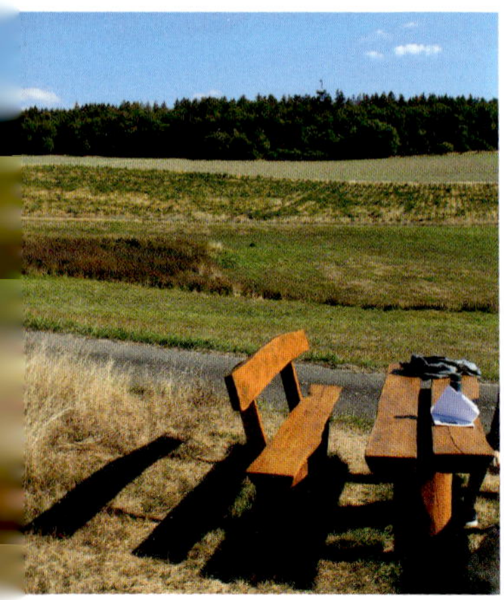

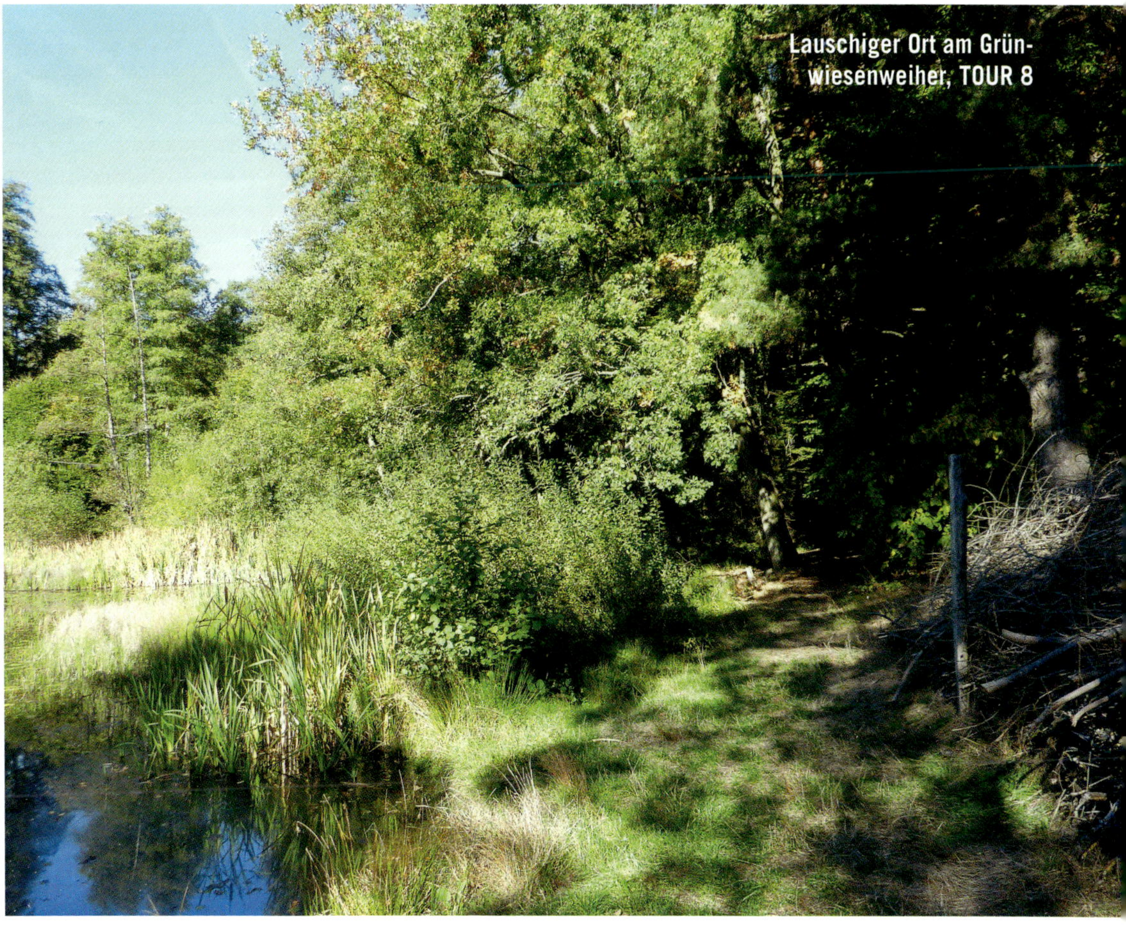

Lauschiger Ort am Grünwiesenweiher, TOUR 8

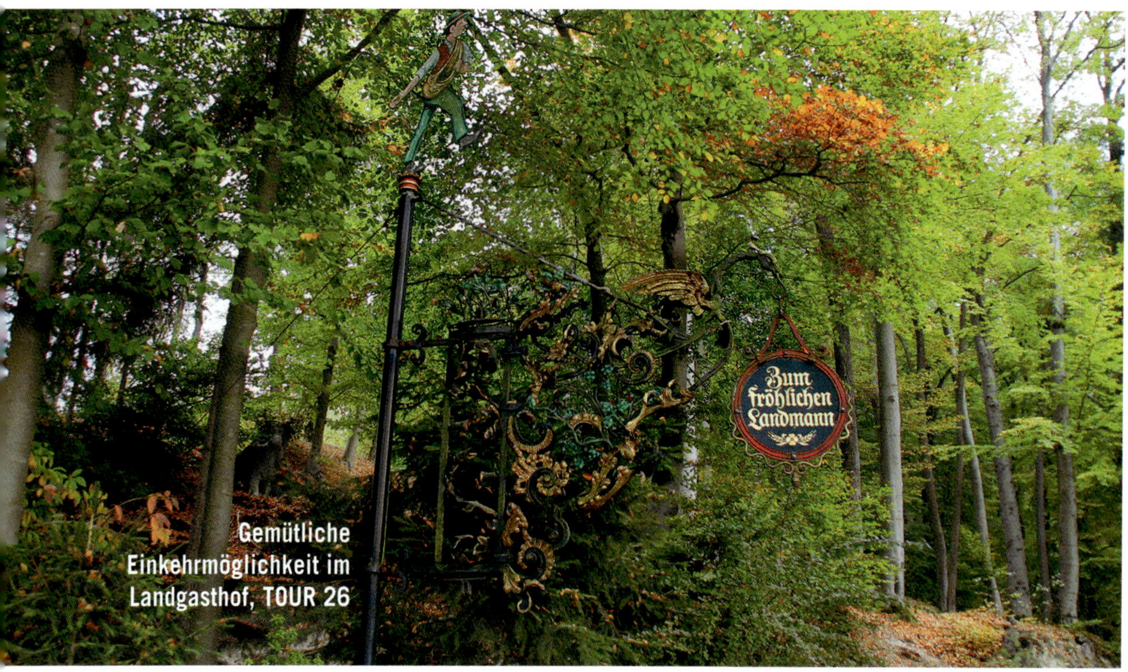

Gemütliche Einkehrmöglichkeit im Landgasthof, TOUR 26

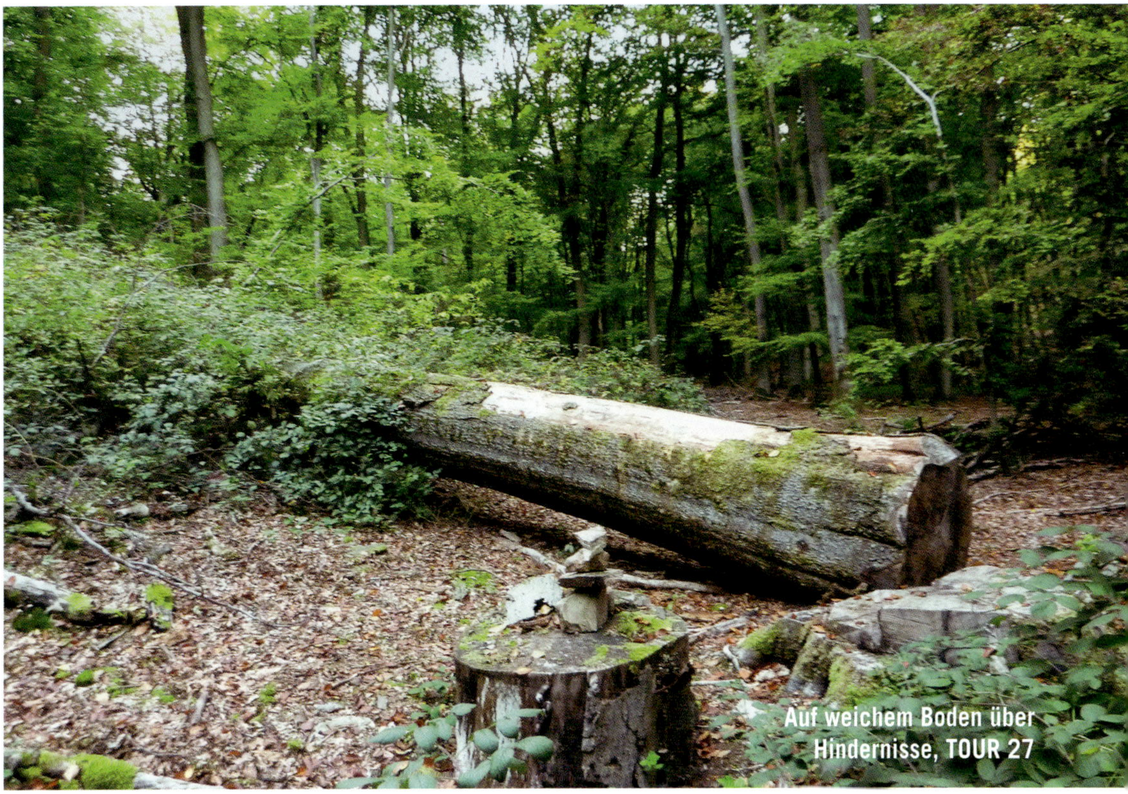

Auf weichem Boden über Hindernisse, TOUR 27

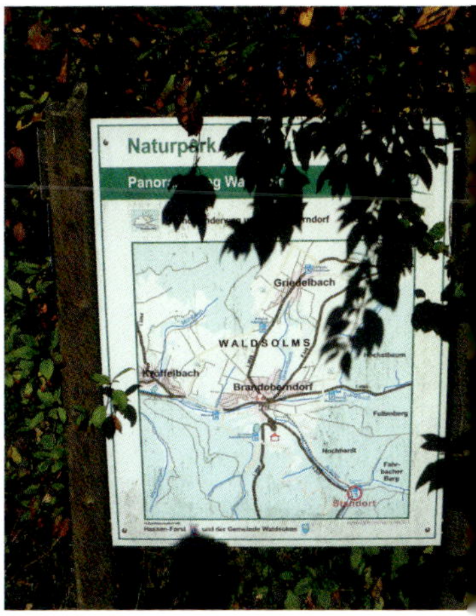

Praktische Orientierungsmöglichkeit am Panoramaweg, TOUR 14

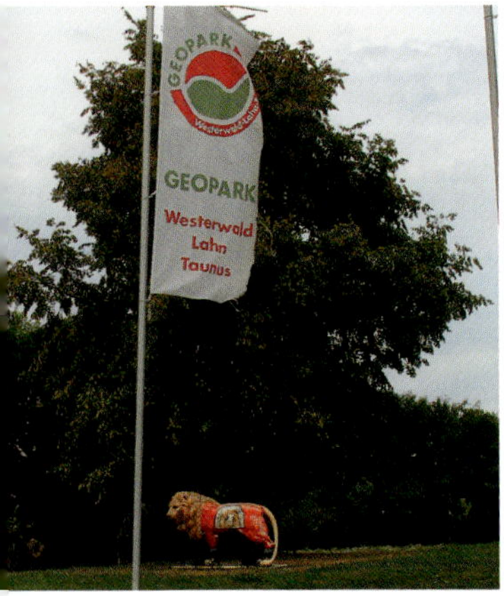

In direkter Nähe der Kubacher Kristallhöhle, TOUR 2

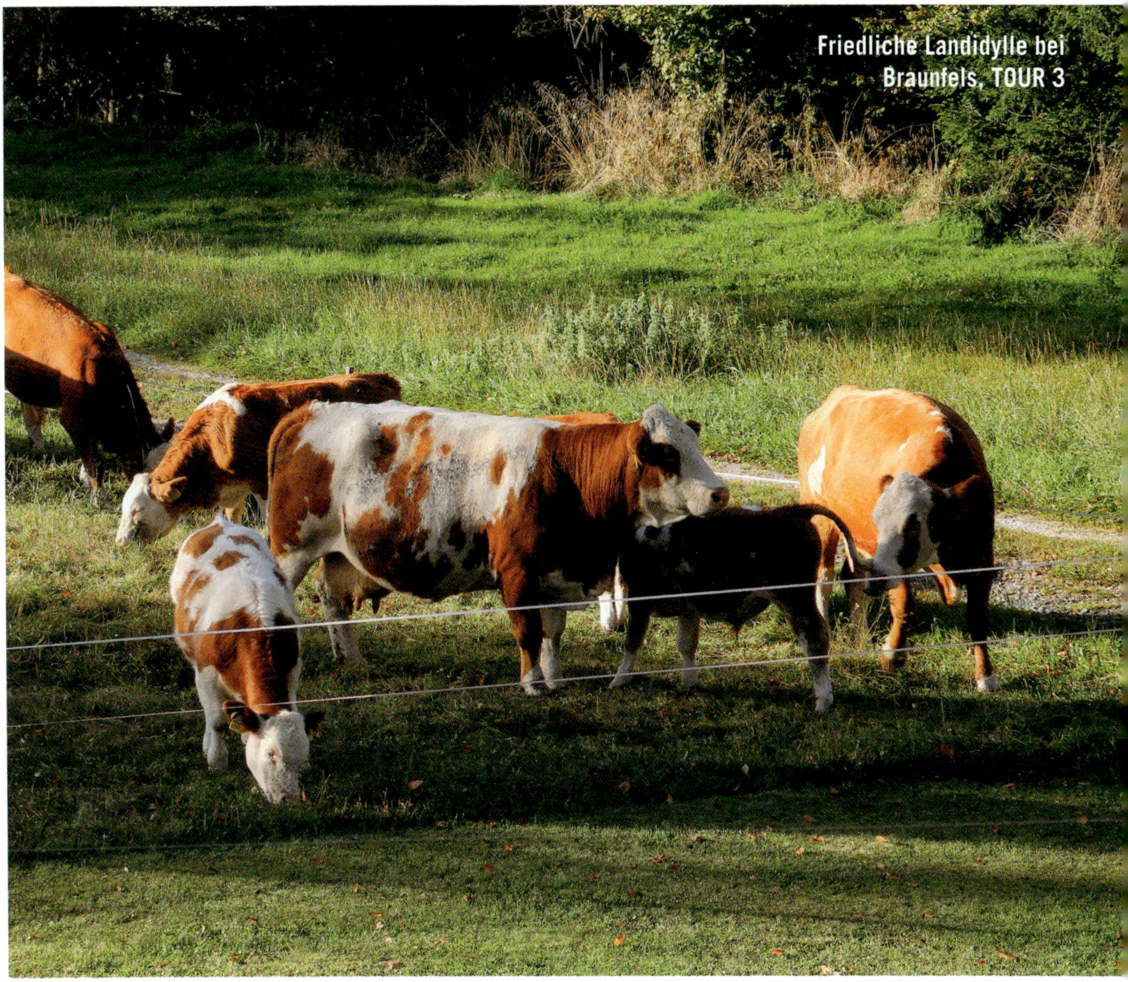

Friedliche Landidylle bei Braunfels, TOUR 3

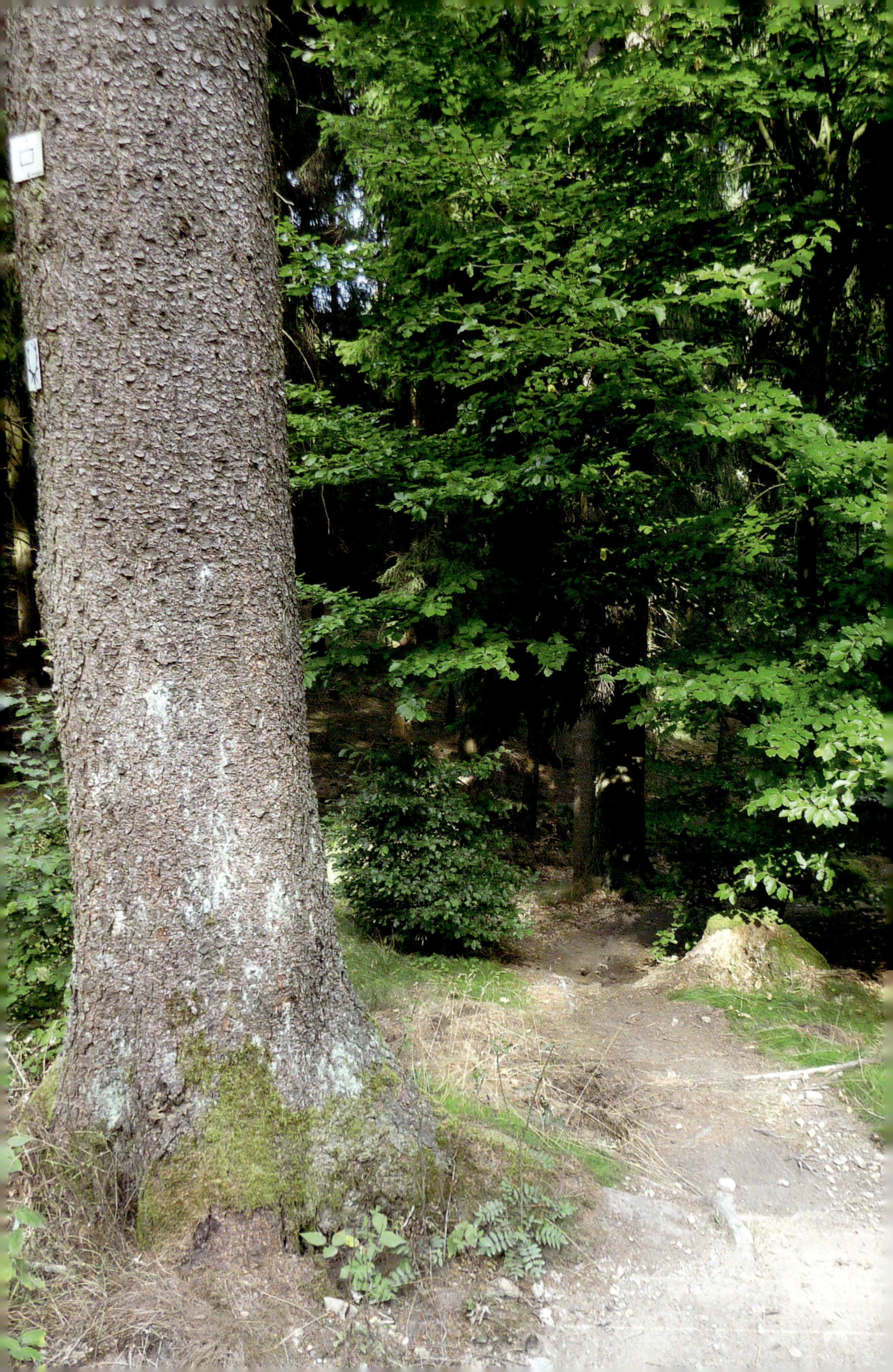

Vorwort

Einige berühmte Persönlichkeiten verweilten schon vor Jahrzehnten gern im Taunus. Kaiserin Sissi war eine von ihnen; mit ihren Begleitern reiste sie auf der Aartalbahnstrecke nach Langenschwalbach. Goethe, dessen Heimat Frankfurt am Main war, fühlte sich zum Großen Feldberg wie auch zu Bad Homburg hingezogen. In seinem Gedicht »Pilgers Morgenlied« wie auch in seiner Autobiografie erwähnte er seine Besuche. Auch für Alexander von Humboldt war der Taunus »das schönste Mittelgebirge«. In der heutigen Zeit zieht es immer noch viele berühmte Schriftsteller in den Taunus – hier finden sie in den idyllischen kleinen Orten, den malerischen Hügeln und den Gipfeln genügend Stoff für ihre Romane und Gedichte. Verwitterte Klippen, kleine Quellen, Täler mit seltenen Pflanzen locken nicht nur Wanderer an. Für so manch Kräuterweiblein, so manchen Hobby-Geologen oder Fotografen ist die Landschaft ein wahres Mekka.

Auch wenn Frankfurt nur wenige Kilometer entfernt ist, wird das hektische Stadtleben »hinter dem Berg« nicht mehr spürbar. Selbst die Temperaturen sinken um mehrere Grad. Hier herrscht eine ländliche Stille. Gern stehen die Rehe abends an den Straßen und genießen ihre Abendkräuter, was so manchen Autofahrer von »außerhalb« doch etwas verwundert.

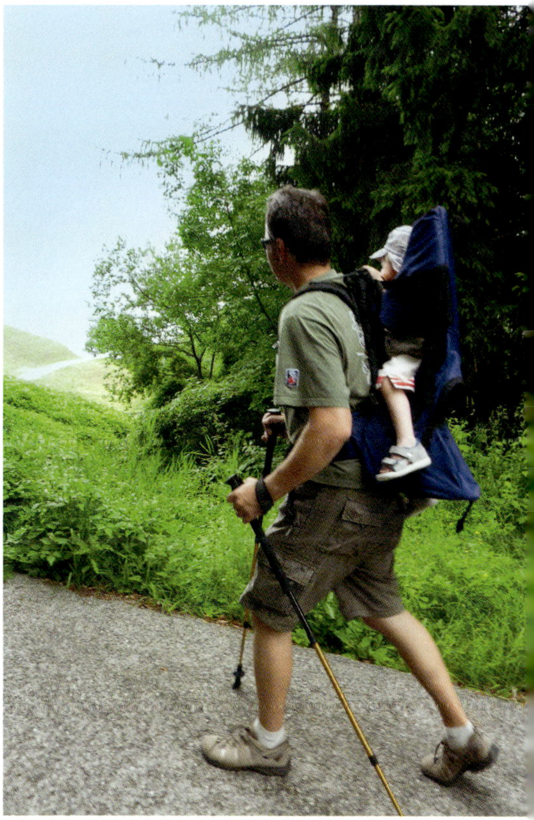

Früh übt sich beim Wandern! TOUR 25

Für mich war jede Tour wie ein geheimnisvoll geschlossenes Schatzkästchen, der Inhalt immer eine Überraschung, gepaart mit vielen Eindrücken. Auch wenn ich selbst schon viele Jahre im Taunus lebe, kannte ich so viele interessante Orte und ihre Geschichten noch nicht. Ich gelangte an Stellen, die abgeschieden waren und nur über einen kleinen Trampelpfad zu erreichen. Manchmal kämpfte ich mich durch hohes Gras oder über umgefallene Bäume. Auf steinigen verwurzelten Pfaden musste ich gut auf den Weg achten, um nicht zu stolpern. Trotzdem eröffneten sich immer wieder traumhafte Aussichten auf das Umland, die ich versuchte, mit der Kamera einzufangen. Andere Wanderer kreuzten selten meinen Weg, ebenso wie Radfahrer. Umso mehr freute ich mich, nach der Wanderung meine Füße unter dem Tisch eines Landgasthofs ausstrecken zu dürfen und mich genüsslich zu stärken.

Mit diesem Wanderführer möchte ich Sie ebenfalls einladen, abseits der Wege die Schönheit der Landschaft zu entdecken und in die Geschichte der Region einzutauchen. Lassen Sie sich verführen wie schon die Kelten und Römer, die dieses Mittelgebirge einst besiedelten.

Links: Schmale Pfade nahe Treisberg, TOUR 13

Der Taunus – eine wilde und waldige Landschaft

Als eines der älteren Mittelgebirge Deutschlands und Teil des Rheinischen Schiefergebirges ist der Taunus heute ein beliebtes Ausflugsziel. Der Taunus oder »die Höhe« bietet neben Natur auch Kultur, Erholung und Genuss. Im Vordertaunus wie auch im Hochtaunus befinden sich die höher gelegenen Ortschaften und Gipfel. Die höchste Erhebung ist der Große Feldberg, der schon von Frankfurt am Main zu sehen ist. Ebenso bekannt sind der Kleine Feldberg und der Altkönig. Letzterer ist historisch besonders aufgrund seiner keltischen Ringwälle bedeutsam. Aber nicht nur die Kelten und Römer bevölkerten einst den Taunus – Schinderhannes bzw. Johannes Bückler oder auch »Johannes durch den Wald«, wie er sich selbst nannte, suchte häufiger den Taunus auf; so soll er in Glashütten, Kröftel, Schloßborn und Heftrich sein Unwesen getrieben haben. Kulturinteressierte finden ein umfangreiches Angebot aus fast allen Epochen. Zu den geschichtlichen Höhepunkten zählen beispielsweise der Hessenpark, das Weltkulturerbe Römerkastell Saalburg oder auch das Schloss Bad Homburg.

Viel Wald zeichnet den Taunus aus. Der Hintertaunus ist die Region nördlich vom Hohen Taunus und durchaus hügeliger. Zum Östlichen Hintertaunus gehören z. B. das Usinger Becken, der Wetzlarer Hintertaunus oder auch der Weilburger Hintertaunus. Der Wispertaunus, der Westliche Aartaunus und das Bad Schwalbach-Hohensteiner Aartal sind Beispiele für den Westlichen Hintertaunus. Der Hoch-

Rettende Wegweiser im Dickicht des Waldes, TOUR 9

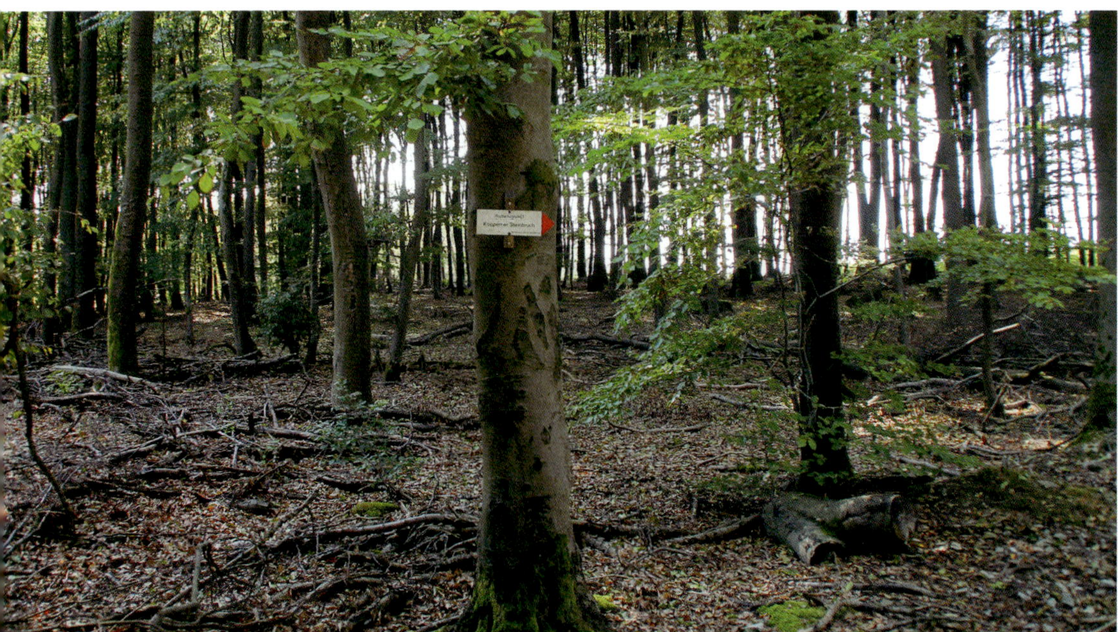

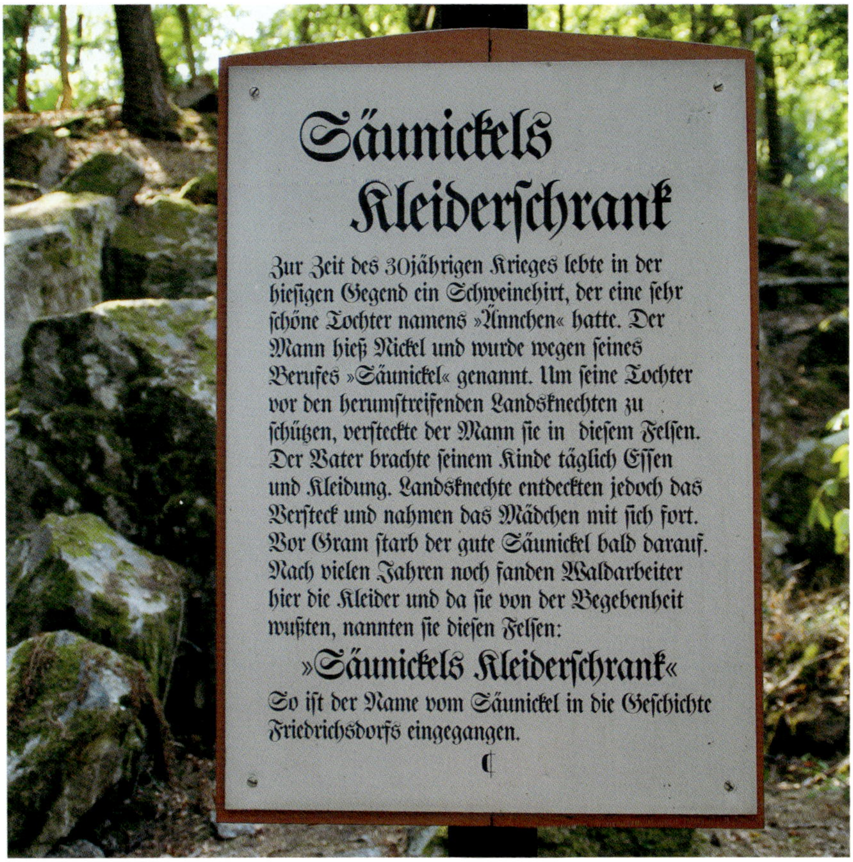

Überlieferte Legenden im Hintertaunus, TOUR 12

taunus umfasst acht Städte und fünf weitere Gemeinden. Ihn überzieht vorwiegend Nadelwald, während im Östlichen Hintertaunus eher Laubwald dominiert. Der Vordertaunus kann viele Streuobstwiesen vorweisen; hier gibt es neben zahlreichen schönen Apfelbäumen – die für das hessische Nationalgetränk »Äbbelwoi« benötigt werden – seltene Kräuter und für Insekten, Vögel, Fledermäuse, Marder und Spitzmäuse einen geeigneten Lebensraum. Der Vordertaunus ist dicht besiedelt und städtisch geprägt; so zählen beispielsweise Eppstein, Oberursel, Kronberg im Taunus und auch noch Wiesbaden dazu.

Grasende Pferde auf der Weide, TOUR 6

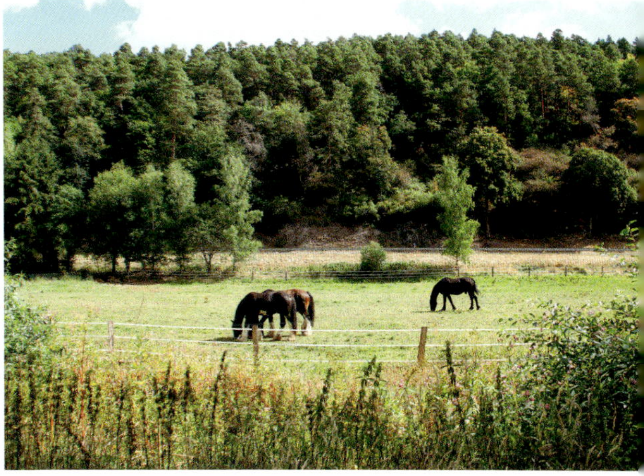

Bei Idstein teilt die Idsteiner Senke den Östlichen und den Westlichen Hintertaunus. Die Idsteiner Senke gliedert sich in den Goldenen Grund, den Idsteiner Grund, den Idsteiner Wald und den Escher Grund.

Die Gesteine im Taunus stammen vorwiegend aus dem Devon; während der variszischen Gebirgsbildung wurden sie verfaltet. So lässt sich auf dem Großen Feldberg der Brunhildis-

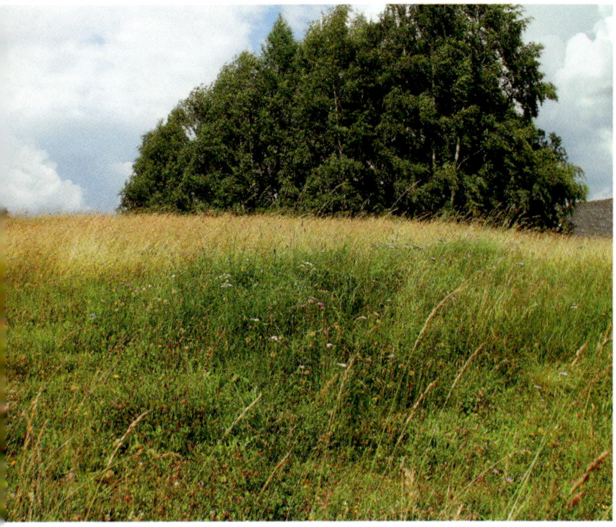

Ein lauer Sommerwind streift durch das Gras, TOUR 14

felsen entdecken. Ebenfalls beeindruckend sind die zwölf Meter hohen Eschbacher Klippen, die aus Quarzgestein bestehen. Eine weitere außergewöhnliche Felsformation ist der »Zacken«; von hier aus genießt man schöne Ausblicke auf das Emstal. Ebenfalls wunderbare Aussichten gibt es von den Aussichtstürmen im Naturpark zu erleben: Neben dem Atzelbergturm bei Eppenhain, dem Herzbergturm bei Bad Homburg oder auch dem Hardtbergturm bei Königstein Mammolshain gibt es noch sieben weitere Türme zu entdecken.

Der Taunus weist nur wenige Seen und Weiher auf. Stehende Gewässer sind mit dem Hattsteinweiher in Usingen oder auch dem Meerpfuhl bei Merzhausen zu finden. Daneben gibt es bedeutende Mineral- und Heilquellen. Mehrere Heilbäder waren schon zu früheren Zeiten sehr beliebt – die Quellen von Schlangenbad wurden bereits zu Zeiten der Römer genutzt. Das berühmte Selterswasser stammt von den Quellen aus Niederselters. Die Quellen aus Bad Schwalbach wurden bereits im 16. Jahrhundert genutzt, und Bad Ems gehört zu den berühmtesten Heilbädern Deutschlands. Frisches Wasser sprudelt auch aus dem Sauerbrunnen in Bad Soden oder dem Auguste-Viktoria-Brunnen in Bad Homburg. Ein weiterer sehenswerter Brunnen ist der Chulalongkorn-Brunnen von 1907 in Bad Homburg – er verdankt seinen Namen König

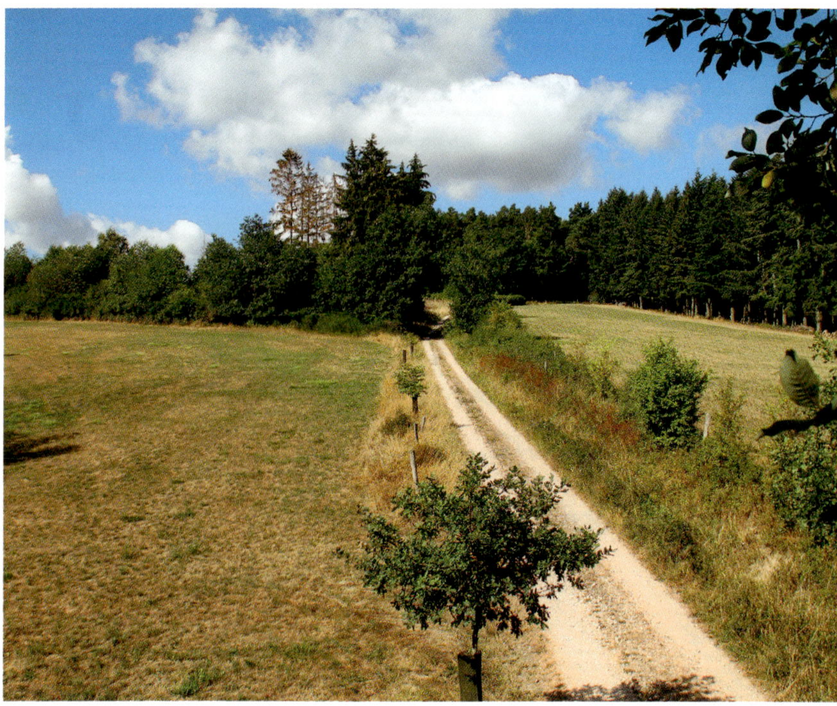

Ein schöner Weg am Wald entlang, TOUR 6

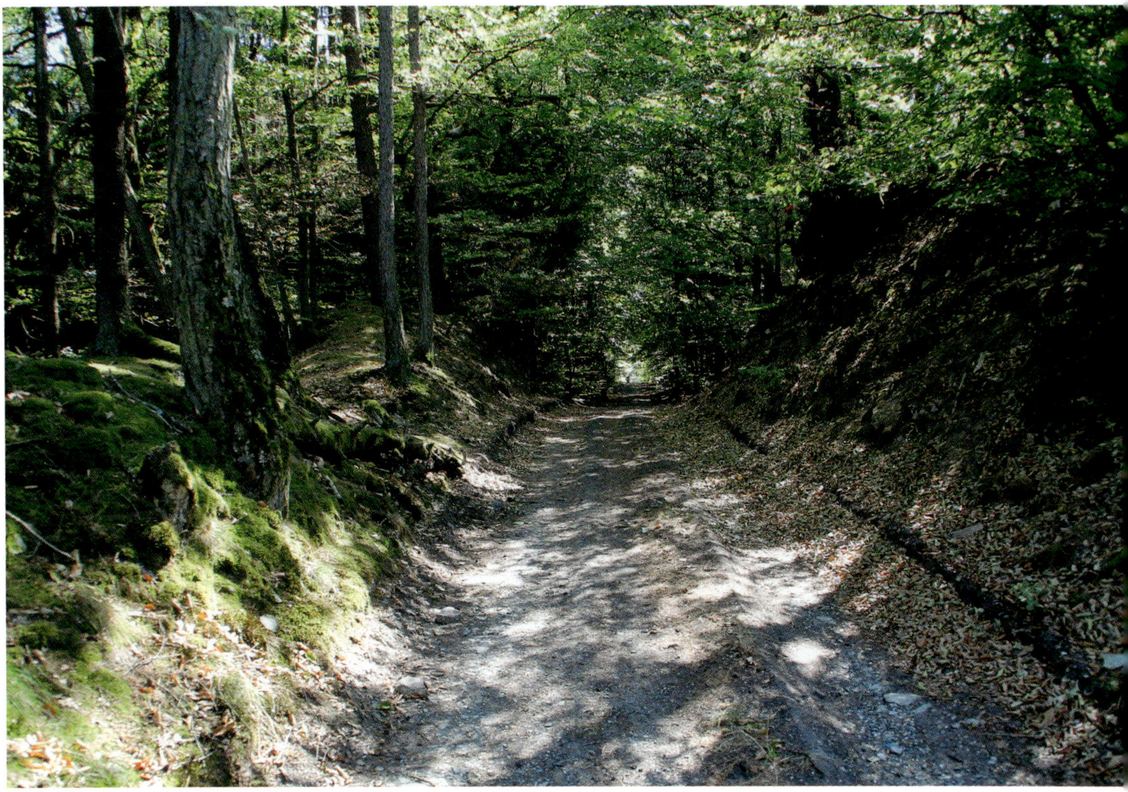

Chulalongkorn von Siam. Dieser war darüber so erfreut, dass er der Stadt 1914 den Sala Thai (Pavillon) über dem Brunnen schenkte.

Gut begehbare Wege führen zum Ziel, TOUR 12

Im Taunus kann man sich aufgrund seiner Lage und des Klimas vieler schöner Biotope erfreuen; so lässt sich z. B. das Knabenkraut bei Seelenberg entdecken oder Schachtelhalme im Dietrichsgrund bei Hofheim. Seltene Pflanzen wachsen auch im Altenhainer Tal, und eine beeindruckende Heidelandschaft lockt in der Riedelbacher Heide. Seltene Schilfarten findet das wachsame Auge im Emsbachtal, während unterhalb des Hühnerbergs einige Orchideenarten wachsen.

Der Laune des Borkenkäfers ausgesetzt, TOUR 34

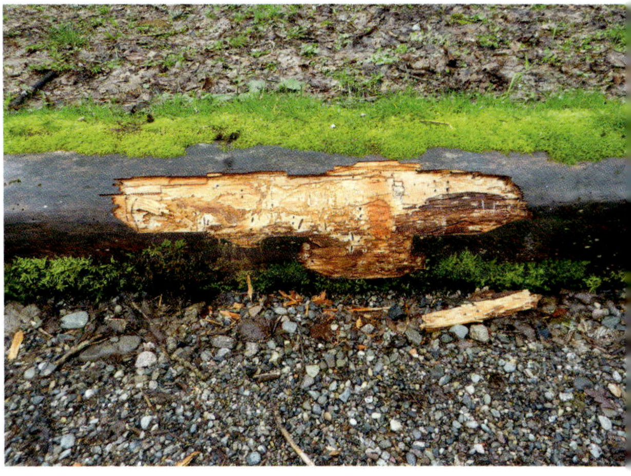

Eine weitere Besonderheit des Taunus sind die Edelkastanienhaine. Die Edelkastanie (castanea sativa) verdanken die Taunusbewohner den Römern, die sie einst hierher brachten. Erstmals wurde diese Esskastanie im 11. Jahrhundert erwähnt. In Oberursel, zwischen den Gemeinden Kronthal und Mammolshain oder auch in Bad Soden sind alte Bäume zu entdecken, die auf eine lange Tradition hinweisen: Noch heute stellen die Taunusbewohner aus den Kastanien gern Mus, Maronensuppe und Soßen her.

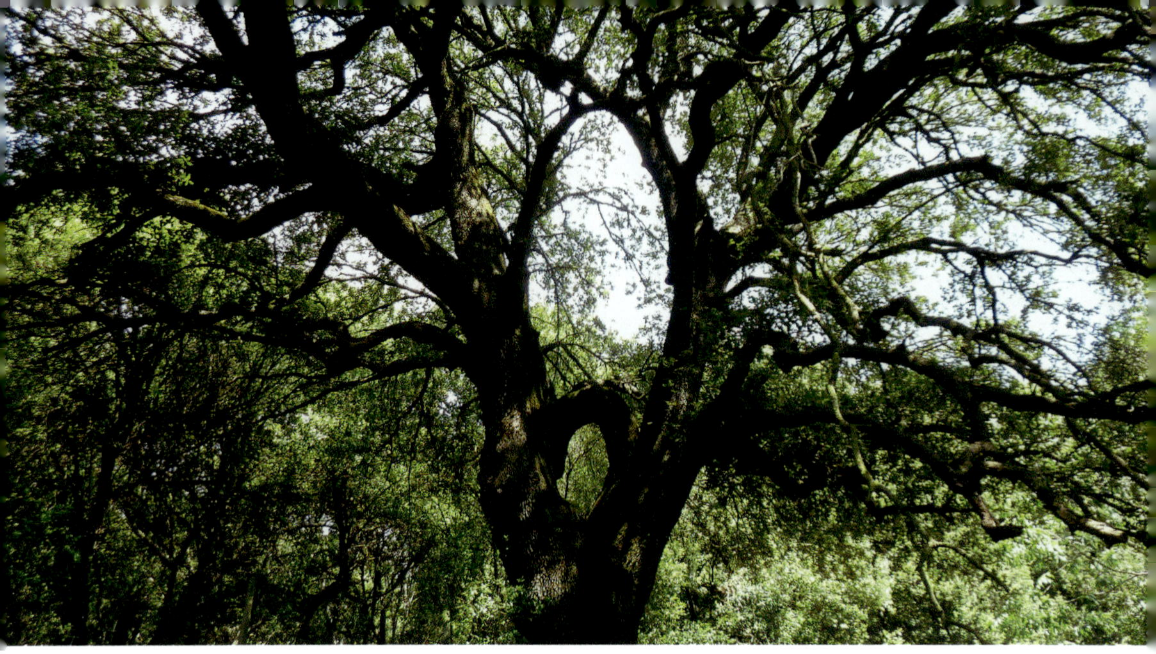

Er kann sicher viele Geschichten erzählen, TOUR 32

Praktische Informationen

Unterwegs im Taunus

Wer motorisiert ist, bewegt sich im Taunus am flexibelsten. Der Vortaunus kann noch gut mit der S-Bahn oder dem Bus aus Frankfurt besucht werden; im Hinter- und Hochtaunus fahren vorwiegend die Taunusbahn oder auch verschiedene Busse. Viele Wanderparkplätze sind allerdings nur saisonbedingt mit dem Bus erreichbar, oder man muss noch eine kurze Wegstrecke von der Haltestelle des nächstgelegenen Orts einplanen. Eine Alternative bietet hier das Anruf-Sammeltaxi (AST): Gerade in den verkehrsschwachen Zeiten, also in den Abendstunden, am Wochenende und an Feiertagen, kommt das Sammeltaxi nach Vorbestellung zur regulären Haltestelle. Zudem gibt es noch das Anschluss-Sammel-Taxi an den Bahnhöfen in Hofheim, Hattersheim und Flörsheim; dieses Taxi muss nicht telefonisch vorbestellt werden.

Ein sonniger Tag im Herbst in Kelkheim, TOUR 27

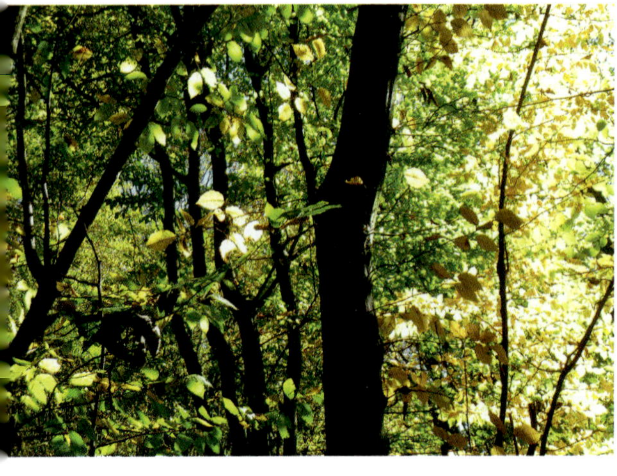

Weitere Infos gibt's unter: www.verkehrsverband-hochtaunus.de; www.bahn.de; www.rmv.de (Bus); AST: 06172/10 13 10.

Mit der Rhein-Main-Card lässt sich für Einzelpersonen und Gruppen sparen! Die Karte ist für zwei Tage und für alle öffentlichen Verkehrsmittel (ausgeschlossen Fernverkehr) im kompletten RMV-Tarifgebiet gültig. Zudem gibt es zahlreiche Ermäßigungen auf reguläre Eintrittspreise von Freizeit- und Kultureinrichtungen. Online kann die Karte über www.frankfurt-tourismus.de bestellt oder persön-

lich an einer der ca. 50 Verkaufsstellen erworben werden. Eine davon ist das Taunus-Informationszentrum an der Hohemark in Oberursel, welches auch der Ausgangspunkt für Wanderungen ist.
Bei einigen Touren in diesem Wanderführer sind der Ausgangspunkt und der Endpunkt verschieden – hier ist eine sorgfältige Tourenplanung mit Hilfe der Karte nötig. Wer sich einmal verlaufen oder verletzt hat, kann die Bergrettung rufen. Der Taunus verfügt über Rettungspunkte im Wald, die hauptsächlich an den Bäumen angebracht sind. Mit ihrer Hilfe kann die Rettungsmannschaft den Hilfesuchenden schnell ausfindig machen.
Bergwacht Hessen Tel. 06174/41 65
Notruf 110

Beste Jahreszeit

Der Taunus zeichnet sich durch ein mildes subozeanisches Klima aus. Generell sollte beachtet werden, dass der Vortaunus einige Grad milder als der Hinter- und der Hochtaunus ist. Die bevorzugteste Wanderzeit ist von Ostern bis Ende Oktober. Gerade am Wochenende ist der Hochtaunus ein beliebtes Ausflugziel für Frankfurter. Wer allerdings schon am Vormittag startet, kann sich über sein Alleinsein in der Natur freuen.
Neben der Hauptsaison ist es auch sehr reizvoll, im Winter eine Wanderung zu unternehmen. Bei den z. T. rutschigen Wegen im Hochtaunus muss allerdings verstärkt Obacht gegeben werden! Auch sollte bedacht werden, dass die Busse bei Schneefall im Winter im Hochtaunus teilweise ausfallen.

Eine entspannte Ruhepause muss auch mal sein!

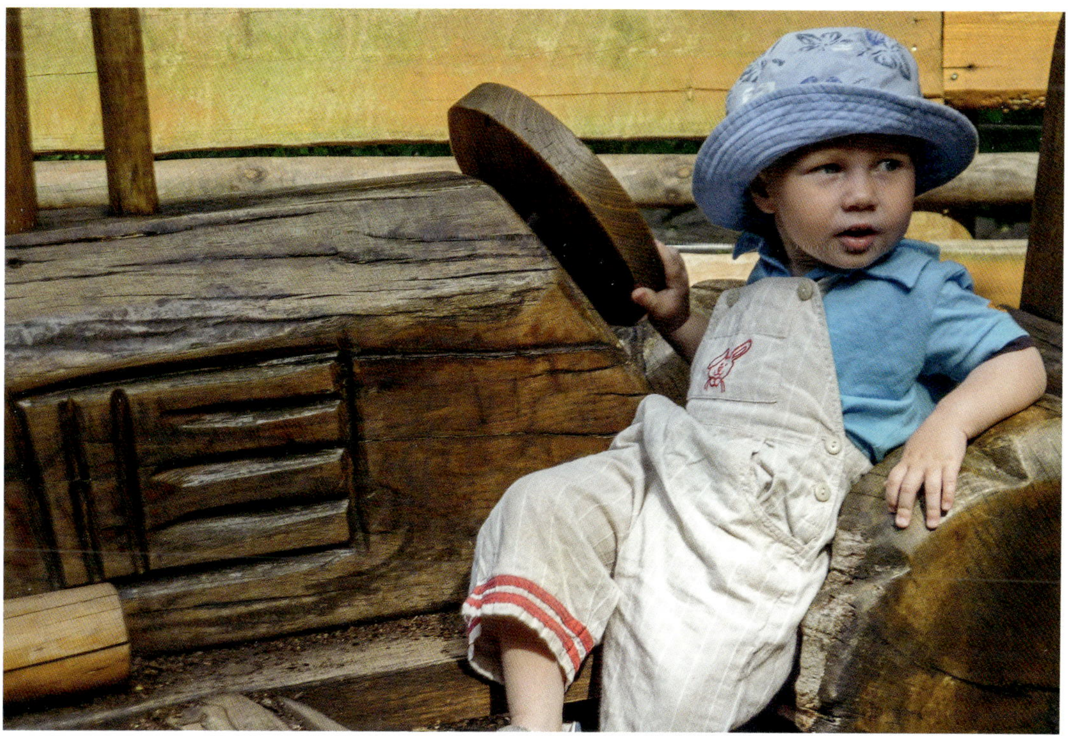

Je nach Jahreszeit muss man beachten, dass im Taunus regelmäßig gejagt wird. Normalerweise stehen Hinweisschilder bei den jeweiligen Jagdrevieren; trotzdem kommt es immer wieder vor, dass man sich zufällig mitten oder in der Nähe eines Jagdgeschehens befindet. Wer also Schüsse in der Nähe hört, sollte doch lieber auf den gut befestigten Wegen bleiben .

Tourenplanung

Empfehlenswert ist es, immer eine Karte mitzunehmen. Manchmal fehlen Markierungen, oder sie sind nicht mehr gut sichtbar. Auch sollte beachtet werden, dass das Handy im Hoch- und Hintertaunus nicht immer ausreichend Empfang hat. Die angegebenen Gehzeiten wurden in diesem Wanderführer großzügig vermerkt; größere Pausen für ein Picknick oder zum Fotografieren wurden hierbei nicht mit eingerechnet. Auch hier wird darauf hingewiesen, dass sich die jeweiligen Gehgeschwindigkeiten der einzelnen Wanderer unterscheiden können.

Ausrüstung

Empfehlenswert ist gutes und festes Schuhwerk. Lockere, der Jahreszeit angepasste Kleidung im Zwiebellook sowie ein Rucksack für Snacks und Getränke sind unabdingbar. Häufig gibt es nur am Tour-Ende eine Einkehrmöglichkeit, was bei der Planung berücksichtigt werden sollte. Sonnenschutz im Sommer sowie eine leichte Regenjacke sind nach Bedarf empfehlenswert.

Ein herzliches Willkommen in der »Roten Mühle«, TOUR 27

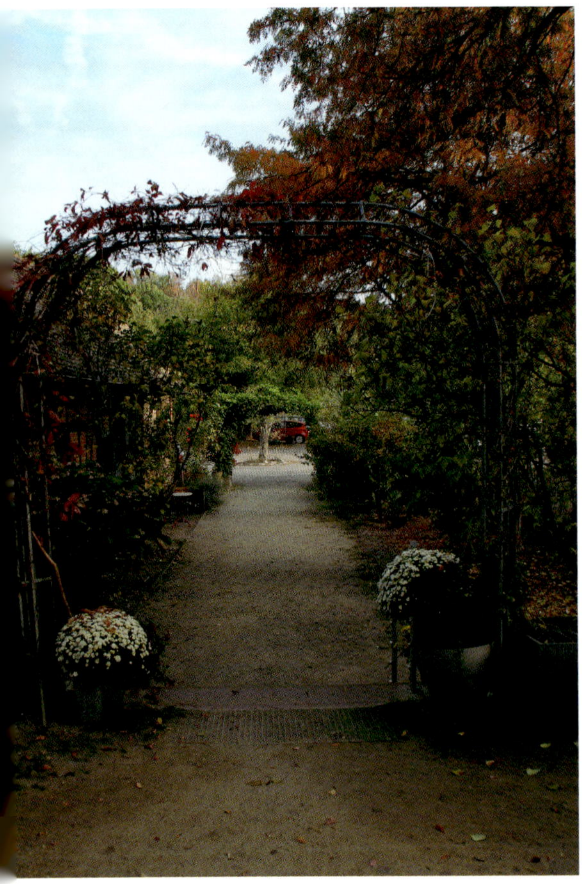

Wege und Karten

Mehr als 1240 Kilometer Wanderwege durchziehen den Naturpark Taunus. Einige Wandertouren verfügen streckenweise über Abschnitte, die häufig begangen werden, dann aber plötzlich mitten in die Einsamkeit übergehen. Der Taunus ist zwar nicht dicht besiedelt, aus dem Großraum Frankfurt am Main kommen allerdings gerade am Wochenende viele Ausflügler. Der Naturpark ist ein fantastisches Gebiet für Wanderer, Radfahrer, Kletterer und Urlauber. Neben gut markierten Wegen gibt es auch Routen, wo Spürsinn und Orientierungsvermögen gefragt sind. Als zusätzliche Wanderkarten sind »Naturpark Hochtaunus: Wanderführer mit Tourenkarten und Höhenprofilen « (Kompass-Wanderführer, Bd. 5234), »Westlicher Taunus 1:50 000« (Kompass-Wanderkarten, Nr. 839) sowie »Vordertaunus: Wanderkarte mit Radwegen, Blatt 46-556, 1:25 000, Bad Homburg v.d.H., Bad Soden, Frankfurt-West, Hofheim, Königstein, Kronberg, Oberursel« (NaturNavi) empfehlenswert.

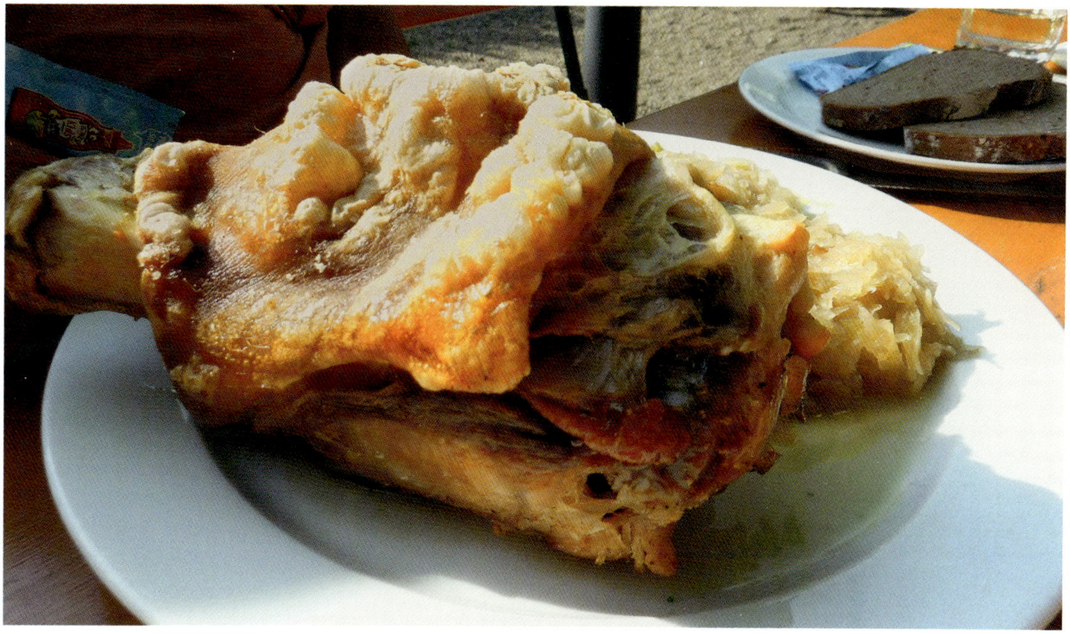

Deftige Kost zur Stärkung, TOUR 26

Schwierigkeit

Jede Tour wurde in drei Schwierigkeitskategorien aufgeteilt. So zeichnet eine »leichte« Tour wenige Höhenmeter auf guten Wegen aus. Ein wenig Ausdauer ist dagegen bei den mittelschweren Wanderungen erforderlich. Die schweren Wanderungen sind dann schon eine Herausforderung, geprägt durch mehr Höhenmeter und eine lange Gehzeit.

Auch wenn es eine leichte Tour ist, kann sie von jedem Wanderer subjektiv anders empfunden werden. Es gibt immer Auf- und Abstiege, die Trittsicherheit verlangen und die sich auf die Gesamtstrecke auswirken. Teilweise fehlen Markierungen und Schilder bzw. ist der Weg zugewachsen, was die Schwierigkeit erhöhen mag.

Ich möchte darauf hinweisen, dass weder der Verlag noch die Autorin für die Aktualität der Angaben garantieren kann. Ein vor Kurzem noch besuchter Ort bzw. Weg kann sich im nächsten Jahr schon komplett verändert haben.

Einkehrmöglichkeiten

Zu jeder Tour gibt es Hinweise zu Gasthäusern, Cafés oder Restaurants. Die Küche im Taunus ist gutbürgerlich geprägt. Aufgrund der charakteristischen Landwirtschaft kommen die Getränke und Speisen vom Bauernhof aus der Nachbarschaft. Nicht immer haben die Lokalitäten aber auch geöffnet – daher ist es empfehlenswert, die entsprechende Webseite zu besuchen oder vor dem geplanten Besuch dort anzurufen.

Wer nicht aus der Region stammt, sollte natürlich einmal Spezialitäten wie die berühmte »Frankfurter Grüne Soße« oder den beliebten »Handkäs mit Musik« zusammen mit einem frisch gekelterten sauer oder süß gespritzten Apfelwein probieren!

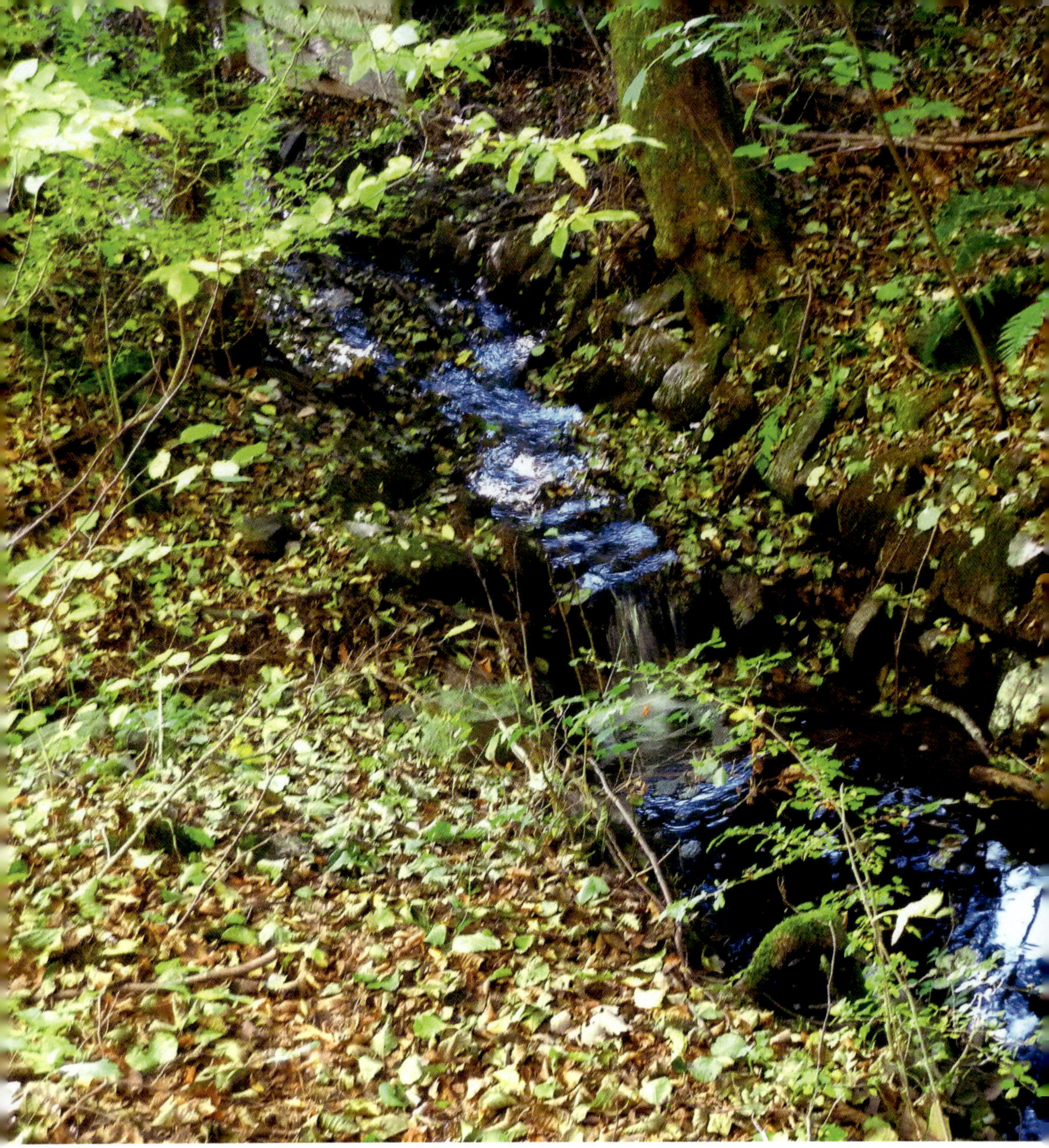

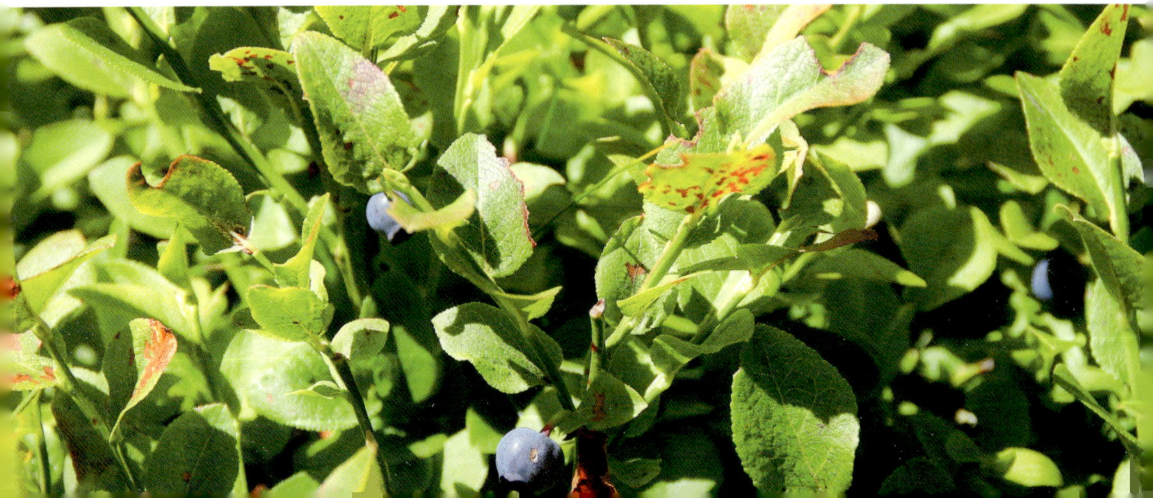

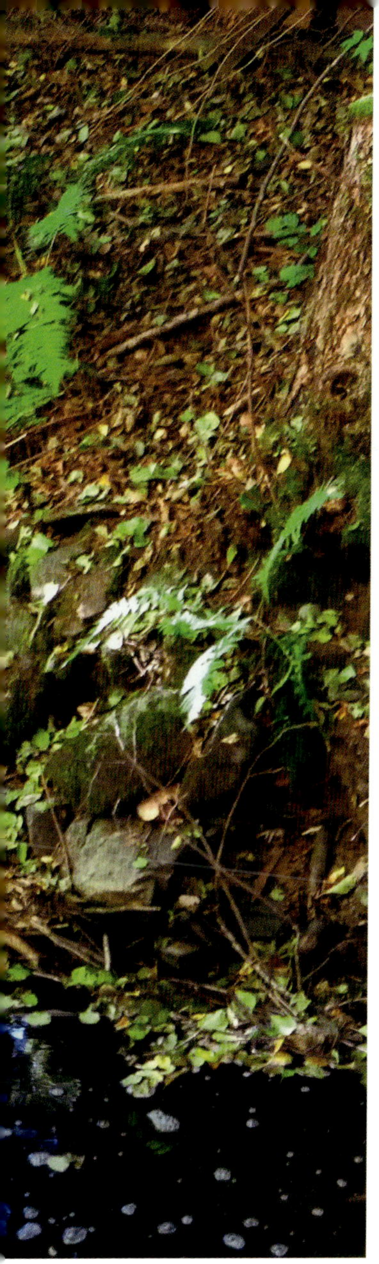

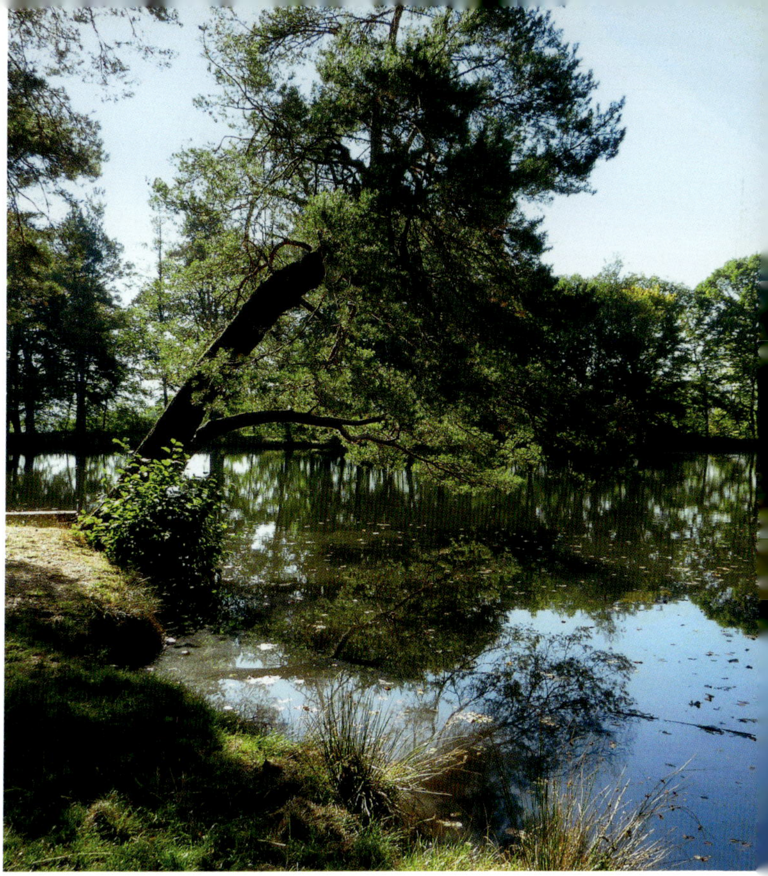

Hintertaunus

Dem Rauschen des Baches lauschen (o. li.). Träumen und genießen am Grünwiesenweiher (o. re.). Auch die Füße brauchen eine Pause (u. re.). Leckere Heidelbeeren zum Naschen (u. li.).

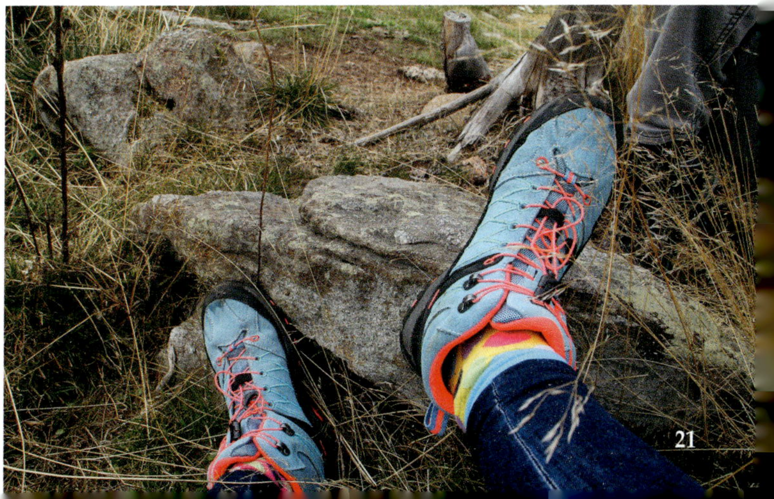

1

Von Wetzlar nach Braunfels

Unterwegs auf dem Lahnhöhenweg

Mittel 19 km 419 Hm 5 Std.

Tourencharakter
Durchgehend gut beschilderte Tour auf hügeligen Feld- und Waldwegen

Ausgangspunkt
Parkplatz an der Kalsmuntstraße in Wetzlar

Endpunkt
Marktplatz in Braunfels

Höchster Punkt
Stoppelberg 401 m

Anfahrt
Auto: Über A 45 und B 49 nach Wetzlar, dann über Gloelstraße, Karl-Kellner-Ring und Ernst-Leitz-Straße in die Kalsmuntstraße
Bus & Bahn: Mit der Bahn bis Bahnhof Wetzlar, von dort ca. 1 km zu Fuß zum Ausgangspunkt

Beste Jahreszeit
Ganzjährig

Einkehr
Mehrere gute Cafés und Restaurants in der Altstadt von Idstein

Karte
Kompass 1:50 000, Nr. 847 Westerwald

Infos
www.braunfels.de

Vom romantischen Fachwerkstädtchen Wetzlar geht's auf Feld- und Waldwegen zur ehemaligen Reichsburg und zum Stoppelberg. An zwei Mühlen und an geschichtsträchtigen Gemeinden vorbei, wird Braunfels mit seinem Märchenschloss erreicht.

Wetzlar liegt im Lahntal und ist eine reizvolle Fachwerkstatt. Kleine Gässchen und schöne Plätze prägen die Altstadt. Ein besonderes Kleinod ist der Wetzlarer Dom, auch Dom Unserer Lieben Frau genannt; er gilt als Wahrzeichen der Stadt und wurde nie fertiggestellt, was an seiner Fassade

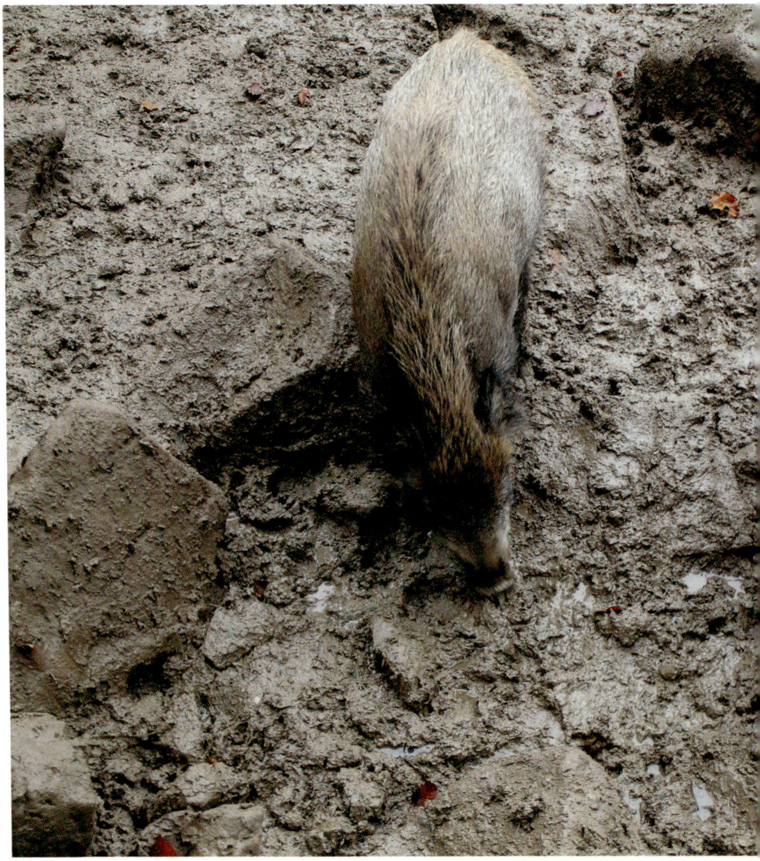

Im Wildpark Tiergarten Braunfels

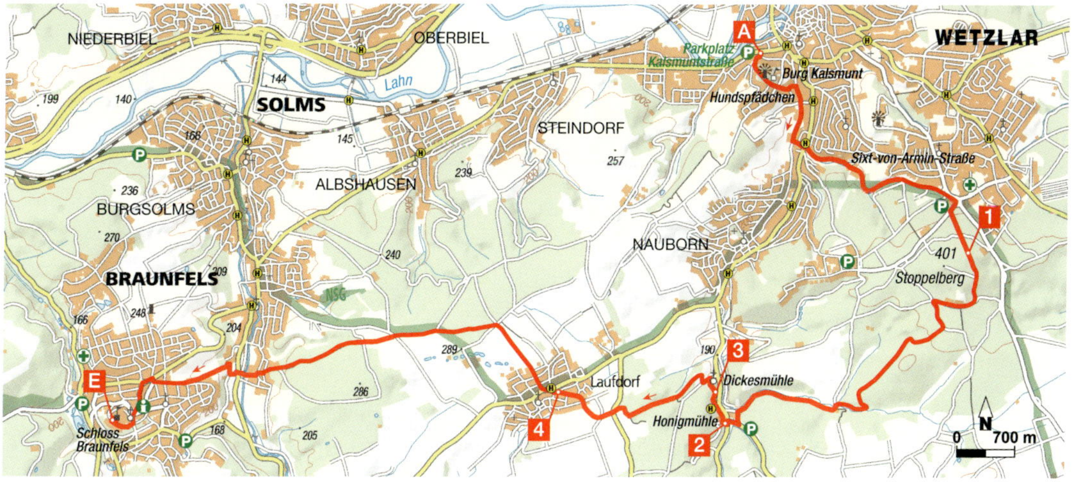

deutlich erkennbar ist. Neben dem Dom befindet sich das Lottehaus. In ihm begegnete Johann Wolfgang von Goethe im Sommer 1972 Charlotte Buff, in die er sich unglücklich verliebte. Weiterhin gilt die Stadt als Optikerstadt – ein Parcours beschäftigt sich mit sämtlichen Phänomenen und Wahrnehmungstäuschungen der Optik.

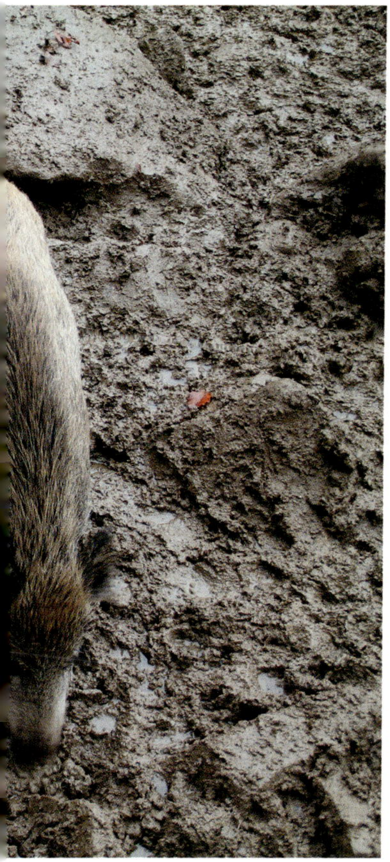

Wo Barbarossa herrschte Vom Ⓐ **Parkplatz in der Kalsmuntstraße** in Wetzlar geht es sogleich durchs Kalsmunttor. Nun gilt es, die ersten Höhenmeter auf der mit einem »L« markierten Route zu bewältigen. Die Ruine der ehemaligen Reichsburg Kalsmunt (256 m) ist das erste Zwischenziel; hier kann man den wunderschönen Ausblick auf die Stadt Wetzlar und ihre Umgebung genießen. Die Burg wurde von Friedrich Barbarossa um 1180 ausgebaut mit der Absicht, die Stadt bzw. das Reichsland zu sichern.

Nach dem kurzen Aufenthalt führt uns die Route nun halb um die Burg Kalsmunt herum und geradewegs ins Wetzbachtal hinein. Über den Burgweg gelangen wir nach Überquerung des Laufdorfer Wegs in das Hundspfädchen. Rechts in die Solmserstraße abbiegend, laufen wir über eine kleine Brücke des Wetzbachs zur Weiherstraße.

Über den Stoppelberg Nachdem die Nauborner Straße überquert wurde, geht es immer weiter auf der Sixt-von-Armin-

Straße am Brühlsbach entlang. Über eine lange, waldige Passage erreicht man letztendlich den ❶ **Stoppelberg** (401,2 m). Hier steht ein Aussichtsturm, der zu einem Rundumblick einlädt. Außerdem befindet sich dort ein 48 Meter hoher Sendeturm.

Durch das Siebenmühlental geht es nun weiter. Eine Zeit lang ist der Abach unser Wegbegleiter. Bald erreichen wir die ❷ **Honigmühle**. Hier kann man die Gelegenheit zu einer Jause nutzen. Nach der kurzen Pause wird der Abach gequert, und es geht parallel am Wetzbach entlang. Nun wird die ❸ **Dickesmühle**, eine ehemalige Ölmühle erreicht.

Wächter des Tierparks

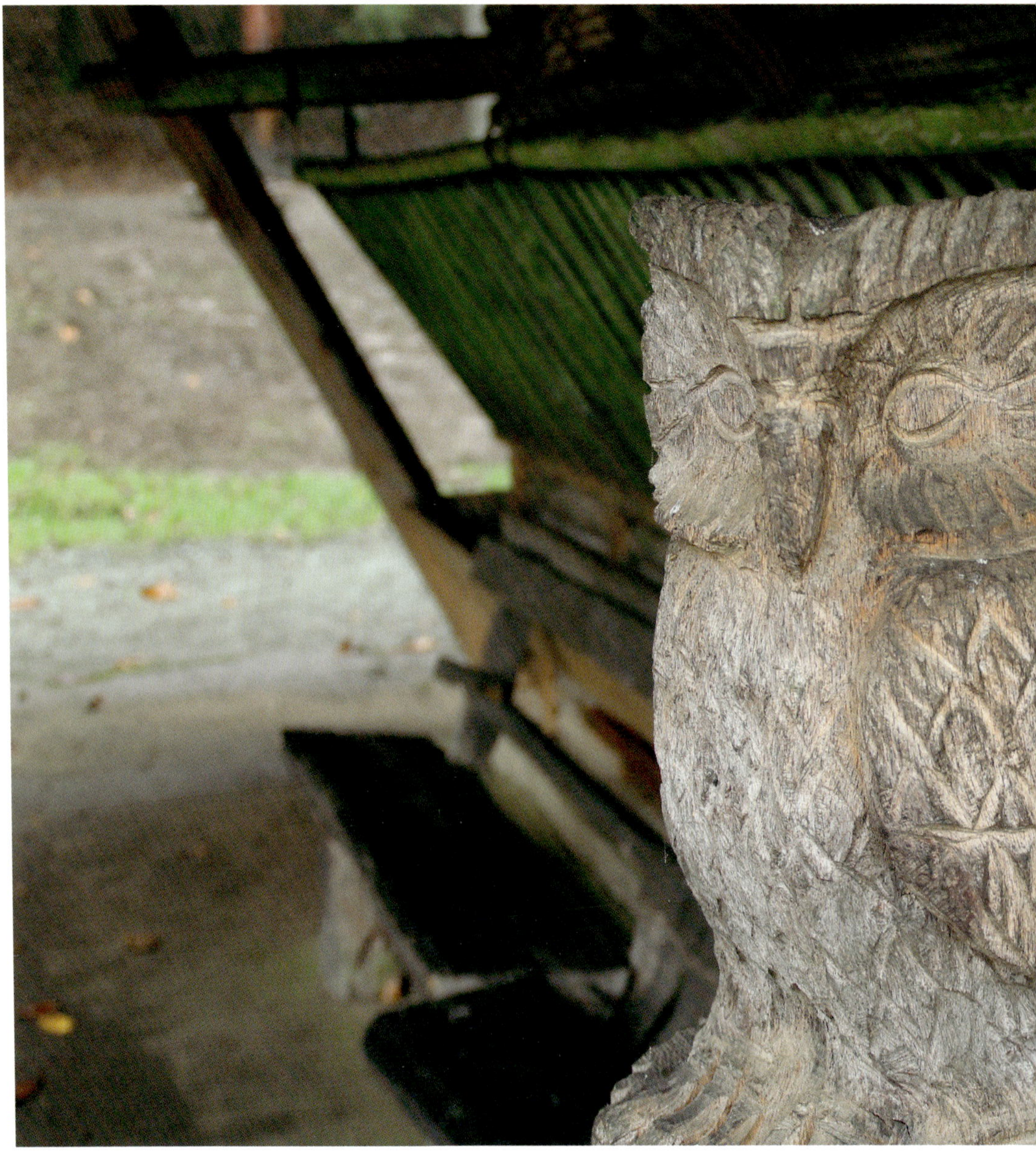

Ein Fachwerktraum Danach geht es in den Schöffengrund und auf der markierten Route bis nach ❹ **Laufdorf**. In diesem Ort stehen bis heute noch gut erhaltene Fachwerkhäuser, die z. T. aus dem 17. Jahrhundert stammen. Besonders interessant ist das ehemalige Backhaus, in dem früher gemeinschaftlich gebacken wurde, mit der davor stehenden Dorflinde.

Nachdem Laufdorf durchstreift wurde, ist der Ortsrand von Oberndorf unser nächstes Ziel. Nach dem Queren von Solmsbach und der Peter-Weil-Straße geht es direkt weiter nach Braunfels, dessen Ⓔ **Schloss** schon von Weitem sichtbar ist. 1246 wurde Braunfels und sein Schloss als »Castellum Bruninfels« erstmals erwähnt. Über die Straßen Kirschenhohl und Am Kurpark ist schnell der Marktplatz erreicht, den zahlreiche Fachwerkgebäude umringen und wo Cafés und Restaurants zur Einkehr laden.

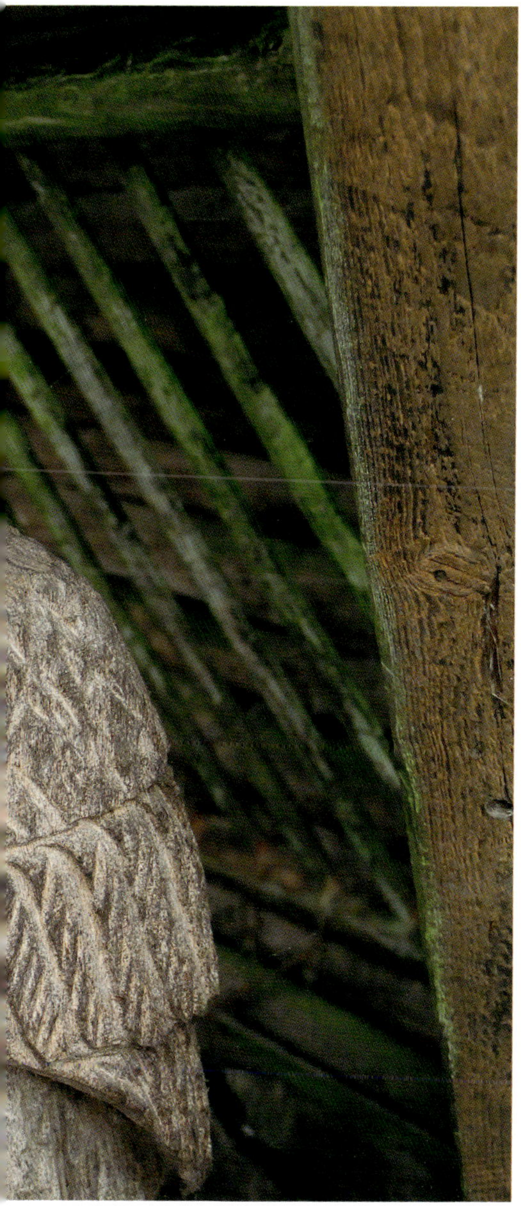

Ins Märchenschloss Für Interessierte bietet sich danach unbedingt noch ein Besuch des in wenigen Minuten erreichbaren Schlosses an. Seit dem 13. Jahrhundert Stammsitz der Grafen und Fürsten zu Solms-Braunfels, thront das Märchenschloss stolz auf der Bergkuppe und erinnert an eine Ritterburg. Wehrgänge, Kanonen und Bastionen können entdeckt werden. Neben dem Fürstlichen Familienmuseum mit Privatsammlung kann man einige Räume des Schlosses sowie den Kanonen- und den Schlossplatz besichtigen.

Fürstlicher Tiergarten

Graf Wilhelm Moritz zu Solms-Braunfels rief im Jahr 1704 den Tiergarten ins Leben. Das alte Forsthaus am Eingang stimmt auf einen Spaziergang auf dem hügeligen Gelände des ehemaligen Jagdreviers ein. Zwischen alten Bäumen lassen sich Rehe und Mufflons, aber auch Damhirsche beobachten. Weitere Infos unter www.braunfels.de

2

Von Weilburg zur Kubacher Kristallhöhle

Funkelnde Verzauberung

Mittel | 13 km | 385 Hm | 4 Std.

Tourencharakter
Aussichtsreiche und teilweise unmarkierte Rundtour zu einer geologisch interessanten Höhle in Kubach

Ausgangs-/Endpunkt
Bahnhof Weilburg

Höchster Punkt
Kubacher Kristallhöhle 251 m

Anfahrt
Auto: Über die B 456 nach Weilburg.
Bus & Bahn: Mit der Bahn bis Bahnhof Weilburg

Beste Jahreszeit
Ganzjährig

Einkehr
Restaurant in der Kubacher Kristallhöhle; Restaurant Bürgerhof in Weilburg

Karte
Kompasskarte Nr. 847 Westerwald, Wanderkarten-Set mit Naturführer in der Schutzhülle. GPS-genau. 1:50 000 (KOMPASS-Wanderkarten, Band 847), ISBN-13: 978-3850263580

Infos
www.weilburg.de

Vorbei am Weilburger Schifffahrtstunnel und dem im 18. Jahrhundert erbauten Jagd- und Lustschloss Windhof geht es nach Kubach zum Höhepunkt der Tour, einer geologisch attraktiven Naturschönheit, die erst im Jahr 1974 entdeckt wurde.

Die ehemalige Residenzstadt Weilburg liegt zwischen dem Westerwald und dem Taunus. Vom Ⓐ **Bahnhof Weilburg** geht es über die Bahnhofstraße zur Limburger Straße. Hier wird nach links die Lahn überquert, dann geht's links weiter zur Weilstraße, wieder links in den Ahäuser Weg und über den Weilburger ❶ **Schifffahrtstunnel**. Nach wenigen Metern biegen wir rechts in die Straße Karlsberg und gehen weiter, bis links der Schmittbachweg abzweigt. Diesem folgen wir, bis rechts der Braunfelser Weg erreicht ist. Am Friedhof vorbei ist es nicht mehr weit bis zum Wohnheim Windhof.

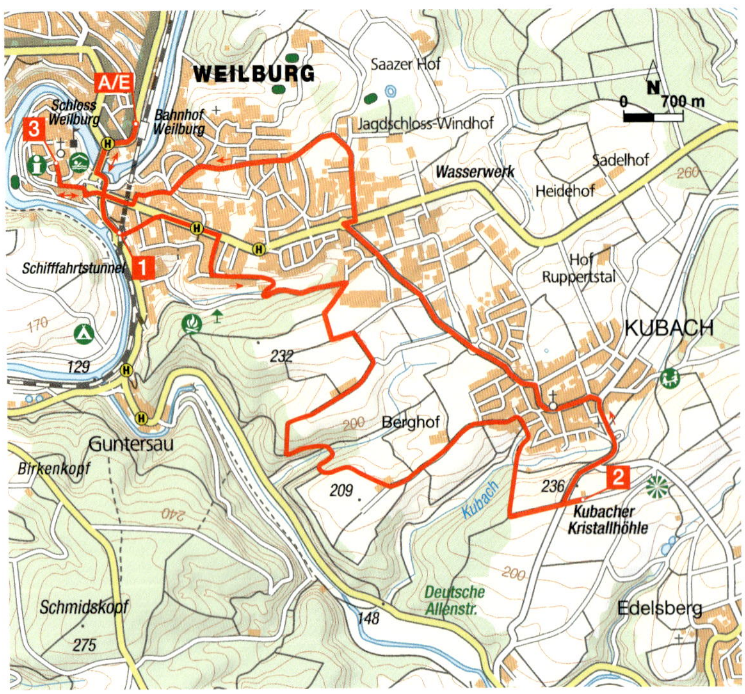

Blick auf die Burgruine Freienfels

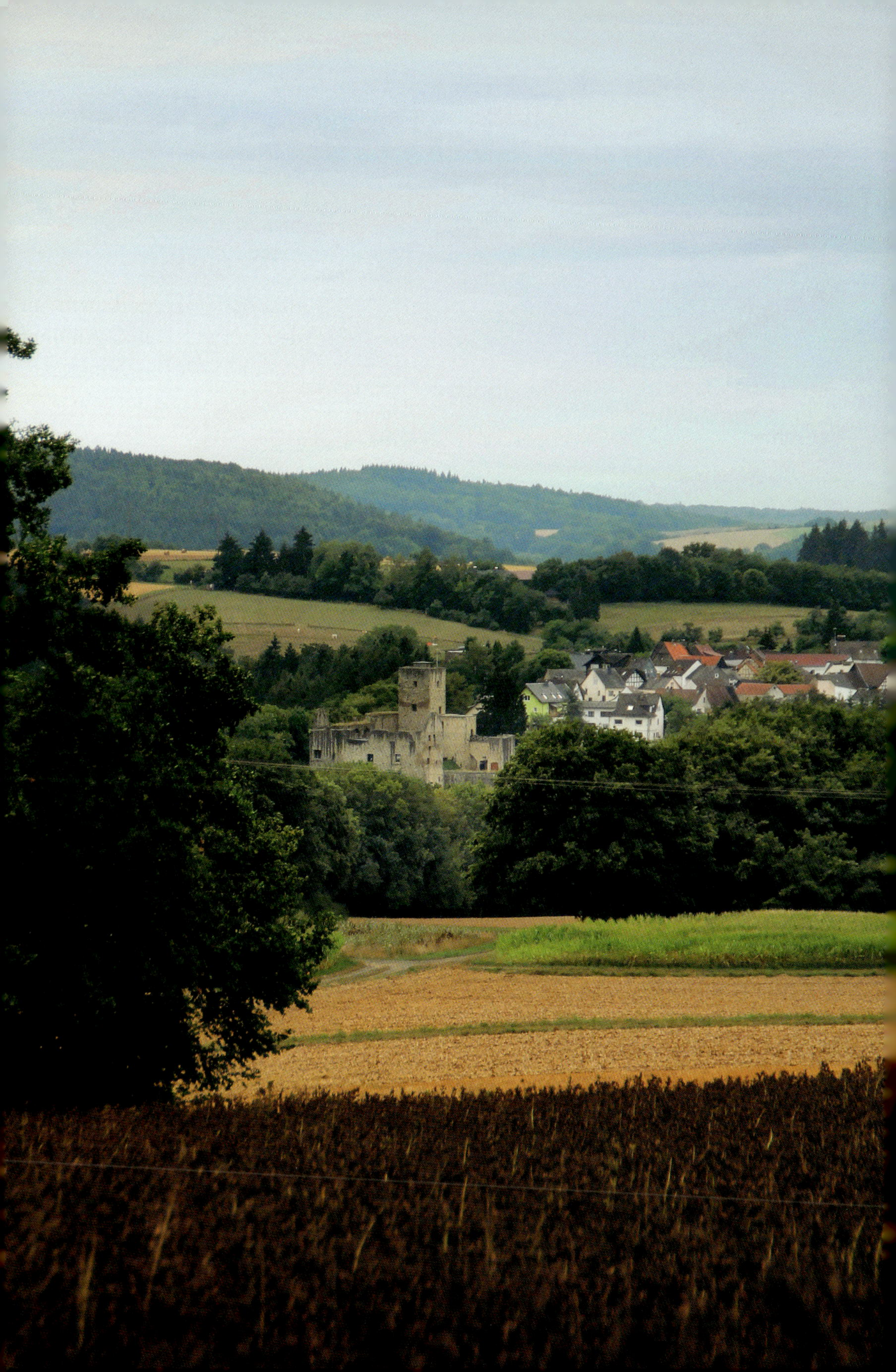

Kubacher Kristallhöhle

Als Einzige ihrer Art in Deutschland verzaubert diese Höhle ihre Besucher durch funkelnde Kristalle und Perltropfsteine, umgeben von altem Kalkstein. 347 Stufen müssen allerdings hinabgestiegen werden, bevor man ins Herz der Naturschönheit vordringt. Während einer 45-minütigen Führung wird von ihrer Entdeckung und ihren Besonderheiten berichtet (www.kubacherkristallhoehle.de).

Zur Kristallhöhle Rechts geht's auf der Johann-Ernst-Straße bis zur Frankfurter Straße, wo wir rechts abbiegen. Am Kreisverkehr geht es links über den Kubacher Weg und an einem weiteren Kreisverkehr geradeaus weiter bis zur Hauptstraße in Kubach. Vorbei an der Evangelischen Kirche halten wir uns rechts, dann links und anschließend wieder rechts bis zur Straße Am Birkenkopf. Nun heißt es Obacht geben, denn der schmale Weg, der rechts nach der zweiten Gabelung abzweigt, kann leicht übersehen werden. Auf dem Pfad, der durch Bäume gesäumt wird, laufen wir bis zur nächsten Gabelung, wo nun der Weg links durch die Felder weiter verläuft bis zu einem größeren Weg. Ihm südwärts folgend ist schnell ein kleiner Weg linker Hand erreicht, der an Bäumen vorbei auf einen Feldweg stößt. Nun gilt es rechts weiterzulaufen, bis die Höfstraße überquert und die ❷ **Kubacher Kristallhöhle** (s. Tippkasten) erreicht ist.

Nach Weilburg Weiter auf dem Feldweg geht es durch den Wald bis zur nächsten Wegkreuzung. Wir halten uns rechts und verlassen den Wald. Dann rechts und gleich wieder links führt der Weg nach etwa zwei Minuten links zu einem Feldweg, der rechts weiterzulaufen ist. Wir nehmen die erste Abzweigung rechts und es kreuzt ein weiterer Feldweg die Route. Hier halten wir uns wieder links und laufen dann rechts in den Wald. An der nachfolgenden Kreuzung geht es rechts weiter. Der Weg führt zu einer weiteren Kreuzung, wo nun der linke Abzweig genommen werden muss. Die nächste rechte Abzweigung führt zu einer Kurve, nach der man sich

Gesteinsarten im Freilicht-Steinemuseum

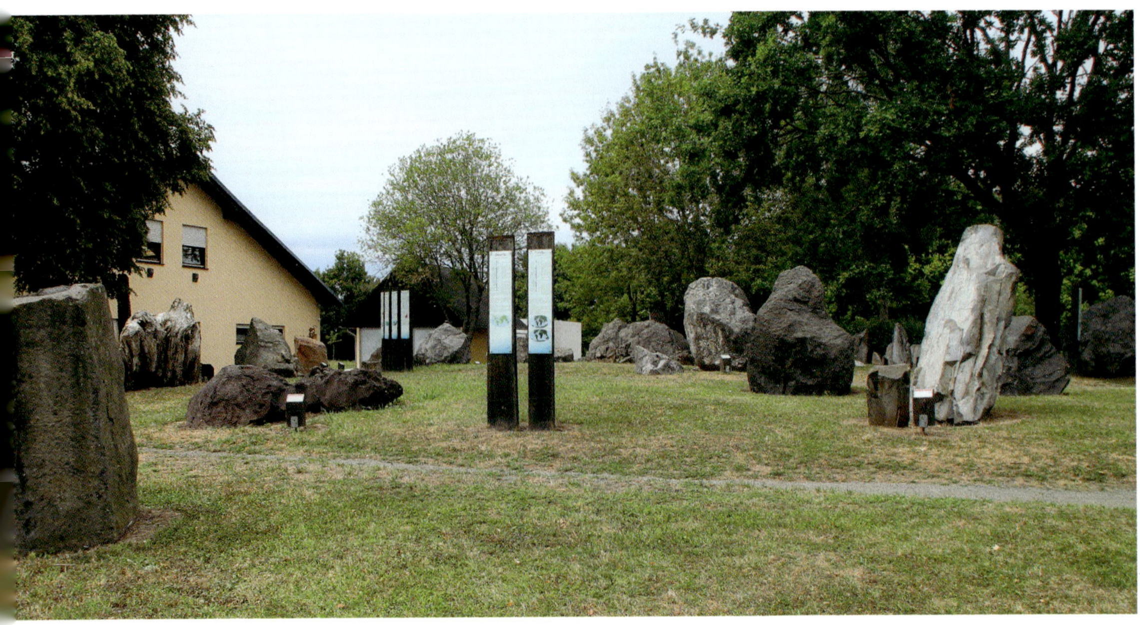

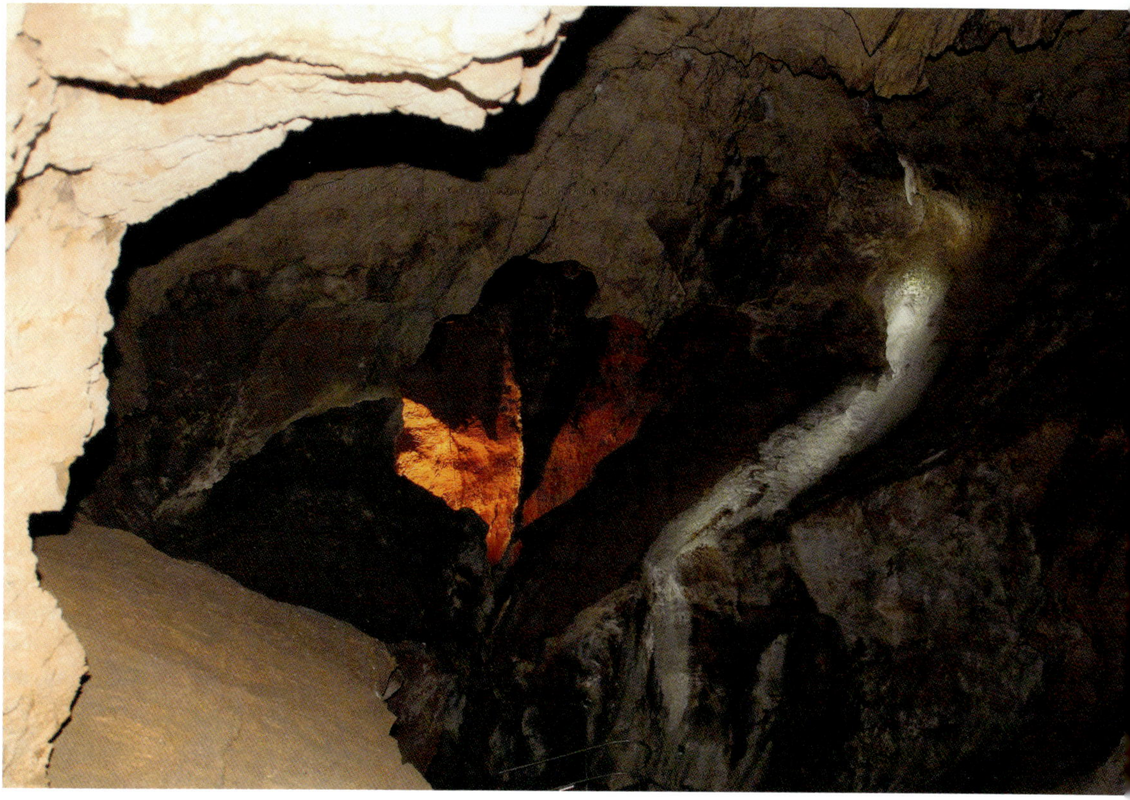

Im Inneren der Kubacher Kristalhöhle

links hält. Der Weg durch den Wald leitet zu einer Kreuzung, wo dem linken Abzweig zu folgen ist. An der nächsten Kreuzung geht es rechts weiter bis zu einem Forstweg. Links weiter, dann rechts und wieder links führt ein kleiner Weg direkt zur Straße Im Geyer. Rechts folgen wir der Bismarckstraße, bis wir links in die Frankfurter Straße einbiegen.

Prächtiges Schloss Im weiteren Verlauf bringt uns links die Straße Vorstadt zum König-Konrad-Platz, alsdann erreichen wir rechts über die Marktstraße das ❸ **Schloss Weilburg**, das sehr eindrucksvoll mit seinem Schlossgarten hoch über der Lahn liegt. In den Jahren 1533–1572 wurde die Vierflügelanlage des Hochschlosses im Stil der Renaissance erbaut. Das barocke Aussehen verdankt es dem Architekten des Grafen Johann Ernst, der auch die Schlossgärten und die Orangerie schuf. Während einer Führung können ca. 30 Räume des Hochschlosses besichtigt werden. Besonders sehenswert ist das Badekabinett, welches 1712 mit schwarzem Lahnmarmor ausgestattet wurde. Ebenso interessant sind die Wohnräume, welche die Wohnkulturen der unterschiedlichen Epochen widerspiegeln. Im angrenzenden Schlossgarten gibt es eine facettenreiche Pflanzenwelt zu bestaunen. Heute gehört das Schloss Weilburg zu den wichtigsten barocken Schlossanlagen Hessens.
Über die Langgasse und rechter Hand über die Niedergasse geht es anschließend auf die Steinerne Brücke. Am Kreisverkehr halten wir uns rechts in die Straße Am Postplatz und laufen durch die Bahnhofstraße zurück zum Ⓔ **Bahnhof**.

3

Am Panoramaweg Waldsolms

Aussichtsreiche Tour durch Wald und Feld

Mittel | 18 km | 398 Hm | 3.30 Std.

Tourencharakter
Lange und teilweise schattige Rundwanderung auf markierten Wegen durch Feld und Wald

Ausgangs-/Endpunkt
Brandoberndorf

Höchster Punkt
Am Stobenwald 379 m

Anfahrt
Auto: Im Navi eingeben: »Waldsolms, Morgenweg – Ecke Ziegelhüttenweg«.
Bus & Bahn: Von Bad Homburg mit der Taunusbahn bis Brandoberndorf.

Beste Jahreszeit
April bis Oktober

Einkehr
Restaurant-Pizzeria Da Vinci in Waldsolms-Brandoberndorf

Karte
Kompass 1:50 000, Bd. 847 Westerwald/Siegen/Naturpark Lahn-Dill-Bergland

Infos
www.waldsolms.de

Der Panoramaweg Waldsolms bietet dem Wanderer bezaubernde Aussichten auf den Taunus, den Westerwald und die Wetterau. Viele Sitzmöglichkeiten entlang des Wegs laden zu Verschnaufpausen ein.

Brandoberndorf als größter Ortsteil von Waldsolms gehört zum Naturpark Taunus. Auf dem Heidenkopf (404 m), der sich nahe Brandoberndorf befindet, wurde eine Hügelgrabanlage aus der Zeit der Kelten entdeckt. Diese lässt den Rückschluss zu, dass die Gegend schon um 200 v. Chr. besiedelt war. Heutzutage können in Brandoberndorf noch mehrere denkmalgeschützte Gebäude im historischen Ortskern bewundert werden. Be-

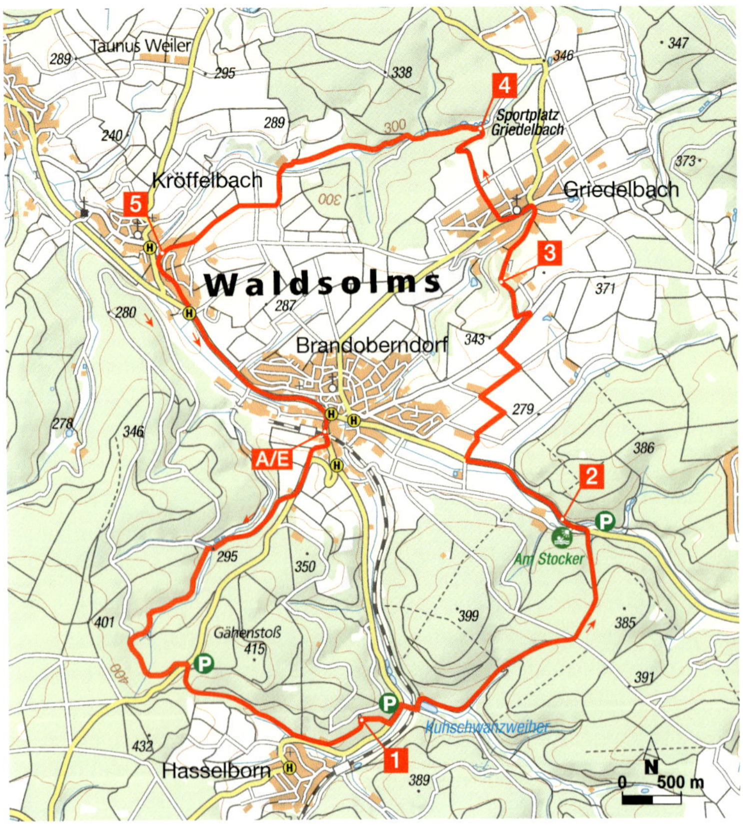

Entspannte Wegführung auf dem Panoramaweg

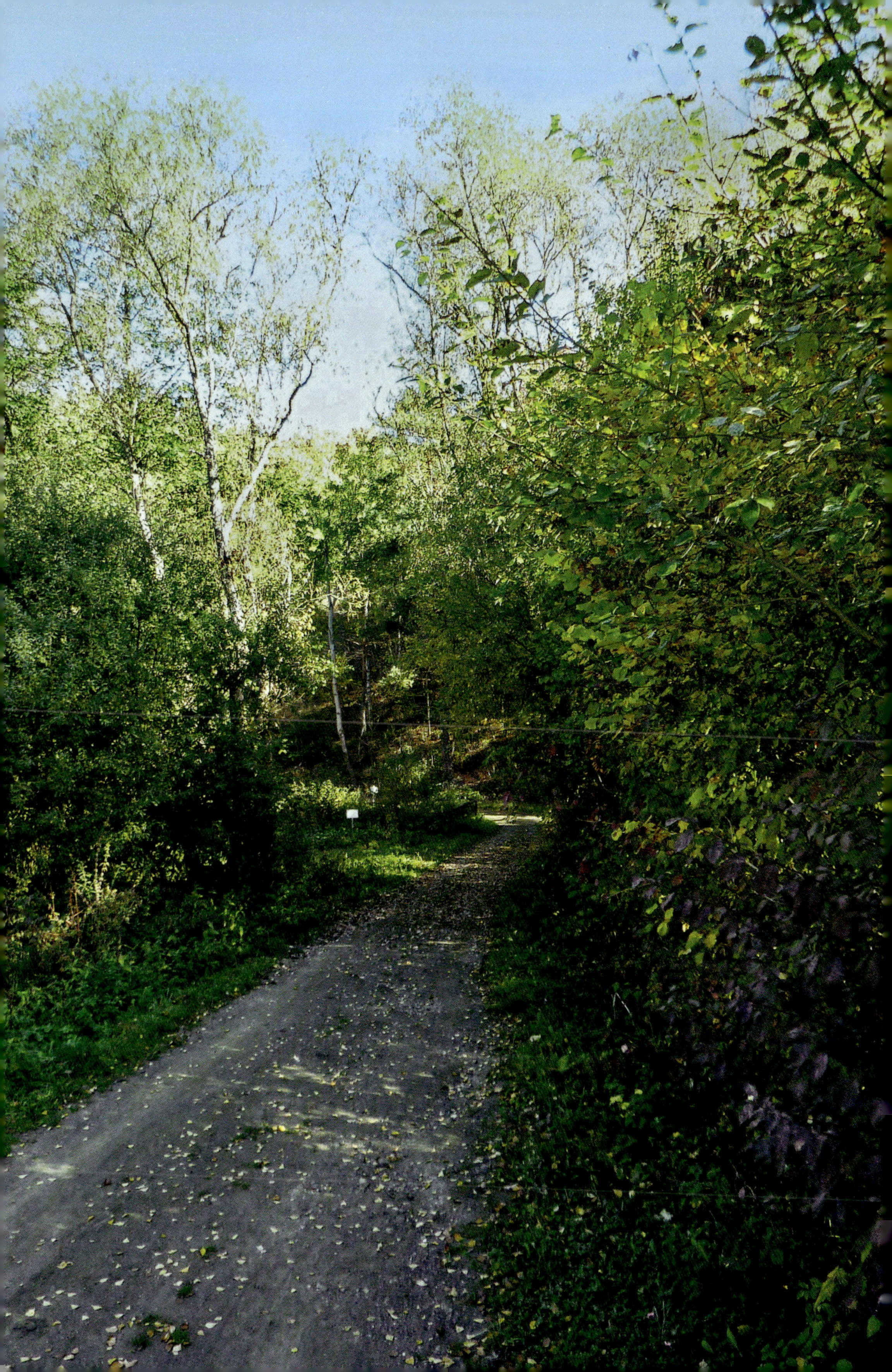

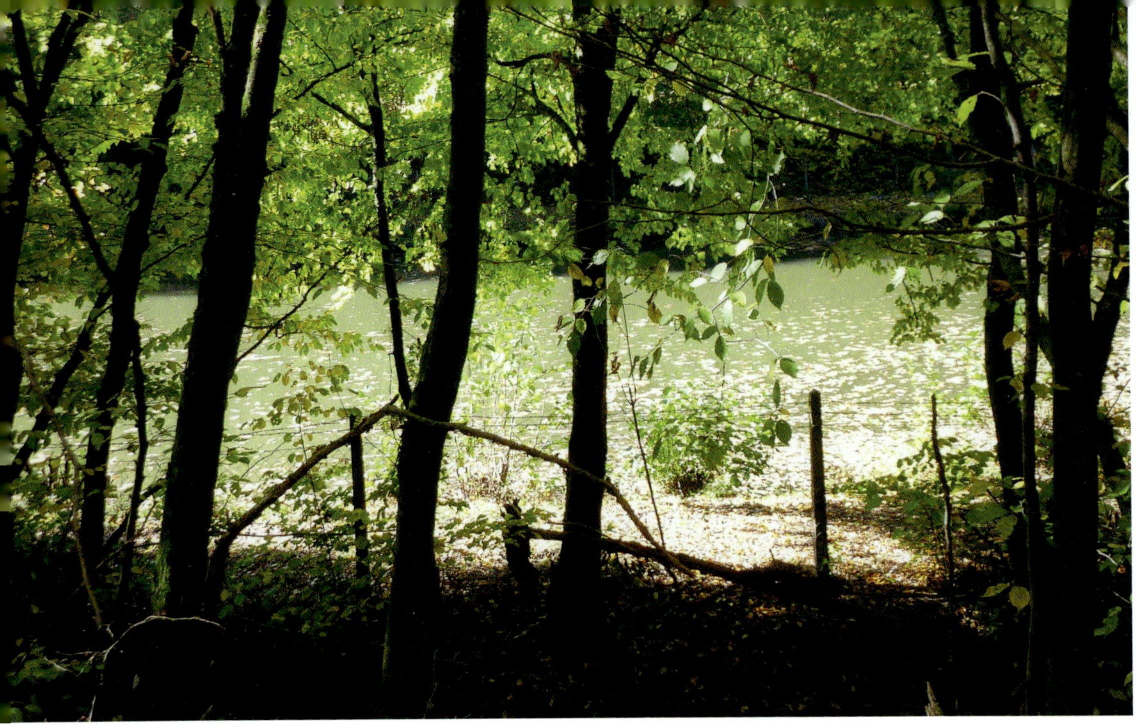

Am Kuhschwanzweiher

sonders interessant sind das Rathaus, das einst als Schulhaus diente, sowie die kleine Kirche aus dem 17. Jahrhundert am Lindenplatz.

Zum Kuhschwanzweiher Am Ortseingang bzw. dem alten Eisenbahntunnel von Ⓐ **Brandoberndorf** beginnt der Panoramaweg mit seinen 31 Wegweisern. Als Erstes durchstreift man ein kleines Wäldchen und den Grauwacken-Steinbruch, bis das Wiesental des kleinen Uthenbachs erreicht ist. Jetzt geht es ca. 1,5 Kilometer aufwärts, bis der Wanderer die erste schöne Aussicht ins Solmsbachtal und bis zum Westerwald genießen kann. Man wandert weiter am Stobenwald entlang und durch ein kleines Buchenwäldchen. Durch einen weiteren Tunnel, dem man mittlerweile sein Alter ansieht, gelangt man leicht abwärts gehend zum ❶ **Kuhschwanzweiher** (s. auch Tour 4). Dieser wird vorzugsweise zum Angeln von Aalen, Forellen und Karpfen genutzt. Das Baden ist hier verboten. Nach einer kleinen Pause, während der man das Spiegelbild der Bäume im Wasser bewundern und nach Fischen Ausschau halten kann, wandert man weiter. Mittlerweile sind fünf Kilometer der insgesamt 18 Kilometer langen Strecke auf dem Panoramaweg gemeistert.

Biolandhof Busch

Schweine, Kühe, Legehühner, aber auch Pferde und Enten leben auf dem Biolandhof Busch. Hofführungen mit Themenschwerpunkt Rinder- und Schweinezucht, Getreide- und Gemüseanbau, Fleischerzeugung sowie Eier finden März–Okt. statt (Infos unter Tel. 06085/820). Der Hofladen hat donnerstags von 10–12.30/16–18.30 Uhr und samstags von 10–12.30 Uhr sowie nach Vereinbarung geöffnet (https://bak.hessen.de/biolandhof-busch-waldsolms).

Zur Arschkerb Durch die sogenannte Arschkerb geht es nun zum ❷ **Freibad Waldsolms**, hinter dem die Route leicht aufwärts führt. Hier bietet sich links ein kleiner Abstecher zum nahe gelegenen Biolandhof Busch mit Hofladen an. Wieder zurück auf dem Panoramaweg gelangt man anschließend rechts abwärts ins Tal des Löllbachs.

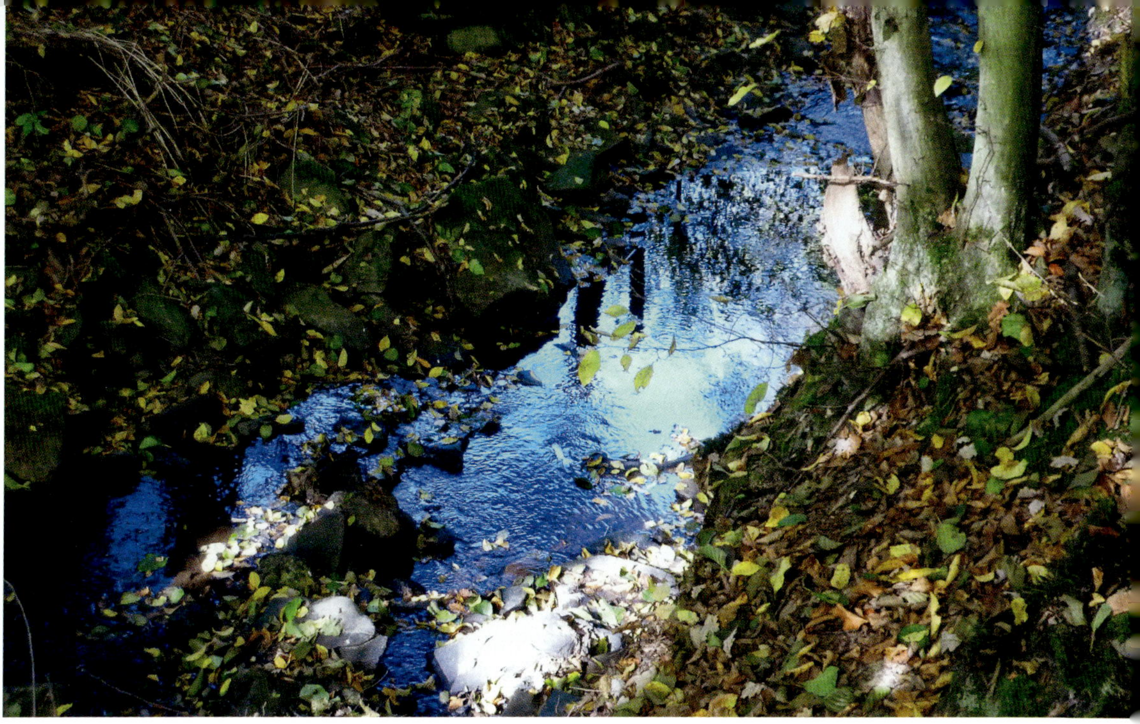

Friedliche Stimmung am Bach

Bald ist die Wassergewinnungsanlage erreicht, wo die Wegführung leicht links weiter verläuft. Die Griedelbacher Hardt ist das nächste Zwischenziel, wo sich dem Betrachter ein faszinierender Rundumblick auf den Taunus bietet.

Sportlich ambitioniert oder Grill-Fan? Anschließend geht es weiter am ❸ **Golfplatz Attighof** und an einem Bauernhof vorbei. Hinter dem Bauernhof biegt man zum ❹ **Sportplatz in Griedelbach** ab. Als Nächstes erschließen sich wieder wunderbare Ausblicke, mehrere Kilometer lang kann man sich an der Landschaft erfreuen. Sportlich Ambitionierte haben hier auch die Gelegenheit, auf einer einen Kilometer langen Sprintstrecke auf dem asphaltierten Weg ihr Können unter Beweis zu stellen oder einfach nur zu üben.
Nach der Sprintstrecke geht es weiter auf dem Panoramaweg bis zur Grillhütte Griedelbach. In der warmen Jahreszeit wird diese gern von den umliegenden Vereinen oder auch Schulklassen für ein Picknick genutzt. Bei der anschließenden Wegstrecke sind wieder Aussichten in die Wetterau und auf den Großen Feldberg garantiert.

Rückweg über Kröffelbach Durch Felder und am Wald entlang gelangen wir nach ❺ **Kröffelbach**, wo ebenfalls Fachwerkhäuser die Ortsmitte prägen. Am Ortsrand befindet sich das koptisch-orthodoxe Kloster des Heiligen Antonius, das 1980 errichtet wurde. Es ist das älteste aller koptischen Kloster in Deutschland mit einer Kirche, die als Erste im koptischen Stil errichtet wurde. Moderne Ikonen und Fresken zieren sie. Das Kloster, das nach dem Ersten der Mönche, dem Hl. Antonius, benannt wurde, ist ein Ort für Ruhe- und Trostsuchende.
Nun laufen wir weiter ins Solmsbachtal und erreichen nach etwa dreieinhalb Stunden wieder unseren Ausgangspunkt in Ⓔ **Brandoberndorf**.

4

Am Hirschweg in Bodenrod

Kleine Pfadfindertour

Leicht | 10 km | 218 Hm | 3 Std.

Tourencharakter
Leichte Wanderung durch Wald und an Feldern entlang mit teils fehlenden bzw. nicht sichtbaren Markierungen

Ausgangs-/Endpunkt
Wanderparkplatz Wellerstraße, zwischen Michelbach und Bodenrod

Höchster Punkt
Donnerskopf bei Bodenrod 485 m

Anfahrt
Auto: Über B 456 oder B 275 nach Usingen, von dort über die L 2370 nach Michelbach und weiter durch den Ort Richtung Bodenrod bis zum Wanderparkplatz.
Bus & Bahn: Mit der Taunusbahn bis Bahnhof Usingen und weiter mit dem Sammeltaxi bis nach Michelbach und weiter zu Fuß

Beste Jahreszeit
Ganzjährig

Einkehr
Unterwegs keine. Einen gut gefüllten Rucksack mitzunehmen, ist empfehlenswert.

Karte
Kompass 1:50 000, Bd. 847 Westerwald/Siegen/Naturpark Lahn-Dill-Bergland

Infos
www.bodenrod.net

Mitten im Wald startet die Tour auf bequemen Wegen. Später sind die Markierungen nur schlecht erkennbar, und die Wege werden zu kleinen Pfaden. Hier ist ein guter Orientierungssinn nötig. An einer Anhöhe wird über Feldwege der kleine Ort Bodenrod erreicht.

Der A **Wanderparkplatz Wellerstraße** zwischen Michelbach und Bodenrod dient aus Ausgangspunkt. Von hier aus folgen wir zunächst dem Waldweg mit der Hirsch-Markierung. Lange Zeit geht es nun vorwiegend bergab. Rechts und links säumen hohe Bäume den Weg. An der markanten 180°-Kurve kann man einen kurzen Abstecher zum 1 **Kuhschwanzweiher** machen. Danach setzen wir unseren Weg fort bis zu einer lang gestreckten Wiese mit Jägersitz, auf den wir hinaufklettern und den Ausblick genießen können.

Kleine Wege Von nun an sind die verwitterten Markierungen nicht mehr ganz so deutlich zu sehen, und es macht etwas Mühe, dem richtigen Weg zu folgen. Nach etwa vier Kilometern geht es rechts auf einen

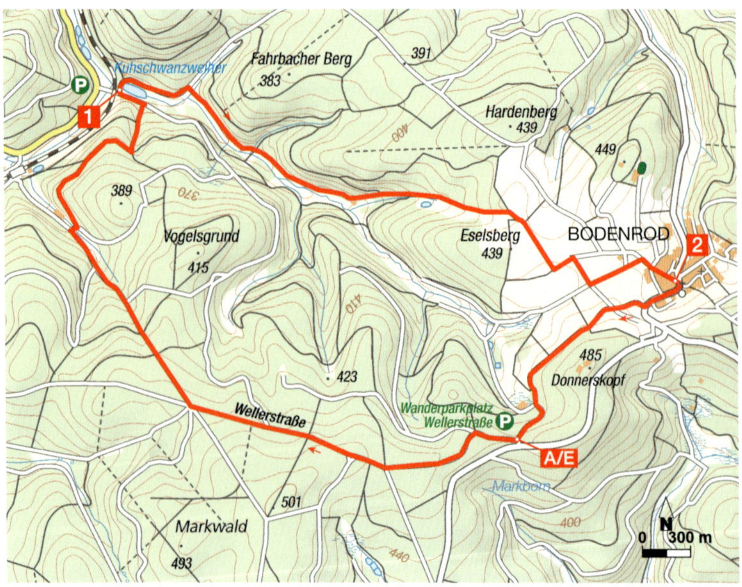

kleinen Trampelpfad an einem umzäunten Gebiet entlang. Später streift man eine Kuhweide, in der uns zwei Kühe freudig begrüßen. Weiter auf dem kleinen Waldweg streifen wir ein idyllisch gelegenes Pfadfindercamp. Nun heißt es wieder Obacht geben, denn die Markierung lässt uns erneut im Stich: Rechts geht es nun weiter an der Wiese entlang, bis wir über Bäume steigend auf den Waldweg treffen. Dieser geht später in einen Schotterweg über, dem man sich links haltend am Wald entlang folgt.

Gemütlicher Rastplatz Bald erreichen wir nun eine Anhöhe mit vielen Feldern. Hier kann man auch den Signalturm des ehemaligen Warnamts auf dem Donnerskopf erkennen; heute befindet sich an gleicher Stelle ein Pfadfinderzentrum. Bei der Sitzgelegenheit können wir nun eine Pause machen, bevor wir geradeaus weiter dem Feldweg bis nach ❷ **Bodenrod**, einem Stadtteil von Butzbach, folgen. Nach einer kleinen Ortsbesichtigung erreichen wir auf der gleichen Strecke von Bodenrod zurück wieder die gemütlichen Holzbänke.

Kuhschwanzweiher

Dieser Weiher befindet sich zwischen Brandoberndorf und Hasselborn. Der vorwiegend zum Angeln genutzte Weiher ist umsäumt von Liegewiesen. Hier gibt es auch einen schönen Grillplatz mit Hütte, der vom ASV Waldsolms unterhalten wird. Der Weiher kann mit dem Auto angefahren werden (weitere Infos unter Tel. 06085/981 00).

Blick ins Hügelland Links befindet sich eine Schonung, an deren Zaun unsere Hirsch-Markierung erkennbar ist. An der Schonung bzw. dem Zaun wandern wir bis zum Feldrand weiter, wo es dann links am Feld aufwärts zum Wald geht. Von dort hat man einen schönen Blick auf die hügeligen Felder. Rechts auf dem Schotterweg geht es nun am Wald entlang, bis der Weg in den Wald hineinführt. In Kürze erreichen wir eine Bergungs- und Ortungsstation. Kleine Holzhütten sind hier und da ebenfalls sichtbar. Weiter dem Weg folgend erreichen wir in wenigen Minuten, uns rechts haltend, wieder den Ⓔ **Wanderparkplatz Wellerstraße**.

Ein sonniger Platz zum Innehalten nahe am Ziel

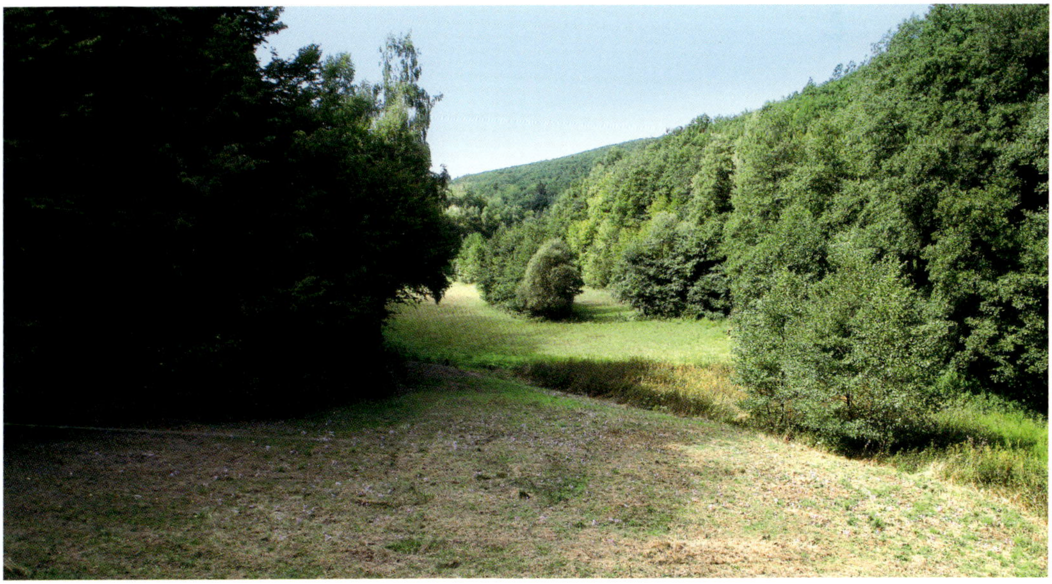

5

Ziegenberg-Winterstein-Runde

Schöne Aussichtsrunde durch den Wald

Mittel | 18 km | 370 Hm | 4 Std.

Tourencharakter
Spannende Wanderung auf mehreren markierten Wegen, die teilweise schwer zu finden sind

Ausgangs-/Endpunkt
Schlossruine Ziegenberg an der B 275

Höchster Punkt
Winterstein 486 m

Anfahrt
Auto: A 5 bis zur Ausfahrt Ober-Mörlen, dann B 275 Richtung Usingen und durch Ober-Mörlen bis Ziegenberg.
Bus & Bahn: Mit der Taunusbahn bis Usingen und weiter mit dem Bus Richtung Ober-Mörlen bis Ziegenberg.

Beste Jahreszeit
Ganzjährig

Einkehr
Forsthaus Winterstein in Ober-Mörlen

Karte
Kompass 1:50 000, Nr. 840 Östlicher Taunus

Infos
www.ober-moerlen.info

Von der romantischen Schlossruine geht es auf markierten Wegen zur idyllisch gelegenen Marienkapelle und zum Gaulskopf mit seinem römischen Wachturm. Das Forsthaus Winterstein und der hölzerne Aussichtsturm sind weitere Highlights, die zum Verweilen einladen.

Die Tour startet in Ziegenberg an der noch erhaltenen Ⓐ **Schlossruine Ziegenberg**, direkt an der B 275. Die einst kleine Burg wurde von den Herren von Falkenstein Mitte des 14. Jahrhunderts erbaut. 1747 wurde die im Krieg teilweise zerstörte Anlage zu einem Barockschloss ausgebaut. Im Zweiten Weltkrieg fast komplett zerstört, baute man das Schloss nach Kriegsende größtenteils wieder auf.

Bedeutender Wallfahrtsort Vor der Tankstelle wird die Straße überquert, und wir folgen der Markierung roter Balken. Schon nach wenigen Schritten taucht man in den Kirchwald ein. Bald geht es rechts ab, und es gilt

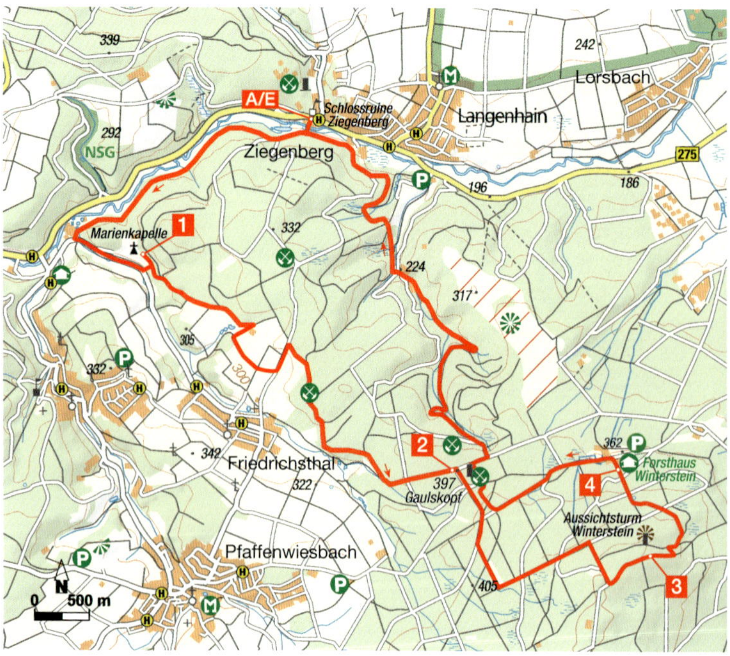

Ein bedeutender Wallfahrtsort

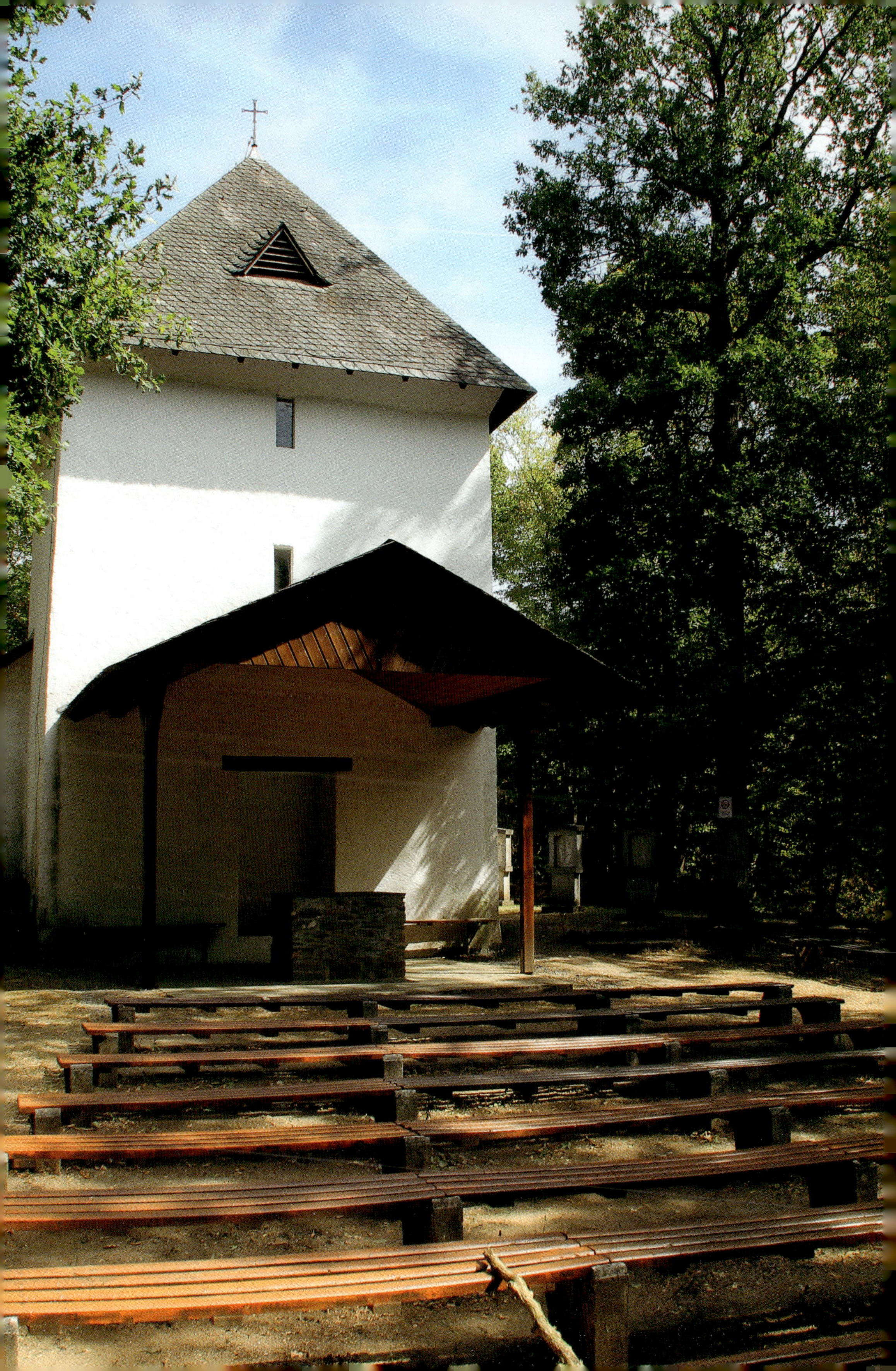

nun, der Markierung grünes Blatt zu folgen. Nach wenigen Kilometern stoßen wir auf die Straße nach Friedrichsthal, der wir für ca. 250 Meter folgen, um dann links Richtung Marienkapelle recht steil den Berg hinaufzusteigen.
Oben angekommen lohnt der kleine Abstecher nach links zur ❶ **Marienkapelle** – ein idyllischer und ruhiger Ort, um sich zu besinnen oder auf den Bänken ein wenig auszuruhen. Die Marienkapelle ist ein bedeutender Wallfahrtsort im Usinger Land; alljährlich findet am 15. August zum Fest Mariä Himmelfahrt ein Wallfahrtstag statt. Aber auch zu Weihnachten ist es hier sehr stimmungsvoll, wenn zur Hirtenmesse die Kerzen das Kircheninnere zum Strahlen bringen.

Links: Mystische Mauern

Mitte: Am Waldrand entlang

Rechts: Mittelalterliche Geschichte

Gaulskopf und Winterstein Dann geht es weiter, zunächst immer der Markierung grünes Blatt, dann rechts dem schwarzen Dreieck folgend. Der Weg schlängelt sich durch den Wald und führt dann mit tollen Ausblicken am Waldrand entlang in Richtung Fernmeldeturm Winterstein und Großem Feldberg. An einer größeren Wegkreuzung wandern wir geradeaus den Berg hinauf, dem Schild »Kapersburg« folgend. Der Weg führt dann direkt bis zum ❷ **Gaulskopf**, einem alten römischen Wachturm, den man erklimmen und von oben die schöne Aussicht über die Wälder genießen kann.

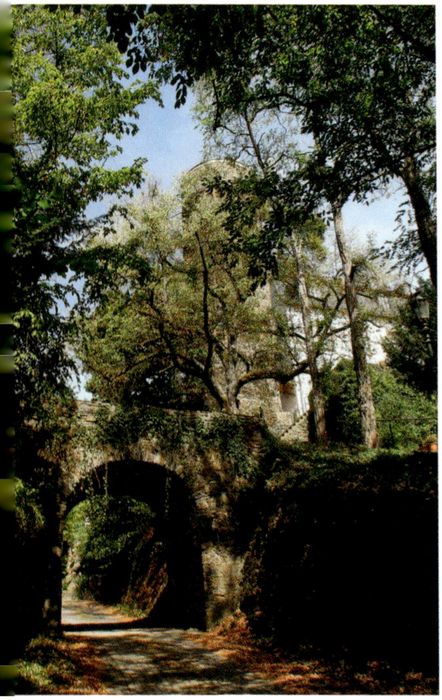

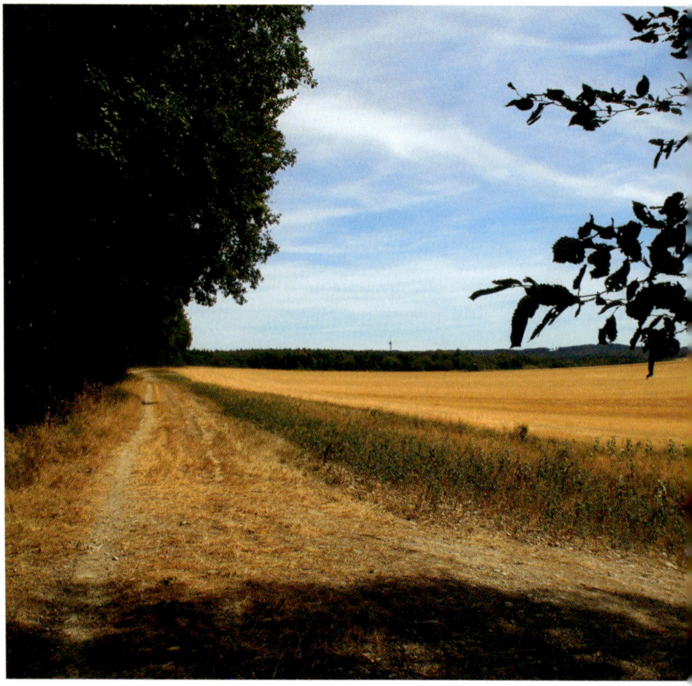

Vom Gaulskopf folgen wir nun der Markierung rotes Kreuz auf einem guten Weg durch den Wald. Beim Schild »Forsthaus Winterstein 500 m« könnte man auch direkt zum Gasthaus laufen – wir aber wollen noch die letzten anstrengenden Höhenmeter hinauf zum Aussichtsturm Winterstein in Angriff nehmen. Der Weg ist mit einem Wildschwein markiert, später dann mit einem umgekippten »U«. Manchmal ist er etwas schwer zu entdecken, aber weiter oben finden sich noch einige Holzschilder mit dem Hinweis »Winterstein«, die uns letztlich zum hölzernen ❸ **Aussichtsturm Winterstein** bringen. Nun noch die Stufen des Turms erklimmen, und uns erwartet der Lohn der Mühen: ein grandioser Rundblick über den Taunus bis zur Skyline von Frankfurt.

Römerturm Gaulskopf

Der Gaulskopf ist ca. 3 km von der Gemeinde Langenhain-Ziegenberg entfernt. An der Stelle, wo sich einst der römische Wachturm befand, verlief der Grenzwall Limes. Der heutige rekonstruierte Römerturm auf dem Gaulskopf ist ca. 15 m hoch, und 47 Stufen müssen bewältigt werden, um zur Aussichtsplattform mit den Rundbogenfenstern zu gelangen.

Rast und Rückweg Nach dem Abstieg vom Turm führt der Weg steil nach unten. Er ist mit einem gelben Kreuz markiert und leitet uns direkt zum ❹ **Forsthaus Winterstein**, wo es sich im Sommer herrlich im Biergarten rasten lässt. Die Einkehr ist hier aber zu jeder Zeit empfehlenswert: Neben einer deftigen Gulaschsuppe stehen je nach Jahreszeit auch Wildgerichte auf der Speisekarte.
Frisch gestärkt machen wir uns auf die letzten fünf Kilometer zurück nach Ziegenberg. Am Gasthaus vorbei führt uns der gute Weg mit der Markierung rotes Kreuz wieder in den Wald. An der ersten größeren Wegkreuzung biegen wir rechts nach

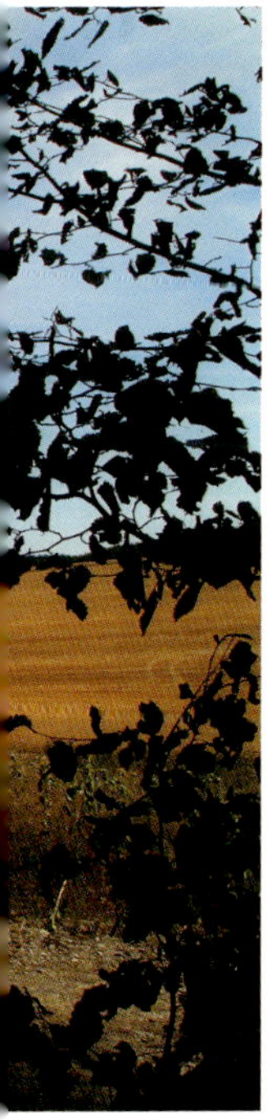

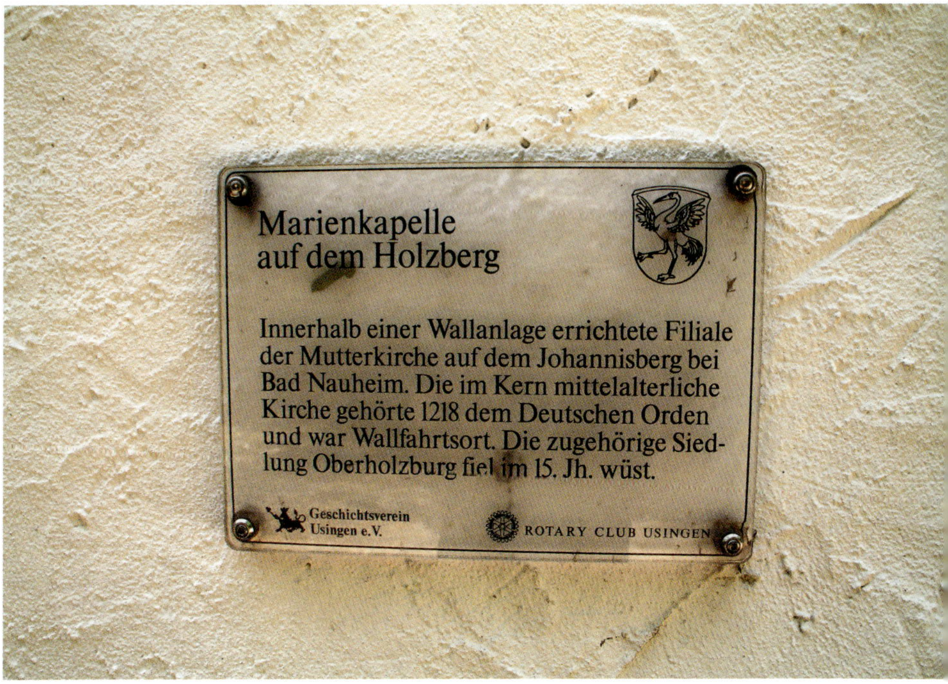

unten ab und folgen dem Weg. Bald weisen uns Hinweisschilder den richtigen Weg zurück nach Ziegenberg und zur Ⓔ **Schlossruine**.
Dort angekommen kann man noch einen kurzen Abstecher zum ehemaligen Luftschutzbunker unterhalb des Schlosses machen. Damals wurden die Bunker als Landhäuser getarnt, und dieser hier gehörte mit zur umfangreichen Bunkeranlage des einstigen Führerhauptquartiers Adlerhorst, das zwischen 1939/40 in Ziegenberg entstand.

6

Im Naturpark Kransberg

Erholsame Wanderung für die ganze Familie

Leicht | 7 km | 170 Hm | 2.30 Std.

Tourencharakter
Landschaftlich reizvolle Wanderung, leichte und teilweise schattige Tour auf markiertem Weg durch Wald und Feld

Ausgangs-/Endpunkt
Wanderparkplatz Jungholz an der K 726 zwischen Usingen und Pfaffenwiesbach

Höchster Punkt
Waldkapelle 360 m

Anfahrt
Auto: A 5 und B 275 Richtung Usingen bis Wehrheim-Pfaffenwiesbach und weiter zum Wanderparkplatz.
Bus & Bahn: Mit der Taunusbahn bis Wehrheim und mit dem Bus nach Pfaffenwiesbach Wehrheim Straße. Von dort ca. 400 m zu Fuß zum Wanderparkplatz.

Beste Jahreszeit
Ganzjährig

Einkehr
Restaurant Wiesbachtalhalle in Wehrheim-Pfaffenwiesbach

Karte
Kompass 1:50 000, Nr. 840 Östlicher Taunus

Infos
www.wehrheim.de

Die Markierung mit dem kleinen blauen Schmetterling leitet uns auf dieser entspannten, familientauglichen Tour unweit der Taunusstadt Usingen. Es geht über Wald und Feld im Auf und Ab dahin. Die Stille, nur von Vogelgezwitscher unterbrochen, ist unser stetiger Begleiter.

Unweit der Buchfinkenstadt Usingen befindet sich Pfaffenwiesbach, ein Ortsteil von Wehrheim. Der Ortsteil wurde 1167 das erste Mal urkundlich erwähnt. Allerdings gibt es einige Hügelgräber bei Pfaffenwiesbach, die

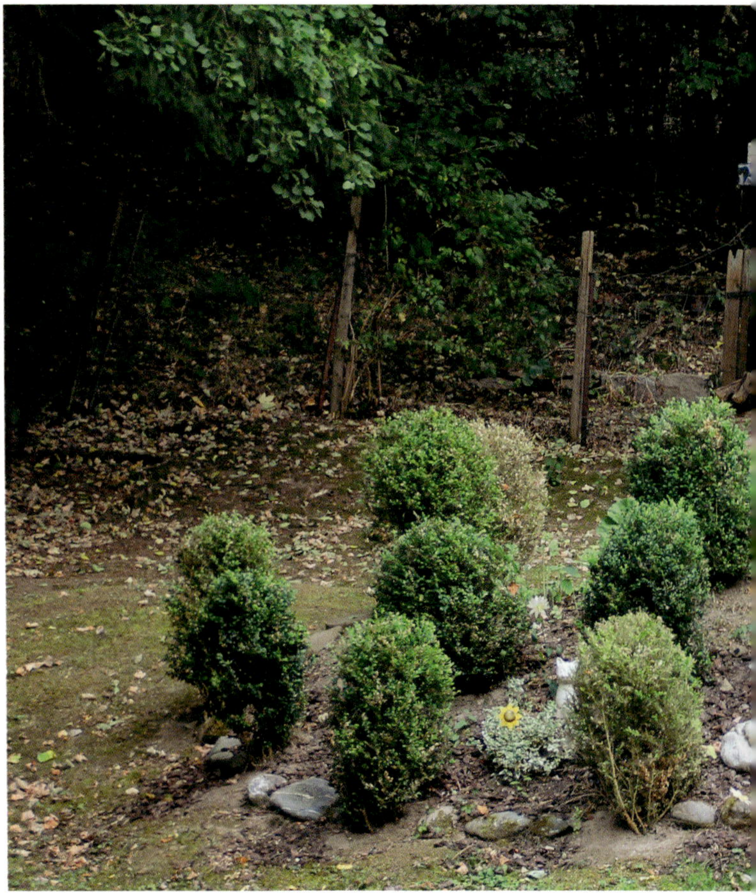

Kreatives auf dem Weg nach Kransberg

darauf schließen lassen, dass hier bereits vor dieser Zeit Jäger und Römer ansässig waren. Aus Pfaffenwiesbach kommend in Richtung Usingen finden wir auch den Ⓐ **Wanderparkplatz Jungholz**, wo wir unsere Wanderung beginnen. Schon vom Parkplatz bietet sich der erste herrliche Ausblick.

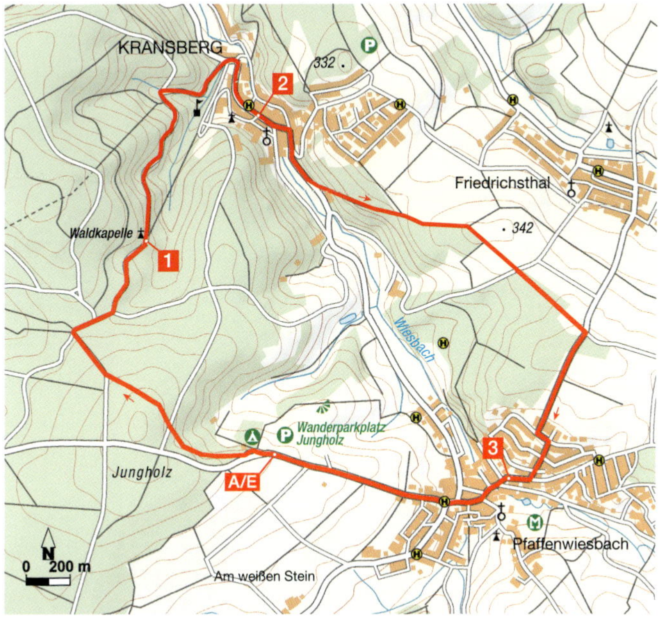

Ort des Innehaltens Der Schmetterling-Markierung folgend geht es anfangs direkt in den Wald, parallel entlang der Straße. Bis auf die Vogelstimmen ist nur das Knacken der kleinen Äste unter unseren Schuhen zu hören. Über einen kleinen Pfad erreichen wir schließlich eine kleine

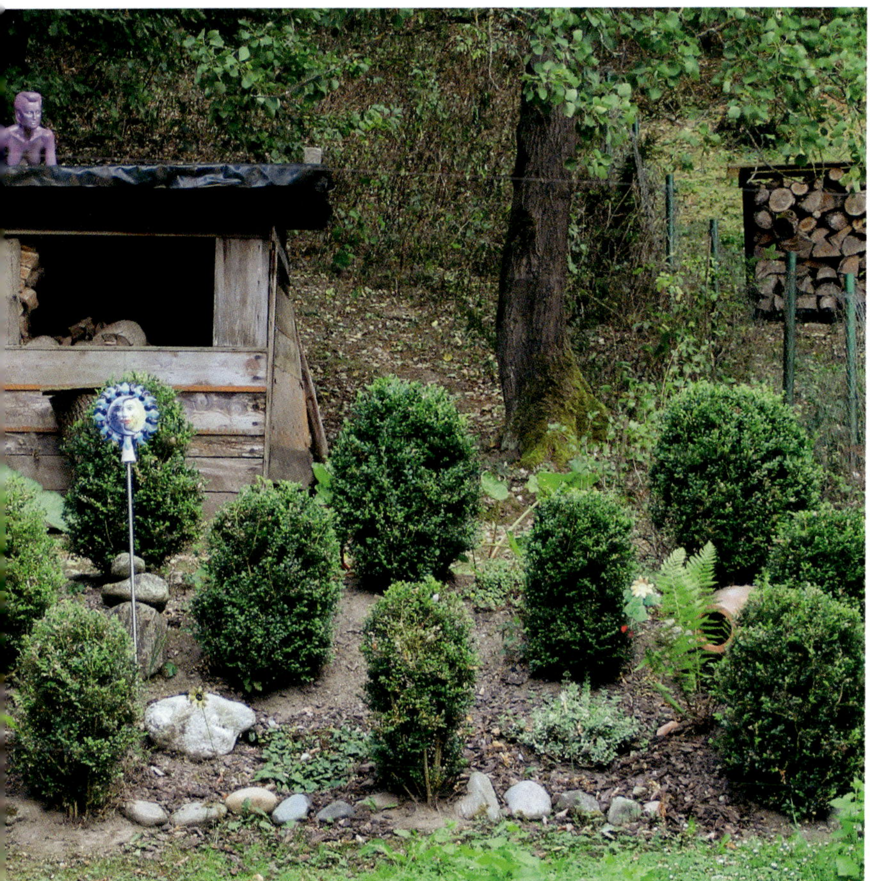

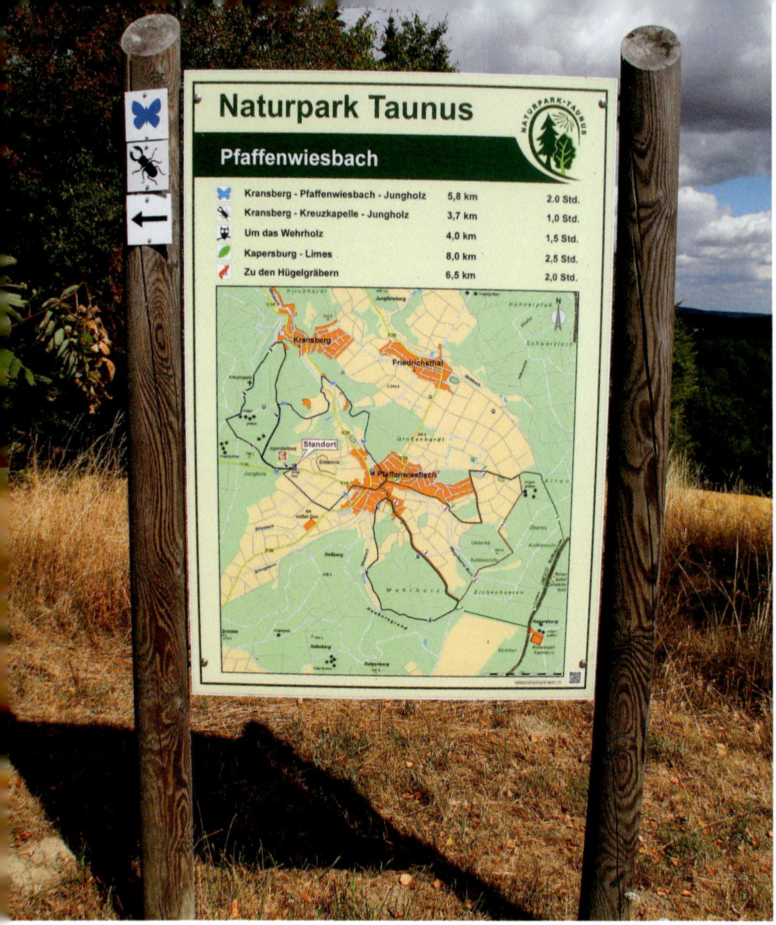

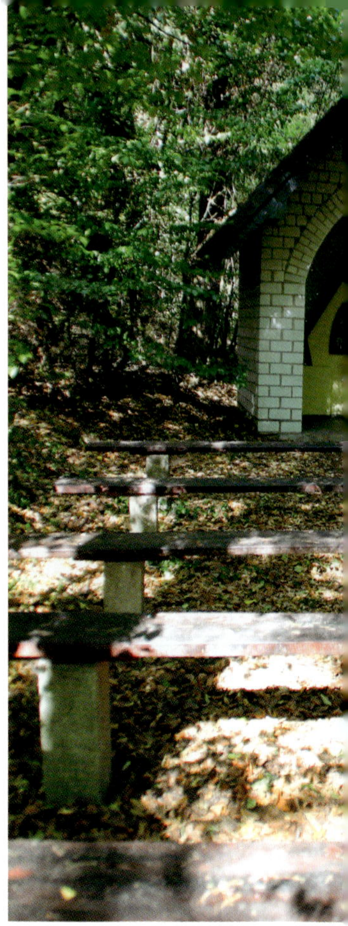

❶ **Waldkapelle**, an der wir kurz innehalten. Mehrere Bänke vor der Kapelle laden zum Ausruhen ein. Der Pfaffenwiesbacher J. Spielmann ließ ursprünglich im Jahr 1948 einen Bildstock mitten im Wald in der Nähe von Pfaffenwiesbach errichten. Später, in den 2000er-Jahren, wurde es als Baumkapelle ausgebaut, bis man 2008 die heutige Kapelle fertigstellte. Rund um die Uhr können sich nun Gläubige und Wanderer hier unter den Bäumen treffen und im stillen Gebet einen Moment verharren.

Hausgemachtes in Kransberg

Eine besondere Spezialität in Kransberg ist die »Namenlose Bratwurst«, die wie die Thüringer Rostbratwurst hergestellt wird. Eine weiteres kulinarisches Highlight und sehr beliebt: die »Kransberger Wuzz«. Das ausgenommene Jungschwein wird so lange auf einem speziellen Grill über Buchenholz gegart, bis es ganz zart ist.

Buchenreiches Kransberg Der Markierung mit dem Schmetterling weiter folgend gelangt man in Kürze auf einen breiten Weg. Dieser führt bergab durch den Wald. An der nächsten Kreuzung gehen wir rechts weiter und umrunden auf einem schönen sonnigen Streckenabschnitt ein Gehöft. Nur wenige Meter durch den Wald am Ortsrand von ❷ **Kransberg** erreichen wir die Straße. Kransberg ist ein Ortsteil von Usingen und geprägt von steilen Hängen. Wer hier einen kleinen Abstecher machen möchte, dem sei die Hainbuchenallee empfohlen. Mehr als hundert Hainbuchen, die über 250 Jahre alt sind, stehen zwischen dem Schloss und der Kreuzkapelle.
Nachdem wir die Straße auf der ursprünglichen Route gequert haben, laufen wir noch wenige Meter links, bevor wir

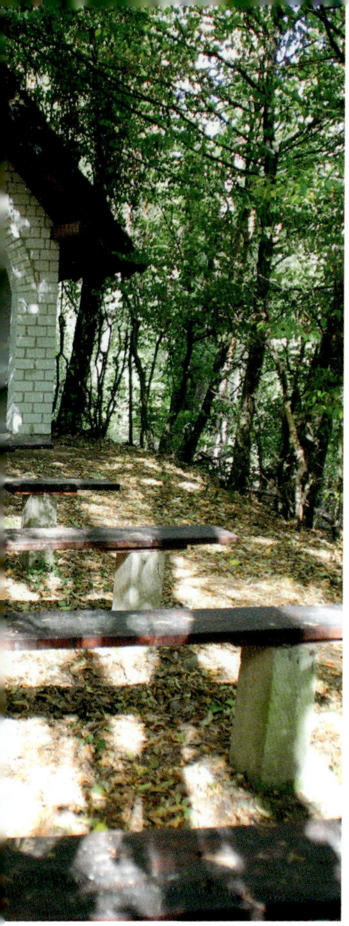

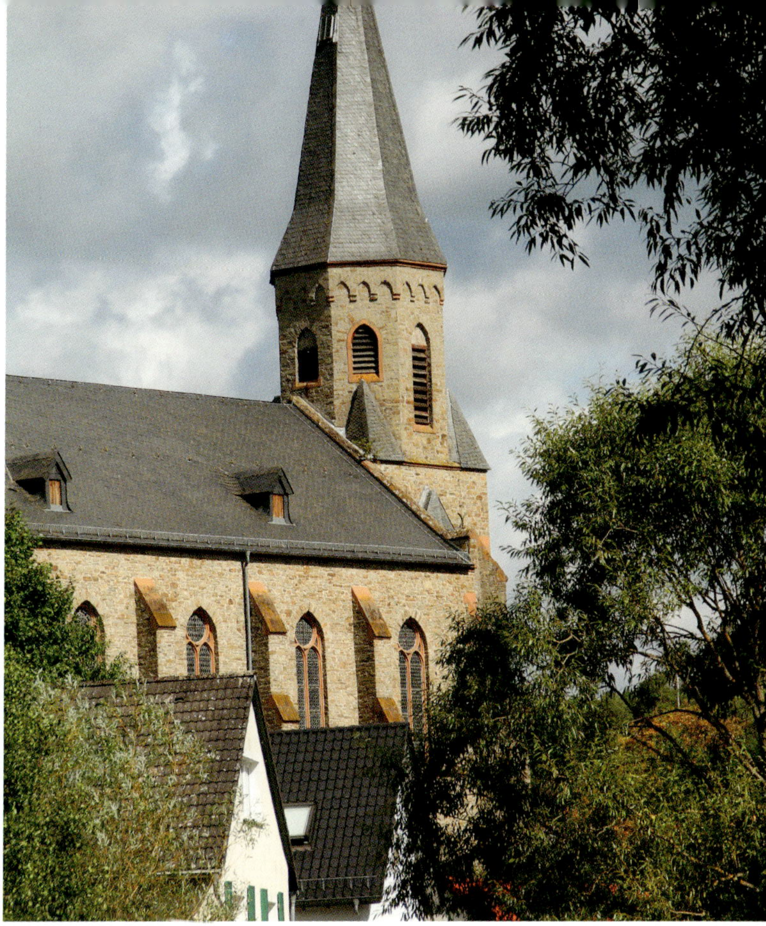

rechts an den Schrebergärten vorbei erneut in den Wald gelangen. Hier ist es wieder sehr still.

Durch Pfaffenwiesbach Ein Pfad leitet uns bis zum Ortsrand von ❸ **Pfaffenwiesbach**. Von hier aus nehmen wir nach wenigen neueren Häusern den Treppenpfad rechts und gelangen auf dem Kopfsteinpflaster in die Ortsmitte. Links weitergehend erreichen wir anschließend die Wiesbachtalhalle, das Bürgerhaus des Orts. Wer kurz verschnaufen möchte, kann in dem angegliederten Restaurant mit Terrasse Pause machen. Wir gehen um das Gebäude herum und queren den kleinen Wiesbach, der nur wenige Kilometer vor Pfaffenwiesbach entspringt; nachdem er das Wiesbachtal passiert hat, fließt er durch Pfaffenwiesbach und weiter nach Kransberg. Linker Hand befindet sich das Ortsgericht von Pfaffenwiesbach. Das schöne Gebäude beherbergt außerdem noch ein kleines Heimatmuseum, in dem Urkunden und historische Karten eingesehen werden können. Originale Schulbänke aus längst vergangenen Zeiten sowie Einrichtungsgegenstände aus Pfaffenwiesbacher Haushalten sind zudem ausgestellt. Auch die Sammlung von landwirtschaftlichen Geräten, wie sie einst vor vielen Jahren genutzt wurden, beeindruckt.
Über die Hauptstraße geht es nun an schönen alten Fachwerkhäusern vorbei zum Ortsende, wobei es hier auch wieder leicht aufwärts geht. Zum Abschluss wandern wir an der Straße entlang, bis wir den Ⓔ **Wanderparkplatz Jungholz** erreicht haben.

Links:
Immer der Markierung mit dem Schmetterling nach

Mitte:
Kapelle mitten im Wald

Rechts:
Die Pfarrkirche St. Johannes der Täufer

7

In die Maibacher Schweiz

Eigenwillige Felsengruppen

Mittel | 16 km | 398 Hm | 4 Std.

Tourencharakter
Mittelschwere Wanderung in z. T. unmarkiertem Gelände mit streckenweise herausfordernden Steigungen

Ausgangs-/Endpunkt
Parkplatz am Friedhof in Usingen

Höchster Punkt
Eschbacher Klippen 425 m

Anfahrt
Auto: B 275 oder B 456 nach Usingen.
Bus & Bahn: Mit der Taunusbahn bis Usingen-Bahnhof.

Beste Jahreszeit
Ganzjährig

Einkehr
Landgasthof Eschbacher Katz in Usingen

Karte
Kompass 1:50 000, Nr. 840 Östlicher Taunus

Infos
www.usingen.de

Die Felsformation unterhalb des Orts brachte Maibach den Beinamen »Maibacher Schweiz« ein. Mit ihrem bizarren, doch anmutigen Aussehen ist die Felsengruppe ein Anziehungspunkt für Fotografen, Wanderer und Kletterer und wird zudem gern für ein Familienpicknick genutzt.

Die Taunusstadt Usingen eignet sich hervorragend als Startpunkt. Über 1200 Jahre ist die ehemalige Residenzstadt alt. Aufgrund des im Jahr 1938 durch Theo Geisel verfassten »Buchfinkenlieds«, in dem das Usinger Land beschrieben wird, wurde die Stadt zur Buchfinkenstadt im Buch-

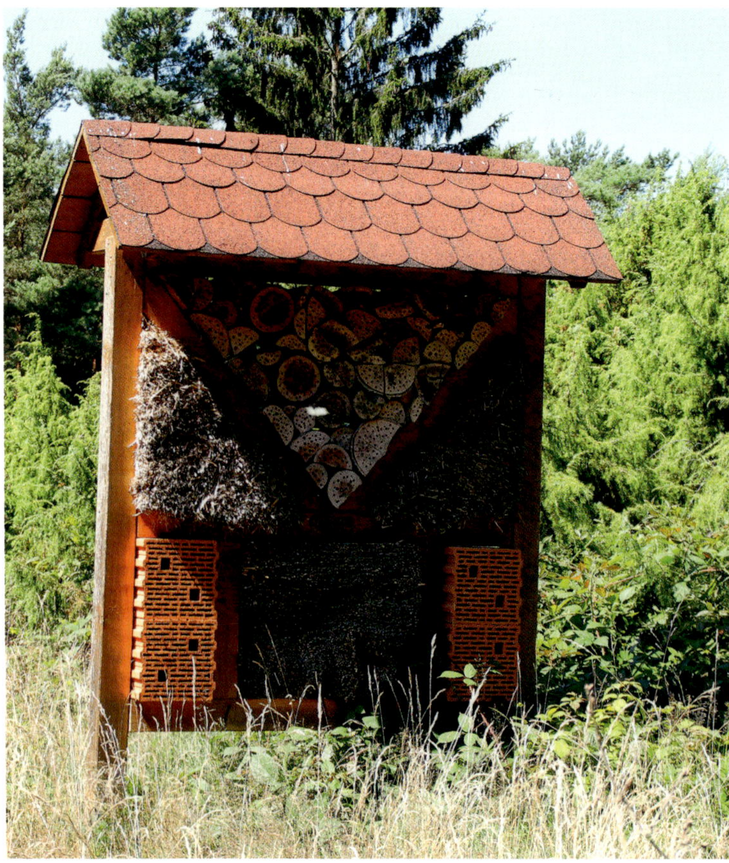

Ein Insektenhotel neben den Felsen

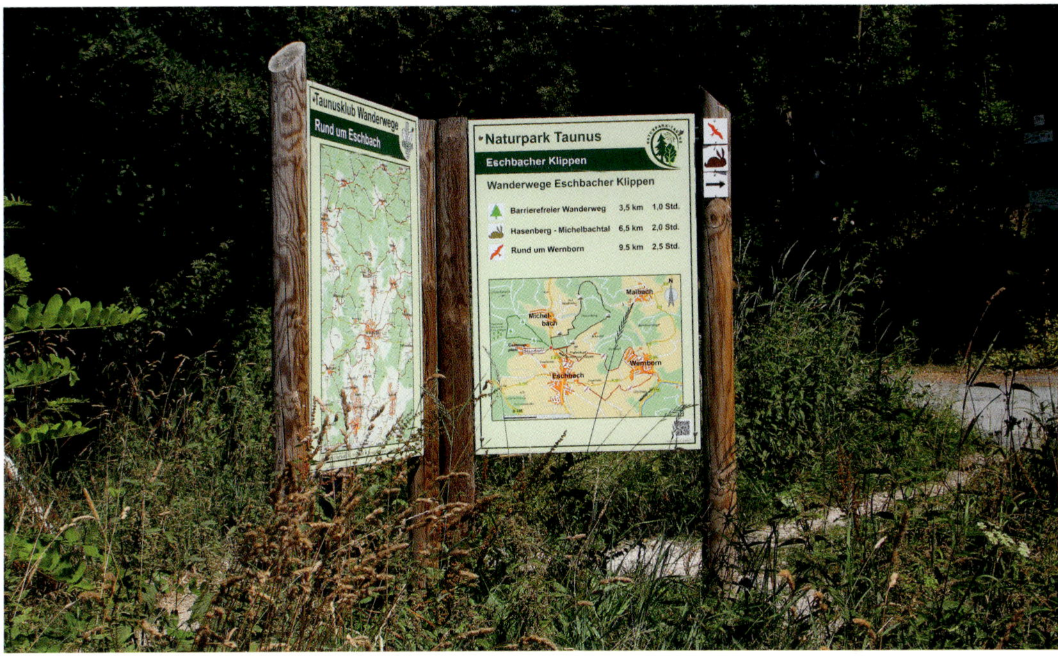

Infotafeln am Parkplatz der Eschbacher Klippen

finkenland. Wer mit offenen Augen durch das Städtchen streift, wird hier und da auch einen bunten Buchfink entdecken können. Daneben gibt es hier aber auch noch mehr zu entdecken: In der Stadtmitte befindet sich das Usinger Schloss (heute ein Gymnasium), und dahinter erstreckt sich der Schlosspark mit dem Denkmal der Fürsten von Nassau-Usingen und dem Charlotte-Amalie-Brunnen sowie Rabatten, Wiesen und einer Vielzahl von Sitzgelegenheiten. Ebenfalls prominent im Stadtzentrum und gegenüber dem Schloss ist das Rathaus aus dem Jahr 1687. Das Fachwerkhaus im barocken Stil ziert eine Wetterfahne mit dem nassauischen Löwen sowie einem Kleeblatt, die auch im Stadtwappen zu finden sind.

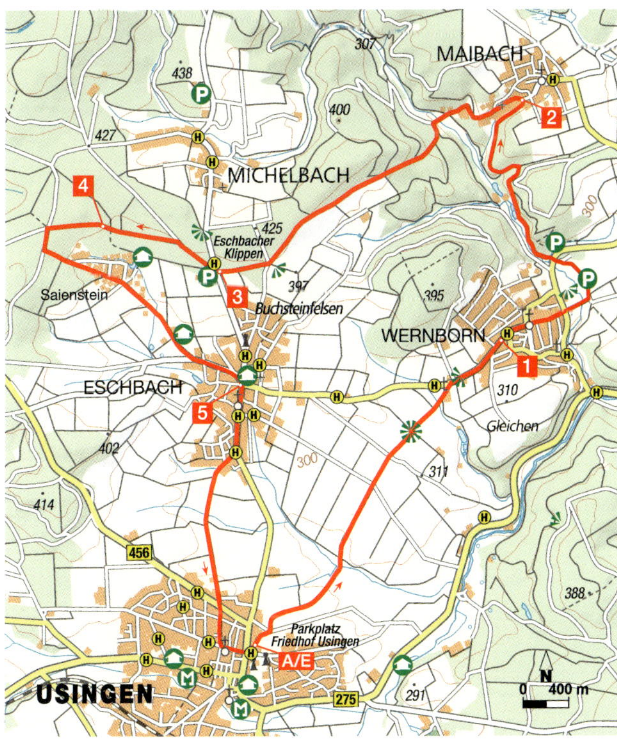

Ins Michelbachtal Vom Ⓐ **Parkplatz am Friedhof** in Usingen geht es ein Stück den Wernborner Weg entlang. Über das Feld auf dem Usinger Weg erreicht man bald das Eschbachtal. Von hier aus dauert es nicht mehr lange, und wir kommen nach ❶ **Wernborn**, einem Ortsteil von Usingen. Auf der

Woher kommt's?

Die erste urkundliche Erwähnung von Maibach war 1336. Der ehemalige Friedberger Bürger Johan Meydebacher wird bei der Beurkundung eines Dokuments in Ober-Mockstadt erwähnt – davon wurde der Ortsname Maibach wohl abgeleitet.

Lindenstraße streifen wir die Kirche des kleinen Orts und setzen auf der Friedberger Straße unsere Tour fort.

Nach der Überquerung des Michelbachs biegen wir links ins Michelbachtal. Nun gilt es die K 724 zu queren. Im Anschluss laufen wir parallel am Michelbach entlang, passieren die Kläranlage und erreichen schließlich ❷ **Maibach**. Durch diesen kleinen Ort führt der berühmte Ardennenweg, ein Fernwanderweg vom Atlantik bis zum Böhmerwald.

Rechte Seite: Die Eschbacher Klippen bieten eine schöne Aussicht.

Eschbacher Klippen und Saienstein Im Zentrum von Maibach gehen wir links in den Eschbacher Weg und vorbei an kleinen Ferienhäusern wieder ins Michelbachtal. Stetig aufwärts erreichen wir mit einigen Mühen den Hasenberg und genießen von dort die Aussicht. Danach geht es auf unserer Route weiter, bis wir einen kurzen Abstecher von ca. 200 Metern zu den ❸ **Eschbacher Klippen** unternehmen. Diese Klippenformation wird besonders von Hobbykletterern innig geliebt, aber auch Familien suchen den Ort gern an den Wochenenden auf.

Zurück auf der Landstraße bzw. dem dortigen Parkplatz führt die Route nun am ❹ **Saienstein** vorbei. Der Saienstein (bzw. Kaiser-Friedrich-Felsen) gehört wie die Eschbacher Klippen zu einem Quarzgang. Auch hier sind die Steilwände ein Mekka für Sportbegeisterte; für Kletterer gibt es Sicherungsringe und Haken.

Das Schmalblättrige Weidenröschen

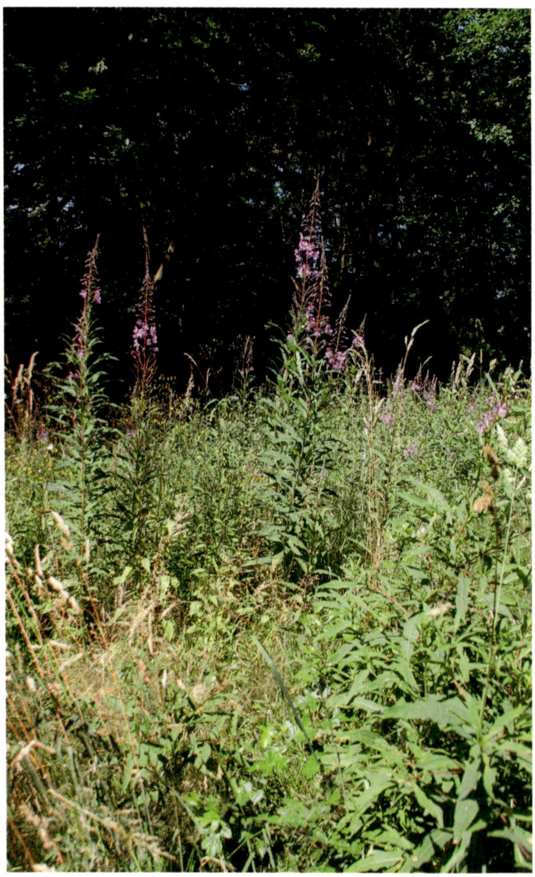

Über Eschbach nach Usingen Durch ein kleines Wohngebiet erreichen wir nun bald ❺ **Eschbach**. Dieser Stadtteil von Usingen ist besonders bekannt für seine Gastronomie, die man z. B. in der »Eschbacher Katz« an der Hauptstraße vorzüglich genießen kann: Regionale wie internationale Gerichte lassen sich auf der Speisekarte entdecken. In direkter Nähe befindet sich die Evangelische Kirche im neoromanischen Stil; ihr wirklich hübscher Kirchturm ist schon von Weitem hinter den Dächern der Häuser zu sehen.

Über die Straße Auf dem Engdenberg und die Plankstraße geht es dann auf der Usinger Straße rechts in die Kanstraße. Der Alte Usinger Weg führt uns nun bis zur linken Abzweigung in den Gutenbergweg und rechts in die Eschbacher Straße. Über den Roßmühlweg und den Wernborner Weg erreichen wir in wenigen Minuten wieder den Ⓔ **Parkplatz am Friedhof** in Usingen.

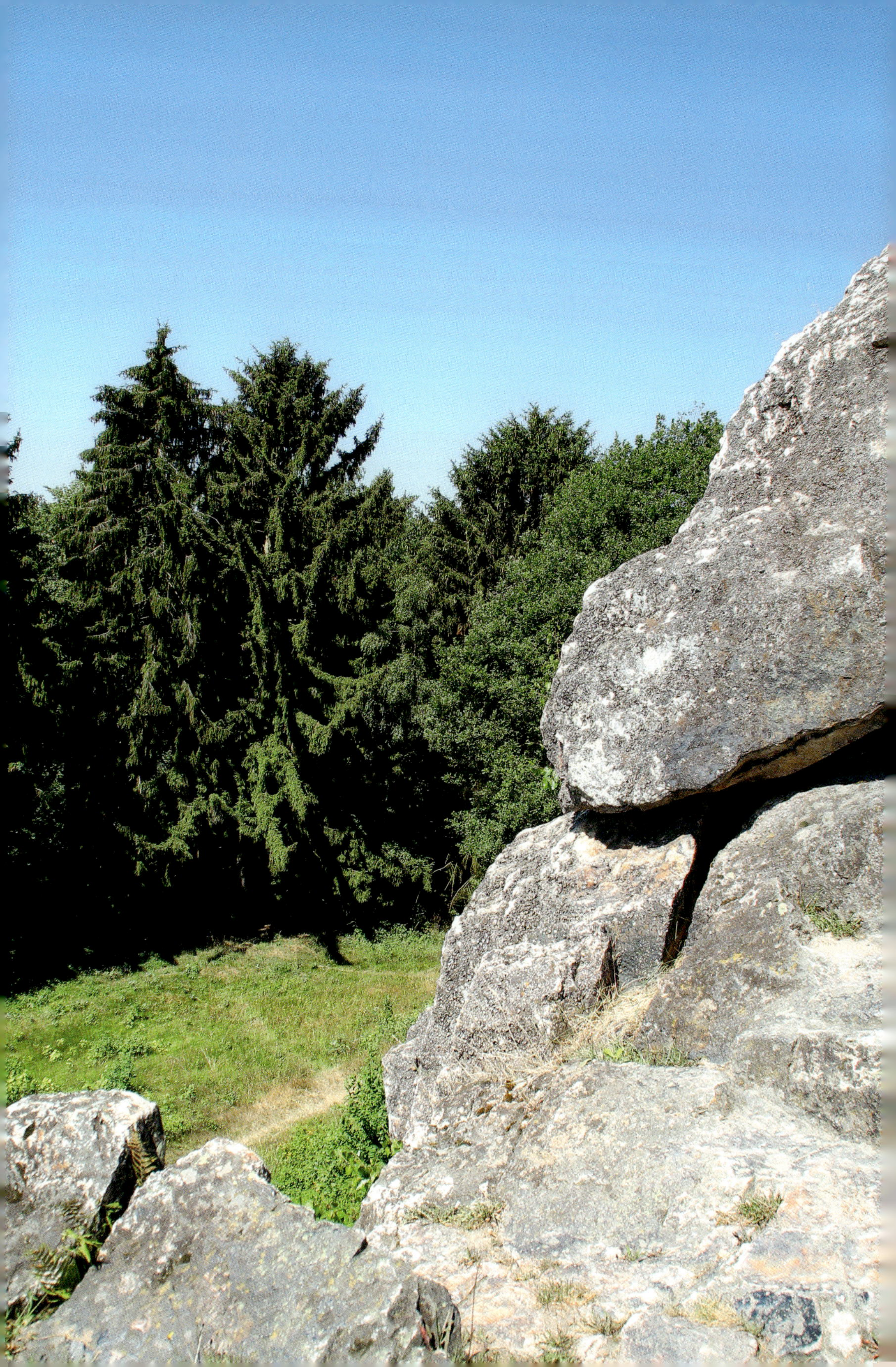

8 Zum Grünwiesenweiher

Stille und Idylle am See

Leicht 10,5 km 242 Hm 2.30 Std.

Tourencharakter
Einfache, idyllische Tour zum Grünwiesenweiher im Usinger Land

Ausgangs-/Endpunkt
Merzhausen

Höchster Punkt
Merzhausen 460 m

Anfahrt
Auto: B 275 von Weilrod oder Usingen nach Usingen-Merzhausen.
Bus & Bahn: Mit der Taunusbahn bis Bahnhof Usingen und mit dem Bus nach Merzhausen.

Beste Jahreszeit
Ganzjährig

Einkehr
Haus am Wald in Usingen

Karte
Kompass 1:50 000, Nr. 840 Östlicher Taunus

Infos
www.usingen.de

Über waldige Pfade wird der romantisch gelegene Grünwiesenweiher erreicht. Das herrliche Plätzchen lockt nicht nur Angler, auch Familien und Wanderer nutzen die Stille zu einer Auszeit.

Merzhausen ist einer von sechs Stadtteilen Usingens. Die Bundesstraße, die durch den Ort führt, war schon im Mittelalter ein bedeutender Handelsweg. In der Straße Am Wald in Ⓐ **Merzhausen** beginnt die Tour. Nach einem Waldstück gelangt man über den Rüdiger-Best-Weg zur K 738, die es zu überqueren gilt. Nach nur wenigen Minuten ist der kleine und idyllisch gelegene ❶ **Grünwiesenweiher** in der Nähe von Hausen-Arnsbach erreicht. Einst künstlich geschaffen diente der Weiher seit dem 18. Jahrhundert als Sammelbecken für die Mühlen. Später wurde er als Badesee genutzt. Noch heute sind ein kleiner Badesteg, auf dem sich früher die Badegäste tummelten, und eine Grillhütte, in der so manche Bratwurst verspeist wurde, zu sehen. Aufgrund des angrenzenden Walds und der Badeseenutzung wurde das Wasser im Sommer immer schlecht,

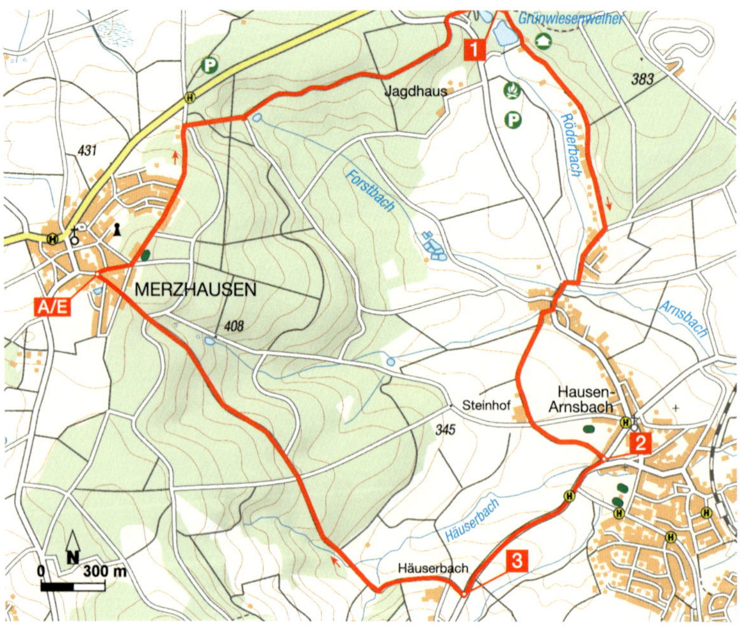

sodass sich die Gemeinde letztendlich entschloss, die Nutzung als Badesee nicht mehr zu erlauben. Heute steht der idyllische Grünwiesenweiher unter Naturschutz und lädt Wanderer zu einer Pause ein.

Wasserfreuden

Der künstlich angelegte Weiher in Merzhausen versorgte einst die Landsteiner Mühle mit Wasser; zudem beherbergte er viele seltene Pflanzen und Tiere. Heute lädt der Weiher nicht nur Angelfreunde ein – im Winter malen auch Schlittschuhläufer, wenn es die Witterung zulässt, hübsche Kringel aufs Eis.

Durch Hausen-Arnsbach Obwohl der Weiher komplett umrundbar ist, laufen wir nur bis zur anderen Seite. Die Tour führt weiter auf einem bequemen Weg am Waldrand entlang. Über die Straße An der Rödersbach gelangen wir zum Kreisel von ❷ **Hausen-Arnsbach**, wo wir ein kurzes Stück der Hauptstraße folgen und dann rechts in die Straße Am Dorfbrunnen abbiegen. Am Steinhof vorbei lassen wir das Sportfeld links liegen.
Ein ganzes Stück geht es nun am ❸ **Häuserbach** parallel entlang, bis wir ihn zweimal überqueren. Nun schlängelt der Bach sich rechts an unserem Weg weiter, während sich links der Wald von Rod am Berg erstreckt. Ein drittes Mal queren wir nun das Bächlein und folgen der Route auf einem schönen Weg in den Wald bis zurück zu unserem Ausgangspunkt in Ⓔ **Merzhausen**.

Spaziergang durch Merzhausen Hier lohnt es sich auf jeden Fall, noch einen Abstecher zum Rathaus zu unternehmen: Um 1530 wurde das für Verwaltungszwecke errichtete Fachwerkhaus erbaut. Hier hatte nicht nur das Stockheimer Niedergericht seinen Sitz, sondern es wurden auch die Versammlungen der Stockheimer Mark abgehalten. Es war also ein turbulenter Ort für Streitigkeiten rund um Abgaben oder Erbschaften. Das Haus, das bis 1961 als Rathaus genutzt wurde, steht heute unter Denkmalschutz und ist immer noch ein wunderbarer Anblick.

Ein künstlich errichteter Weiher

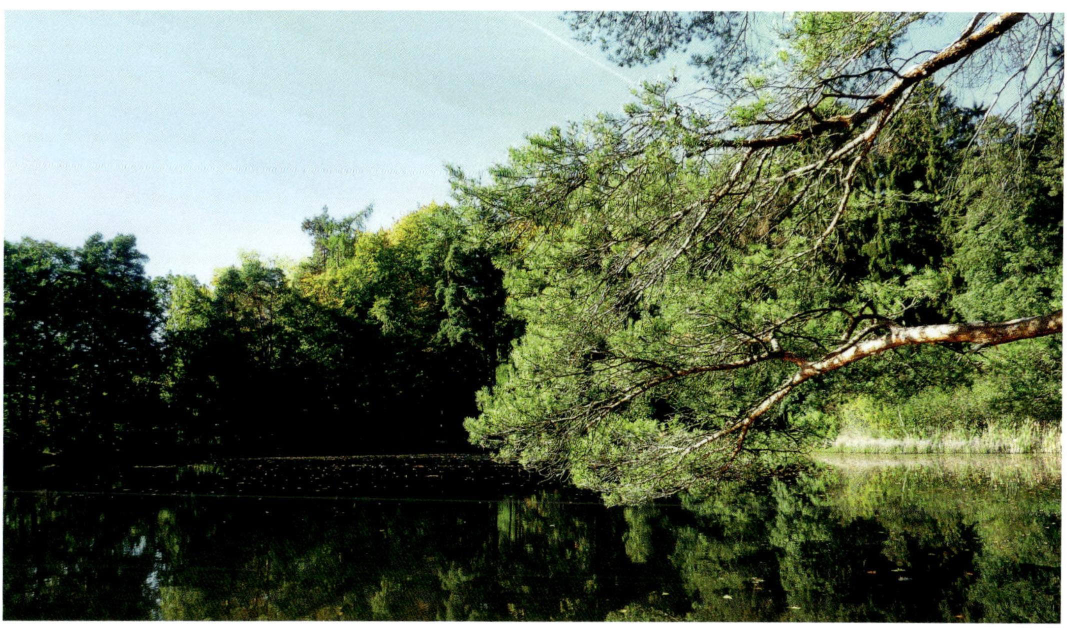

9

Panoramareiche Quarzitrunde

Tiefe Abgründe mit Weitblick

Schwer | 12 km | 200 Hm | 3 Std.

Tourencharakter
Schwere Tour durch Feld und Wald zur Aussichtsplattform des Quarzitbergwerks

Ausgangs-/Endpunkt
Bahnhof Wehrheim

Höchster Punkt
Aussichtsplattform Quarzitwerk 456 m

Anfahrt
Auto: A 5 oder B 275 über Usingen und B 456 nach Wehrheim.
Bus & Bahn: Mit der Taunusbahn von Bad Homburg bis Bahnhof Wehrheim.

Beste Jahreszeit
Ganzjährig

Einkehr
In Wehrheim: Café Klatsch; Restaurant Löwenherz

Karte
Kompass 1:50 000, Nr. 840 Östlicher Taunus

Infos
www.wehrheim.de

Vom Herz des Apfeldorfs geht's am idyllisch gelegenen Schwimmbad vorbei und durch hügelige Felder in den Wald und straff bergan. Als Höhepunkt lädt die kleine hölzerne Aussichtsplattform zu wunderschönen Blicken über das Abbaugebiet des Quarzitbergwerks ein.

Wir starten heute am **A** **Bahnhof Wehrheim**. Das idyllisch gelegene Apfeldorf befindet sich unweit von Frankfurt und kann gut mit der Taunusbahn von Bad Homburg aus erreicht werden. Aufgrund seiner Lage im Hochtaunus bietet es exzellente Bedingungen für Wanderungen. Am Bahnhofskiosk in Wehrheim können vor der Wanderung bei »Juttas Treffpunkt« noch fehlende Wasservorräte oder Proviant ergänzt werden. Wir überqueren die Bahnhofstraße Richtung »Saalburgsiedlung« auf der Köpperner Straße. Kurz nach der Kreuzung Marienbader Straße folgen

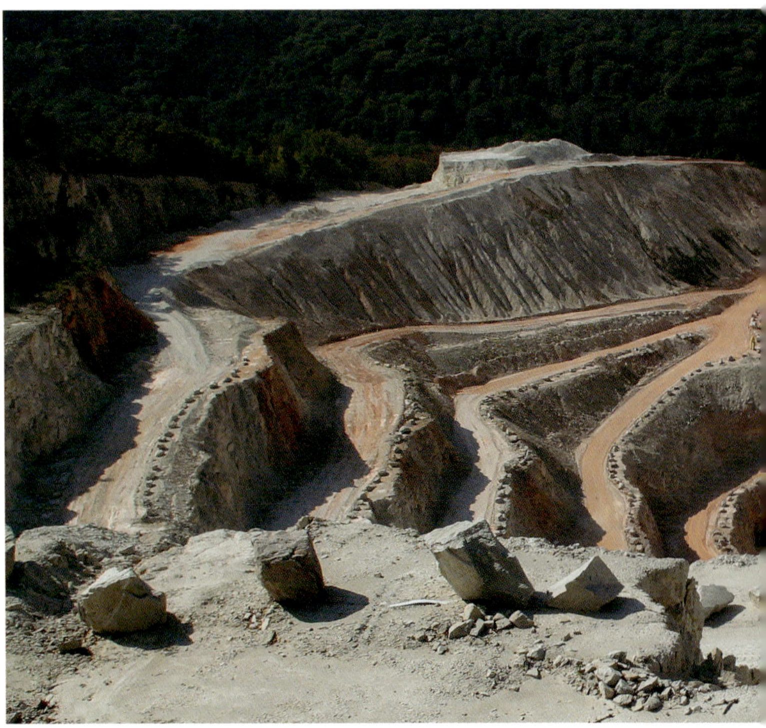

Blick in das Abbaugebiet

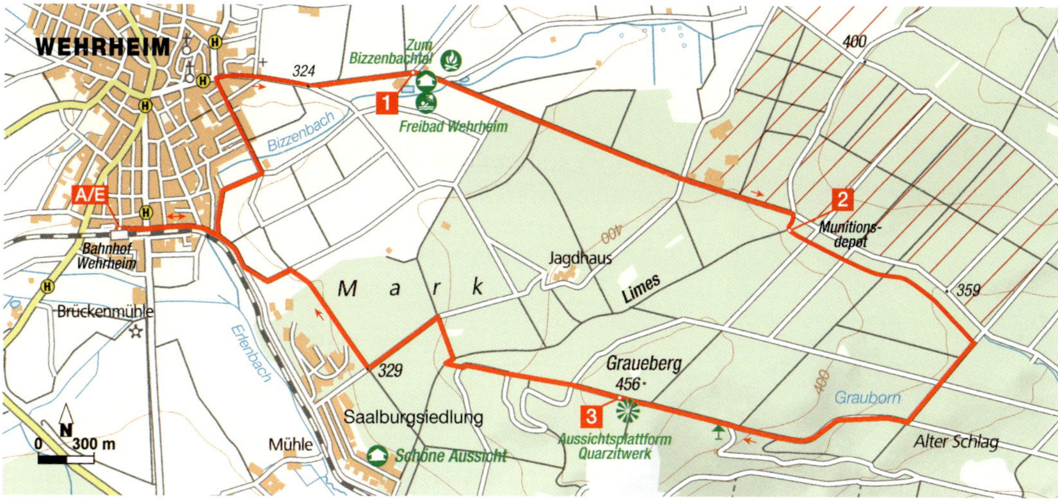

wir dem Weg nach links Richtung Schwimmbad. Über anfangs Asphalt, später Schotter geht es leicht bergan. Rechter Hand öffnet sich ein schöner Blick über die Felder bis zum Großen Feldberg.

Für wagemutige Schwimmer Wir stoßen auf die Straße Richtung Wehrheimer Freibad und folgen ihr rechts bis zum ❶ **Freibad Wehrheim.** Das Bad ist legendär für sein Eisschwimmen, das jeweils am Neujahrstag stattfindet und bei dem sich Wagemutige bei eisigen Temperaturen ins Wasser stürzen. In der Gaststätte Bizzenbachtal

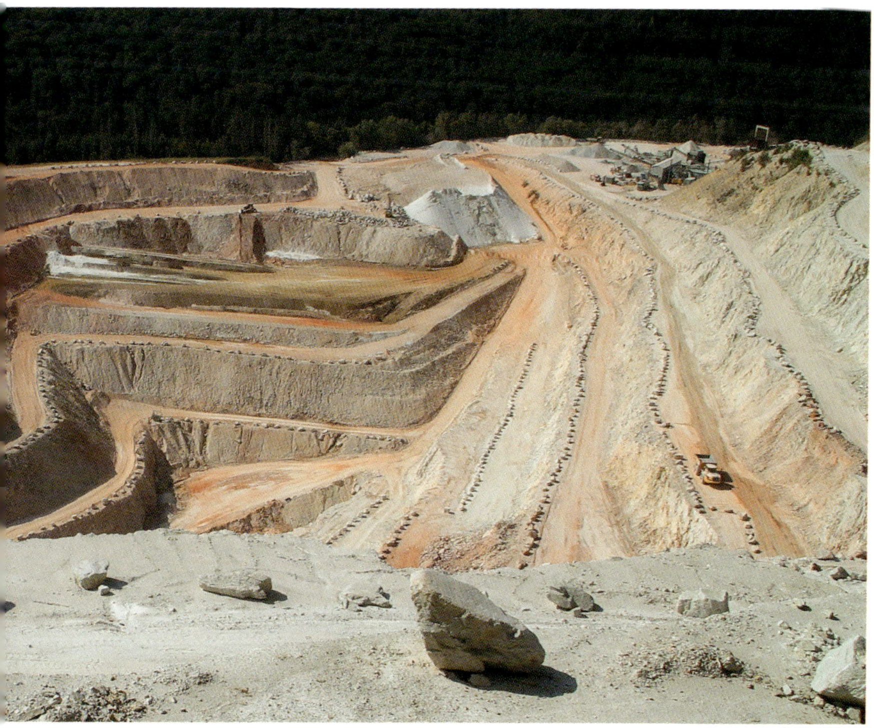

kann man winters wie sommers gut essen bzw. im Biergarten ein kühles Bier aus dem Steinkrug genießen.

Nun steht uns der anstrengendste Teil der Tour bevor. Wir folgen der für den normalen Autoverkehr gesperrten Straße Richtung Köppern. Es geht leicht, aber stetig bergan bis zum ❷ **Munitionsdepot**. Mit seiner Größe von ca. 254 Hektar gilt es als das zweitgrößte Munitionsdepot der Bundeswehr.

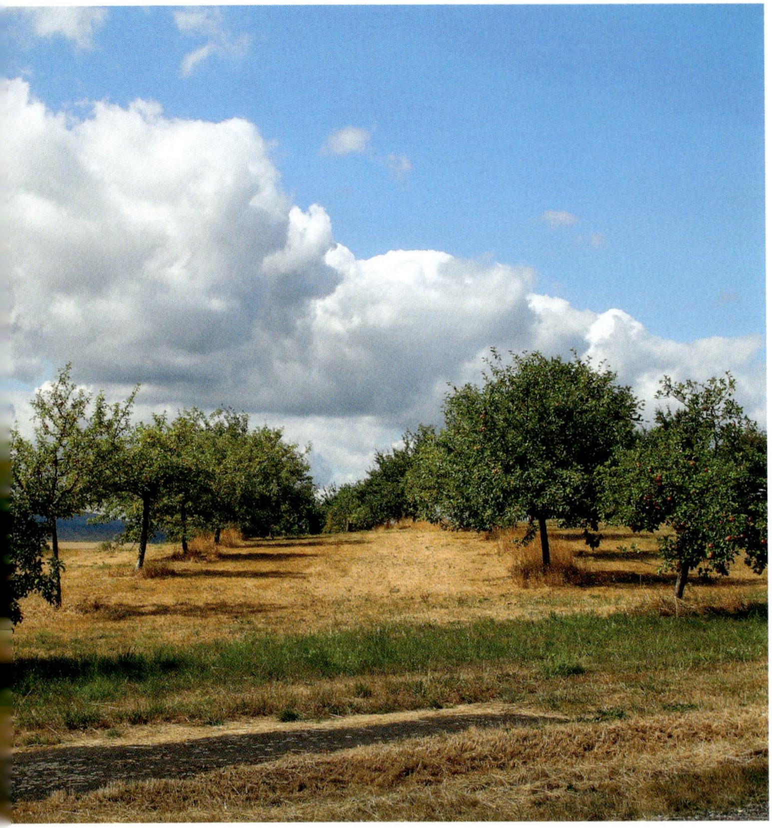

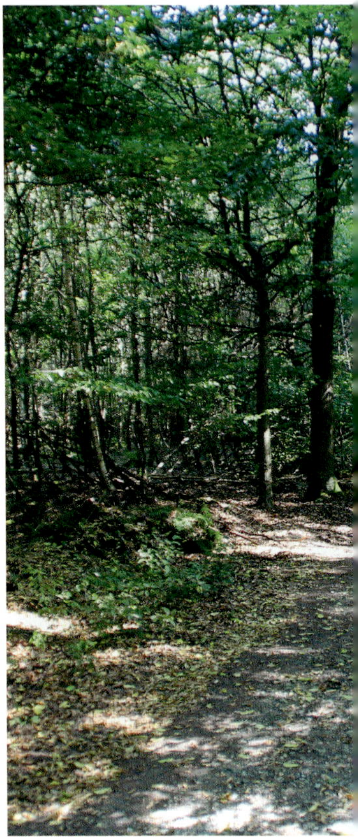

Links: Apfelbäume, wohin das Auge auch blickt

Mitte: Gemütliche Wege zum Quarzitbergwerk

Rechts: Das Stadttor im Apfeldorf Wehrheim

Zum Quarzitbergwerk Hier folgen wir weiter der Straße. Auf Höhe von »Tor 4« des Depots kann man die Tour über einen Weg nach rechts erheblich abkürzen. Wir bleiben aber auf der Straße und wandern bis zum Ende des Depots. Nach dem Zaunende nehmen wir den ersten Weg nach rechts. Ab hier folgt man den Markierungen blaues Kreuz, »T« und gekipptes »U«. Der Schotterweg führt durch kühlen Wald, anfangs nur leicht, dann immer steiler bergauf. Wir genießen die Stille im Wald, entdecken allerhand Tiere und erfreuen uns an jedem Höhenmeter. Nach links kann man erste Ausblicke in die weite Ebene erhaschen.

Bald haben wir es geschafft und den höchsten Punkt der Tour erreicht. Endlich am Ziel! Nur noch ca. 100 Meter nach links, dann stehen wir auf der kleinen ❸ **Aussichtsplattform des Quarzitwerks**. Der kleine Turm steht direkt am Abgrund des Quarzitbergwerks. Seit Ende des 19. Jahhunderts wird hier Quarzit abgebaut. Beeindruckend tief haben sich die Bagger in den Berg gefressen und spiralförmige Transportwege für die Lastwagen hinterlassen. Welche Gegensätze: Hier der stille Wald, da unten das laute geschäftige Treiben, dahinter der weite Ausblick bis nach Frankfurt und in den Taunus hinein!

Rückweg nach Wehrheim Nach erholsamer Rast treten wir den Rückweg an. Wir folgen den Markierungen, die uns zunächst auf Schotter, später auf einem schmalen

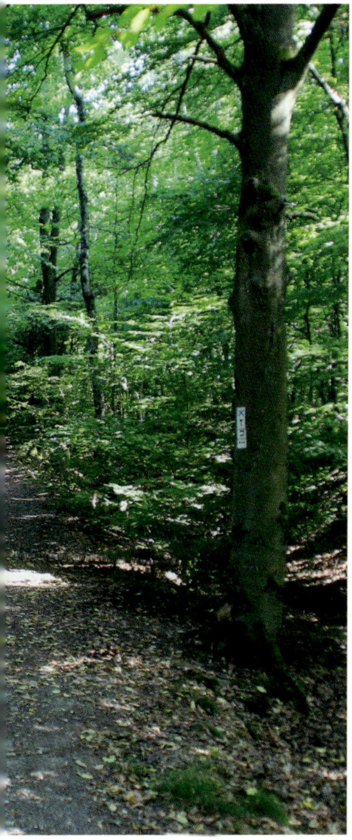

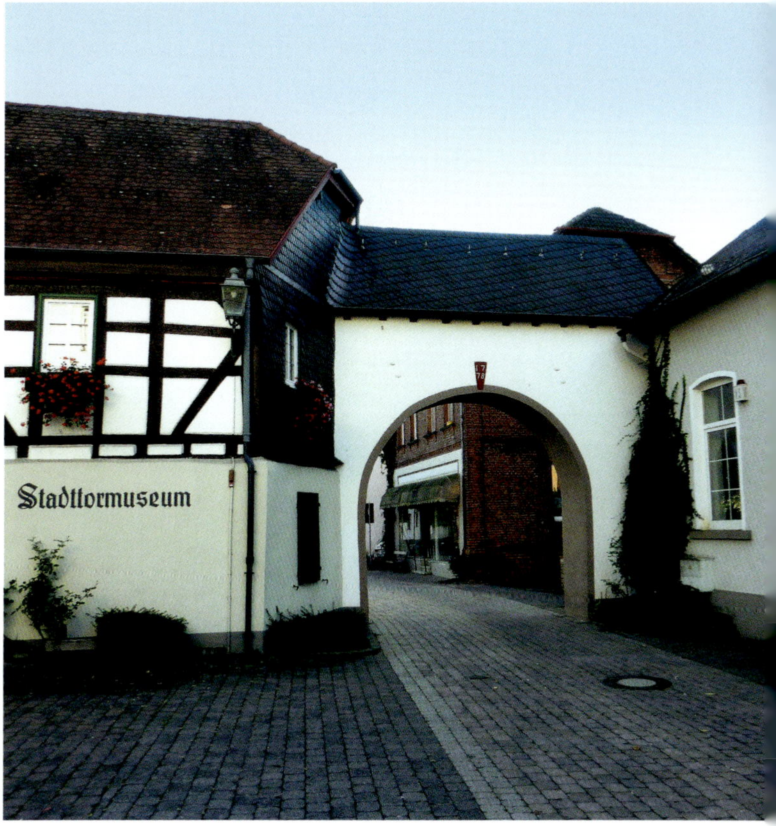

Waldpfad bergab leiten. Nun stößt man auf den Limes und wandert weiter bergab bis zum Schild »Abzweig Wehrheim«. Hier geht es rechts, weiter durch den Wald immer geradeaus, bis wir das Waldende erreichen und über Felder hinunter Richtung Wehrheim laufen. Wir stoßen auf die Straße zur Saalburgsiedlung, der wir rechts noch ca. 500 Meter bis zum E **Bahnhof Wehrheim** folgen.

Wer am Ende der Tour noch gemütlich den Tag in einer Gaststube ausklingen lassen möchte, dem sei das urige Restaurant Löwenherz empfohlen, das sich nur wenige Minuten vom Bahnhof entfernt in der Bahnhofstraße befindet. Neben Wildgerichten, hausgemachten Kuchen und Bierspezialitäten gibt es hier auch den Wehrheimer Apfelwein zu verkosten.

Wahrzeichen Wehrheims

Im alten Stadtkern von Wehrheim ist das renovierte Torwächterhaus mit dem Stadttor sehr interessant, in dem sich ein kleines Museum mit so sehenswerten Schätzen wie einer Graburne aus der Urnenfelderzeit befindet. Das Torwächterhaus, in dem einst der Wächter des Untertors wohnte, gehört heute zum Wahrzeichen der Gemeinde.

10

Hügelige Holzbachtalrunde

Durchs Tal zum Wallfahrtsort

Mittel | 18 km | 300 Hm | 4 Std.

Tourencharakter
Mittelschwere Tour im hügeligen Gelände durchs Holzbachtal

Ausgangs-/Endpunkt
Wehrheimer Mitte im Ortszentrum von Wehrheim

Höchster Punkt
Schlink 375 m

Anfahrt
Auto: A 5 bis Abzweig Friedberg, dann links Richtung Köppern und rechts auf die B 275 Richtung Neu-Anspach bis Wehrheim.
Bus & Bahn: Mit der S5 nach Bad Homburg, von dort mit der Taunusbahn nach Wehrheim und weiter mit dem Bus zur Wehrheimer Mitte.

Beste Jahreszeit
Ganzjährig

Einkehr
Waldgasthof Schlossblick in Usingen-Kransberg

Karte
Kompass 1:50 000, Nr. 840 Östlicher Taunus

Infos
www.wehrheim.de

Von Wehrheim über den Wanderparkplatz Schlink führt die Tour durchs schöne Holzbachtal zu einem Wallfahrtsort und einer Waldgaststätte. Nach der genussreichen Einkehr und vor allem der tollen Aussicht geht es entspannt durch Wald und Feld zum Ausgangspunkt zurück.

Der Start der Wanderung ist die **A** **Wehrheimer Mitte** im Ortszentrum. Hier kann man sich noch mit einem Cappuccino auf der sonnigen Terrasse des Cafés stärken, dann gilt es, der Markierung roter Balken zu folgen. Anfangs geht es ein Stück die Hauptstraße hinauf, dann nimmt man den Abzweig zum Freibad nach rechts. Gleich danach links am Friedhof über die

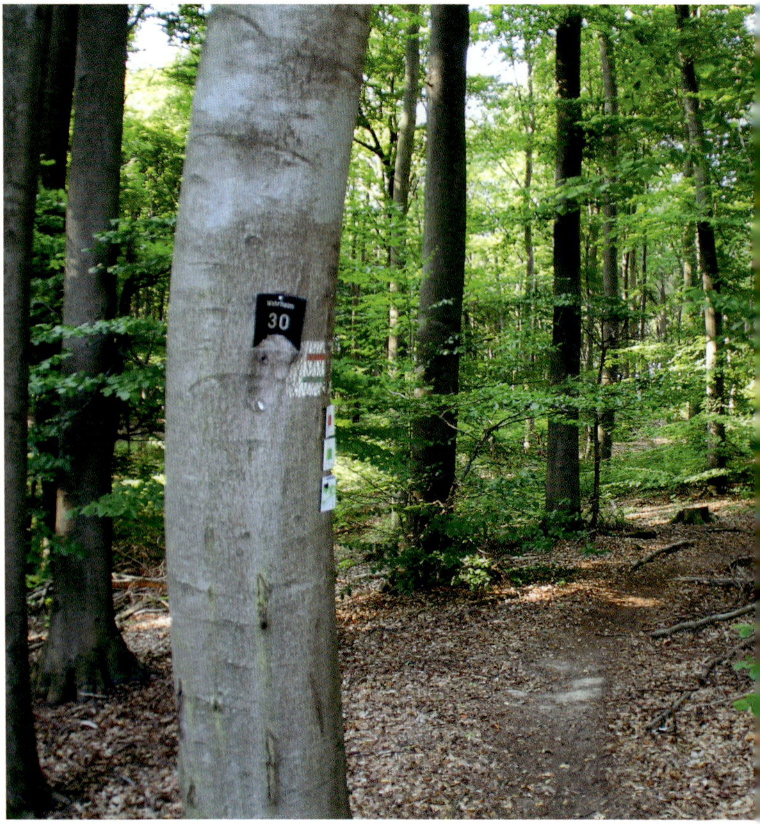

Schmale Pfade nach Pfaffenwiesbach

Felder bergan, ist der **❶ Wanderparkplatz Schlink** zügig erreicht. Von dort geht es, immer der roten Markierung folgend, leicht bergab durch den Wald bis nach **❷ Pfaffenwiesbach**, wo man die Kirche besichtigen kann. Der Hauptpatron der katholischen Kirche, die in den Jahren 1859–1862 im neuromanischen Stil errichtet wurde, ist der Heilige Georg. Täglich sind die Vorhalle und die Kapelle geöffnet. Sehenswert ist vor allem das spätgotische Taufbecken, das erstmalig 1682 erwähnt wird. Auch die drei Glocken sind hörenswert – mit ihren Schlagtönen symbolisieren sie die Stimme Gottes und das Gotteslob von Männern, Frauen und Kindern.

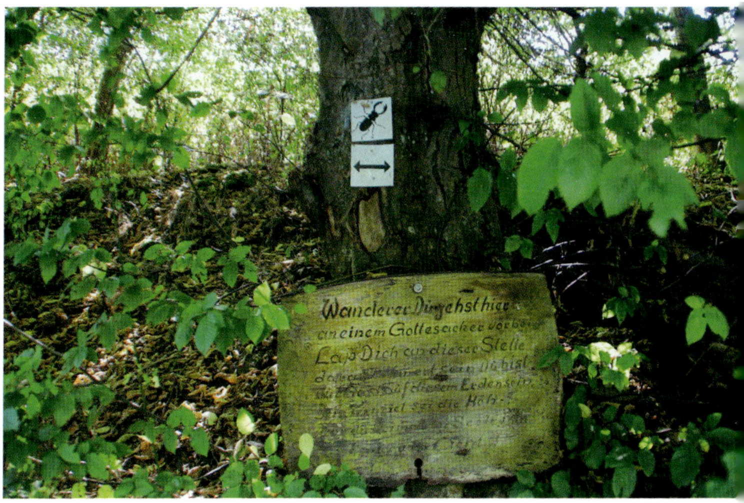

Botschaft im Wald für den Wandersmann

Im Holzbachtal Nachdem wir die Kirche hinter uns gelassen haben, geht es an einem kleinen, idyllischen Weg am Bach entlang. Jetzt wird es steil. Entlang der Straße

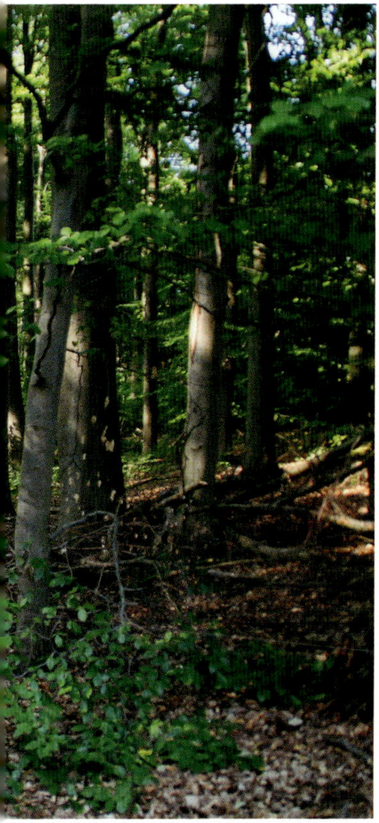

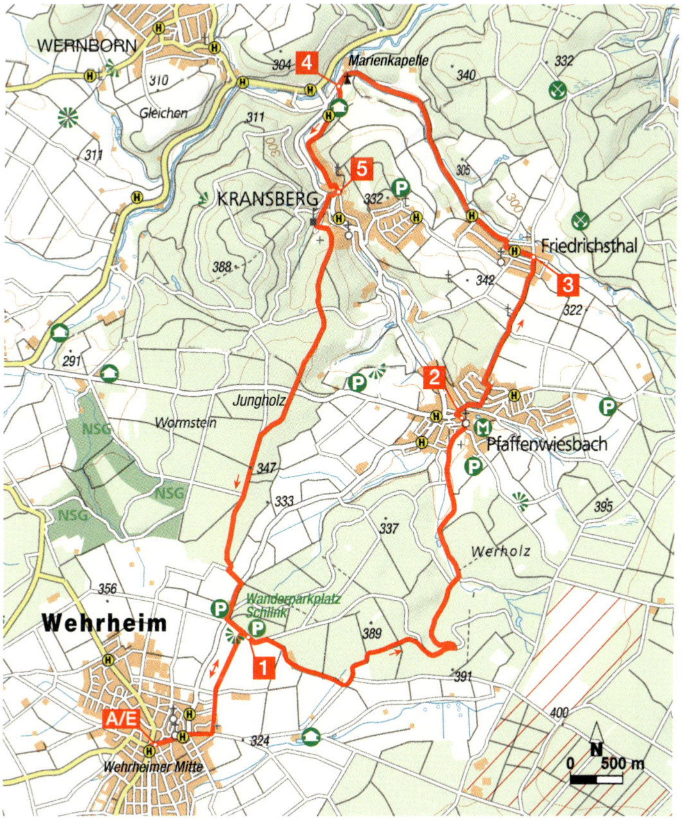

Das Apfeldorf

Wehrheim trägt seit dem Jahr 2002 offiziell den Zusatznamen »Das Apfeldorf«. Über 1000 Apfelbäume können auf den Wiesen und entlang der Straßen entdeckt werden. Darunter erspähen Kenner auch schon mal sehr alte Sorten. Jedes Jahr im Mai gibt es im Apfeldorf ein rauschendes Fest, bei dem eine neue Apfelblütenkönigin gekrönt wird.

Richtung Friedrichsthal geht es bergauf und dann hinunter in den Ort ❸ **Friedrichsthal**.

Immer auf der Hauptstraße bleibend biegen wir vor dem Holzbach links ab und folgen der Straße einige Kilometer durchs Holzbachtal. Die Straße lässt sich gut erwandern, da kaum Verkehr herrscht.

Auf dem Weg passieren wir die ❹ **Marienkapelle**, die früher wie auch heute noch als Wallfahrtsort genutzt wird. Das römisch-katholische Kirchlein, im Jahr 1218 erstmals urkundlich erwähnt, beherbergt ein Gemälde von Maria mit dem Kind.

Waldgaststätte mit Ausblick Weiter auf der Tour erfreuen wir uns an der üppigen Vegetation im feuchten Holzbachtal. Am Ende des Tals biegen wir links auf einen Schotterweg, der Beschilderung nach Kransberg folgend.

In ❺ **Kransberg** angekommen präsentiert sich uns schon das Schloss, das sich oberhalb des Ortskerns erhebt. Jetzt geht es wieder kurz auf der Hauptstraße entlang Richtung Wehrheim, bevor wir dann gleich rechts nochmals einen steilen Weg hinauf

Das Schloss Kransberg

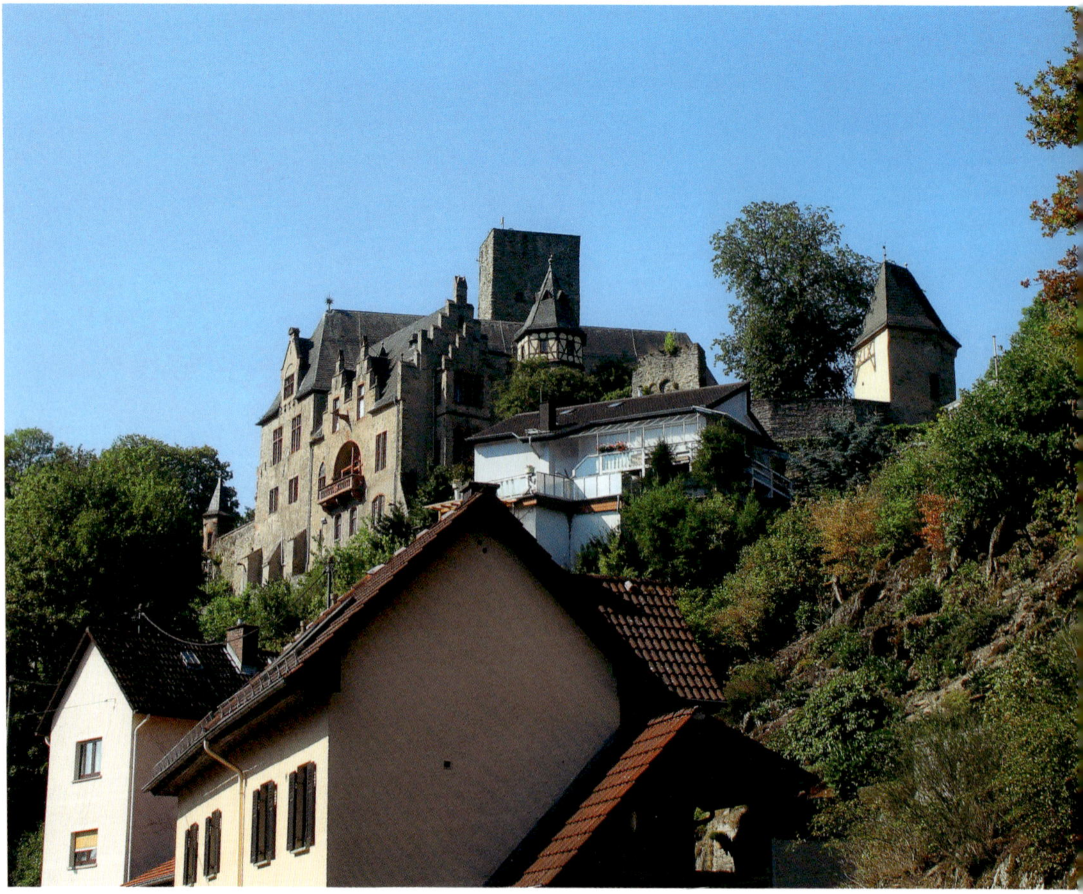

Richtung »Friedhof « nehmen. Ab hier folgen wir der Markierung grüner Balken und wandern am Schloss Kransberg vorbei bis zur Waldgaststätte Schlossblick. Von dort hat man in der Tat einen schönen Blick auf die ehemalige Burg, die von den Staufern 1170 erbaut wurde. Nach wechselnden Besitzern ließ sie Baron von Biegeleben um 1874 herum zu einem Schloss im neugotischen Stil ausbauen. In der dazugehörigen Kapelle befindet sich die Familiengruft derer von Biegeleben. Nachdem das Schloss einst militärischen Zwecken diente, wird es heutzutage für ausgewählte Konzerte und andere Veranstaltungen genutzt. Die Terrasse der Waldgaststätte und die Gerichte für den kleinen und großen Hunger verlocken zu einer längeren Pause.

Flugkünste am Rückweg Nun geht es erst recht steil auf einem Forstweg bergan. Wenn die Höhe erreicht ist, laufen wir entspannt auf gutem Weg durch den Wald, müssen einmal eine kleine Straße überqueren und gelangen dann an die Waldgrenze, von der aus man wieder den ❶ **Wanderparkplatz Schlink** erreicht. Wenn Betrieb ist, kann man die Modellflugkünste einiger Piloten des Modellsportclubs bestaunen, die hier ihr Flugrevier haben.
Vom Wanderparkplatz geht es nun wieder auf dem Anstiegsweg gemütlich hinab nach Wehrheim und zur Ⓔ **Wehrheimer Mitte** bzw. in den Ortskern.

Wilde Wege führen nach Wehrheim

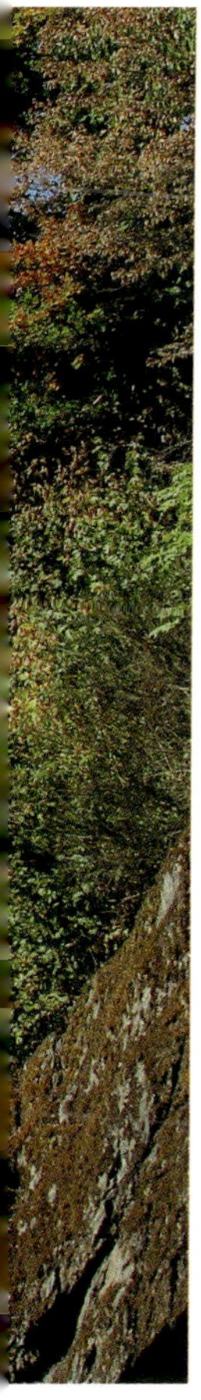

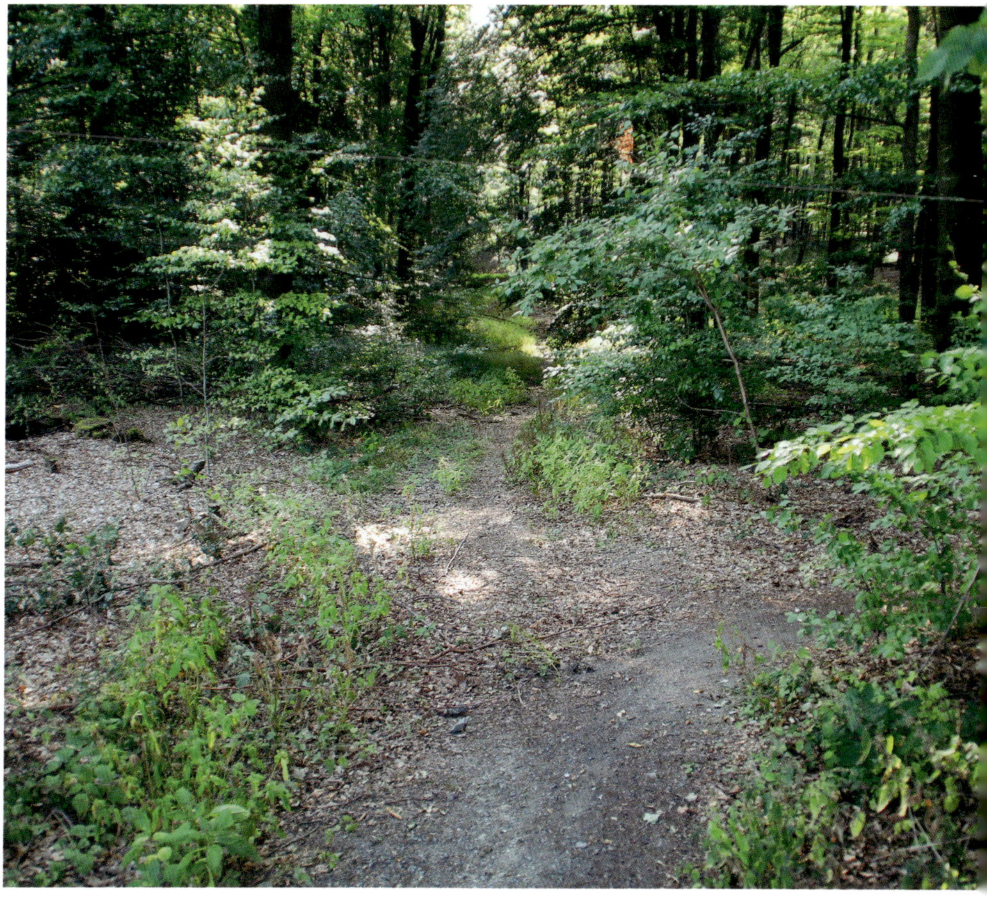

11

Historisch interessante Wanderung am Limes

Römer im Taunus

Mittel | 12 km | 385 Hm | 3.30 Std.

Tourencharakter
Mittelschwere, teils schattige, historisch interessante Rundwanderung auf Waldwegen entlang des Limes

Ausgangs-/Endpunkt
Bahnhof Saalburg

Höchster Punkt
Römerkastell Saalburg 566 m

Anfahrt
Auto: A 5 bis Abfahrt Friedberg und L 3041 bis Lochmühle/Saalburg.
Bus & Bahn: S5 nach Friedrichsdorf, dann mit der Taunusbahn zum Bahnhof Saalburg.

Beste Jahreszeit
März bis November

Einkehr
Landgasthof Saalburg in Bad Homburg vor der Höhe; Restaurant Adler im Freilichtmuseum Hessenpark in Neu-Anspach; Gasthof Zum Engel in Wehrheim

Karte
Kompass 1:50 000, Nr. 840 Östlicher Taunus

Infos
www.naturpark-taunus.de

Auf den Spuren der Römer geht es vom Freizeitpark Lochmühle am Limes entlang zum wiederaufgebauten Römerkastell Saalburg und zum Freilichtmuseum Hessenpark – eine wunderbare Tour für wissbegierige Wanderer.

Der kleine Ⓐ **Bahnhof Saalburg** in der Nähe des Freizeitparks Lochmühle ist unser Startpunkt. Die heiteren Geräusche des Freizeitparks begleiten uns nur noch wenige Minuten. Von hier laufen wir zur L 3041, wo wir die Straßenseite wechseln. Auf der anderen Seite nehmen wir einen

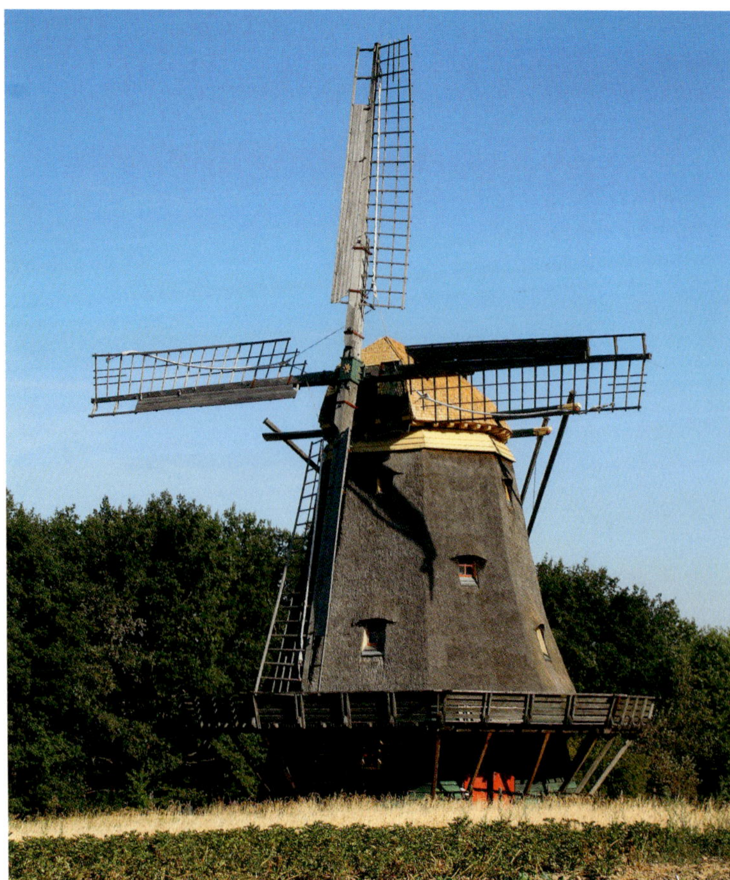

Windmühle im Freilichtmuseum Hessenpark

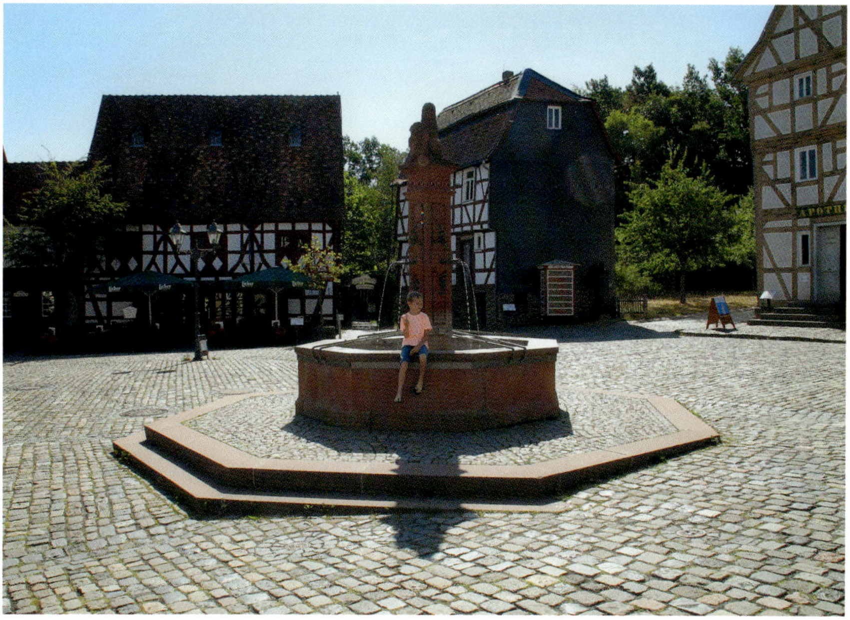

Der Brunnen auf dem Marktplatz des Freilichtmuseums

Feldweg, der rechts in den Wald führt und dem wir folgen, bis wir ihn bei der zweiten Abzweigung nach rechts verlassen. Bald treffen wir auf einen Waldweg, den wir überqueren; von nun an wandern wir links am Limes, dem ehemaligen römischen Grenzwall, entlang.

Es geht leicht aufwärts in Richtung der B 456. Hier gilt es nun bei der Überquerung Vorsicht walten zu lassen, denn der Verkehr ist sehr massiv. Nach nur wenigen Metern links entlang führt ein kleiner Weg links zum ❶ **Römerkastell**

Windmühle aus Borsfleth

Die Kappenwindmühle befindet sich inmitten des Freilichtmuseums Hessenpark in Neu-Anspach. Ursprünglich stand die Mühle vom Typ Holländerwindmühle in Schleswig-Holstein im Dorf Borsfleth. 1960 wurde die Windmühle stillgelegt und gelangte danach über Umwege nach Neu-Anspach. Zum »Deutschen Mühlentag« (Pfingstmontag) werden jedes Jahr Rundgänge und Vorführungen zum Müllereiwesen angeboten.

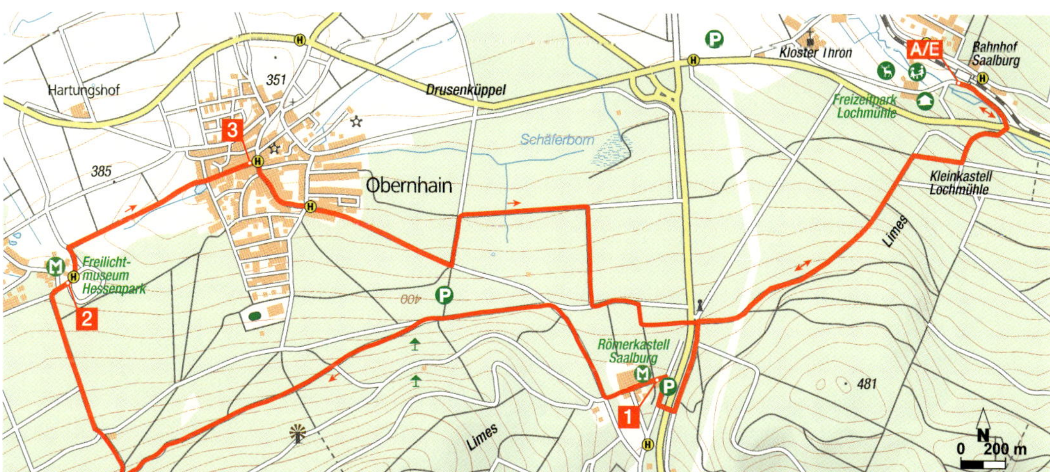

Saalburg. Das wiederaufgebaute Kastell mit seinem Museum und dem Park eignet sich für eine längere Pause.

Auf den Spuren römischer Soldaten Ursprünglich war die Saalburg zu Zeiten der Römer ein Kastell mit Lagerdorf an der direkten Grenze des Römischen Reichs und diente der Überwachung. Direkt vor dem Haupttor des Kastells befindet sich der Be-

Das Haupttor des Kastells

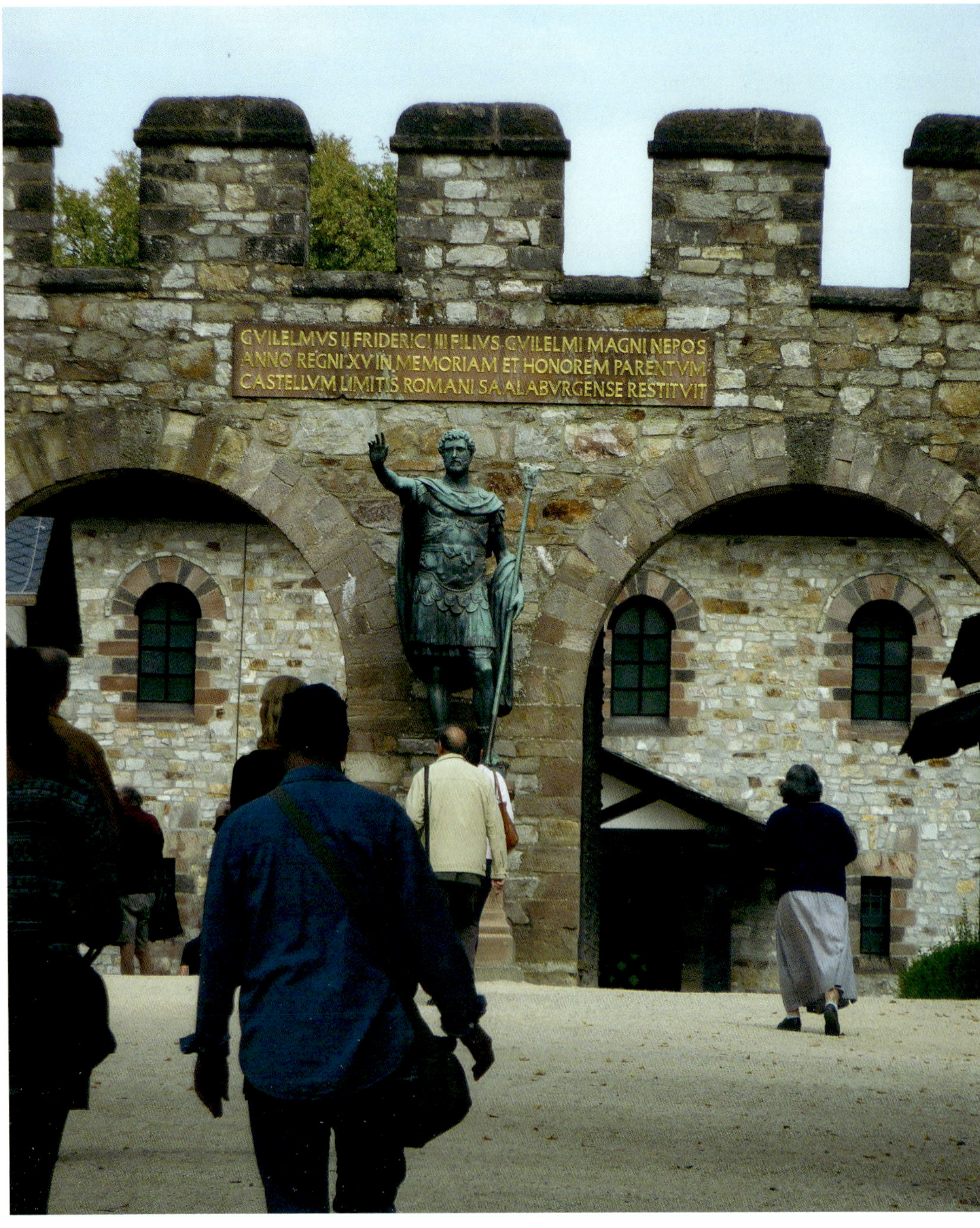

reich des früheren Dorfs. Hier können konservierte Mauerreste vom Badegebäude, Gästehaus, Keller und Brunnen der Wohnhäuser angesehen werden, ebenso verschiedene Gebäude aus Holz und Stein. Rekonstruierte Backöfen sowie archäologische Funde verdeutlichen anschaulich das Leben der damaligen Soldaten. Insgesamt waren im Kastell ca. 600 Mann, Fußsoldaten und Reiter, stationiert. Im Principia, dem zentralen Staatsgebäude, können eine große Halle und der Innenhof bewundert werden. Zu Zeiten der Römer waren hier die Amtsräume, Schreibstuben und Waffenkammern. In der Dauerausstellung zur Urgeschichte werden archäologische Funde aus Stein-, Bronze- und Eisenzeit und dem frühen Mittelalter sowie informative Texte und Grafiken präsentiert.

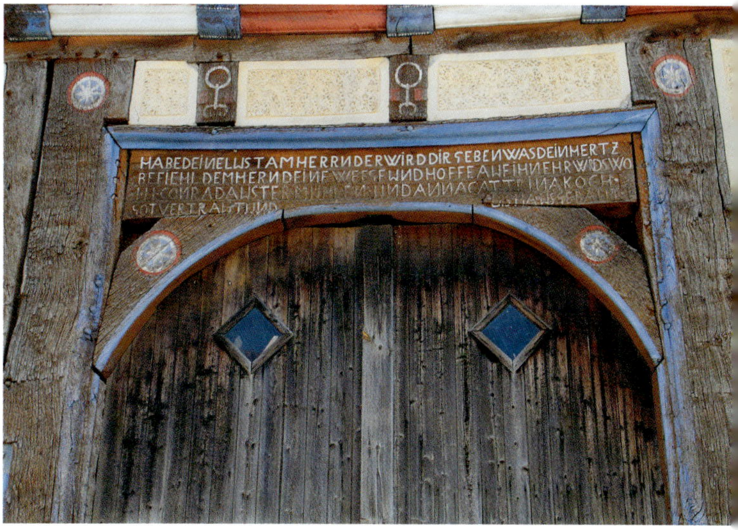

Alte Inschrift im Hessenpark

Entlang des Grenzwalls zum Weißen Stein Nach einer Besichtigung wandern wir in westlicher Richtung weiter, biegen an der zweiten Wegkreuzung links ab und wenden uns bei der nächsten Möglichkeit erneut nach links. Ein schmaler Weg führt uns bergauf, bis wir an der zweiten Kreuzung rechts weiterwandern. Im Schatten der Bäume trifft man auf eine Kreuzung, wo wir die rechte Abzweigung nehmen. An der nächsten linken Abbiegung geht es weiter aufwärts entlang des ehemaligen römischen Grenzwalls. Schon bald ist der Weiße Stein (550 m), eine ca. 70 Meter lange Taunusquarzitrippe, erreicht.

Rast im Freilichtmuseum An der nächsten Wegkreuzung folgen wir dem Weg rechts abwärts zu einem gemütlichen Waldweg. Auf diesem wandern wir nach links etwa einen halben Kilometer weiter, bis wir wieder rechts abbiegen und über einen Pfad auf die Straße gelangen, die zum ❷ **Freilichtmuseum Hessenpark** führt. Hier lohnt es sich ebenfalls, Zeit für die Besichtigung und eine Pause einzuplanen – auf dem Marktplatz gibt es z. B. mehrere Restaurants, die typisch hessische Gerichte anbieten.

Nach der Stärkung setzen wir unsere Tour fort und halten uns links. Nach nur wenigen Metern wechseln wir die Straßenseite und spazieren am Wald- und Feldrand auf einem bequemen Weg bis nach ❸ **Obernhain**.

Nach ca. 15 Minuten treffen wir auf einen Spielplatz und den Löschteich. An der nachfolgenden Kreuzung geht es geradeaus weiter zur Straße Zur Thalmühle. Hier rechts abbiegend gilt es nun, der Saalburgstraße zu folgen. Weiter führt die Strecke durch den Wald bis zum nächsten Scheideweg, wo wir links auf dem asphaltierten Weg weiterwandern und später auf einem Waldweg die B 456 erreichen. Von hier aus geht es über den Hinweg zurück zum Ⓔ **Bahnhof Saalburg**.

12 Säunickels Kleiderschrank

Auf den Spuren alter Legenden

Mittel | 12 km | 270 Hm | 3 Std.

Tourencharakter
Interessante längere Tour durch den Wald zu sagenumwobenen historischen Orten

Ausgangs-/Endpunkt
Freizeitpark Lochmühle in Wehrheim

Höchster Punkt
Fröhlicher Mannskopf 470 m

Anfahrt
Auto: A 5 und B 456 nach Wehrheim, dort der Beschilderung zum Freizeitpark Lochmühle folgen.
Bus & Bahn: Mit der Taunusbahn bis zum Bahnhof Lochmühle/Saalburg.

Beste Jahreszeit
Ganzjährig

Einkehr
Griechisches Restaurant Poseidon am Bahnhof Saalburg

Karte
Kompass 1:50 000, Nr. 840 Östlicher Taunus

Infos
www.naturpark-taunus.de

Das Batzebäumchen und die Geschichte des Sauhirten Säunickel stehen im Mittelpunkt dieser Tour. Erst bergauf und dann wieder bergab führt uns der Weg durch den ruhigen Wald, an einem römischen Wachturm und der historisch interessanten Gickelsburg vorbei.

Die Tour startet am Ⓐ **Freizeitpark Lochmühle** im Köpperner Tal. Der Freizeitpark ist gut mit der Taunusbahn erreichbar, und auch Parkplätze stehen normalerweise ausreichend zur Verfügung. Nach dem Überqueren der Straße bzw. Nutzen der Unterführung geht es auf der anderen Seite den Berg hinauf. Dabei folgen wir zunächst der Markierung gekipptes »U«, dann dem Fuchs. Kurz vor dem Römerkastell Saalburg nehmen wir den Weg mit der Blatt-Markierung. Immer weiter straff bergauf führt uns der Waldweg zum ❶ **Fröhlichen Mannskopf**. Hier gibt es noch die Grundmauern eines alten römischen Wachturms zu entdecken.

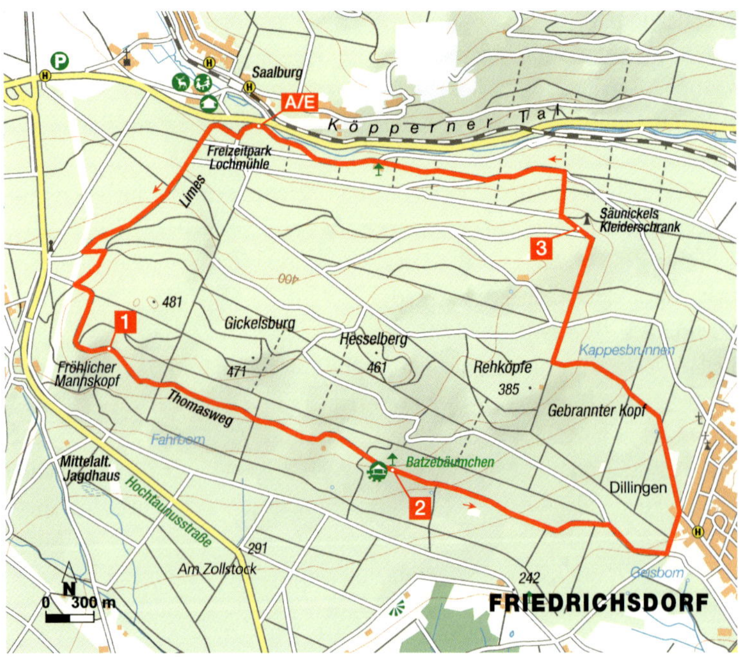

Steine mit Vergangenheit am Ringwall

Einst mächtiges Baumrelikt Weiter der blauen Markierung folgend wandern wir vorbei an der Gickelsburg (470,9 m; s. Tippkasten) bis zum sogenannten ❷ **Batzebäumchen**. Leider steht momentan nur noch ein wenige Meter hoher Baumrest der einst mächtigen sehr alten Eiche. Man geht davon aus, dass hier früher die heimkehrenden Marktfrauen ihr Geld zählten oder ein Handelsplatz mit der Möglichkeit zum Geldwechsel bestand – ein »Batzen« war früher eine hessische Geldeinheit. An dem Platz steht auch eine Bank, auf der man sich sehr schön ausruhen und die Stille genießen kann.

Die Sage vom Säunickel Wir folgen alsdann weiter dem Weg mit der blauen Markierung, nun den Berg wieder hinab. Nach einem knappen Kilometer nehmen wir den zweiten Weg nach links und folgen nach weiteren 300 Metern ebenfalls dem zweiten Weg nach links. Nach ca. 100 Metern auf diesem Weg biegen wir auf einen kleinen Pfad nach rechts ein, dem wir nun noch kurze Zeit folgen müssen, dann stehen wir vor ❸ **Säunickels Kleiderschrank**. Eine Hinweistafel erklärt die Bedeutung dieses Orts, an dem heute nur noch ein paar Felsen zu sehen sind: Die Geschichte geht auf eine Begebenheit während des Dreißigjährigen Kriegs zurück und handelt von dem Sauhirten Nickel, genannt Säunickel, und seiner schönen Tochter Ännchen. Letztere wollte der Hirte vor den Landsknechten schützen und versteckte sie in dieser Felsengruppe. Allerdings fanden die Knechte die Tochter, und vor lauter Gram verstarb der Vater. Waldarbeiter fanden Jahre später Kleiderreste, und so wurde der Name »Säunickels Kleiderschrank« geprägt.

Zurück zum Freizeitpark Wir folgen dem Pfad noch einige Meter weiter, bis wir auf einen größeren Weg mit der Markierung schwarzer Punkt stoßen, auf dem wir links bergab wandern, bis wir auf die Straße stoßen, auf der wir wieder den Ⓔ **Freizeitpark Lochmühle** erreichen.

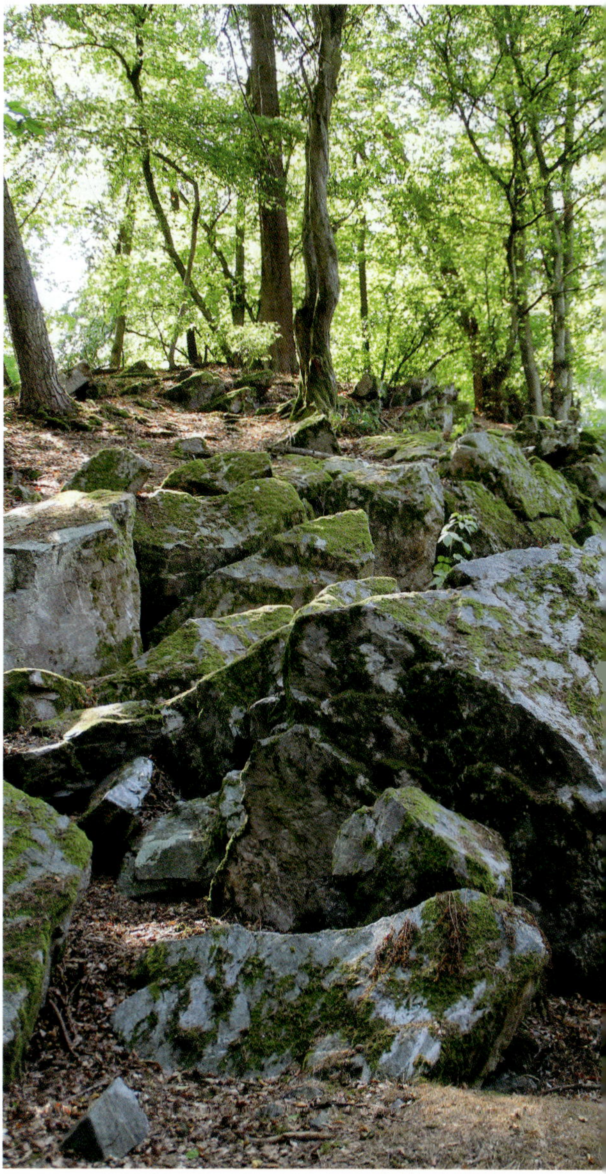

Ringwall Gickelsburg

Um 500 v. Chr. befand sich auf der Gickelsburg eine keltische Ringwallsiedlung. Später wurde die Anlage dann als Steinbruch genutzt, bevor Ausgrabungen durchgeführt wurden. Aufgrund der Steinbruchnutzung wurden diese allerdings wieder eingestellt. Das Gebiet ist als Bodendenkmal ausgewiesen. Wer hier auf einen Fund stößt, der hat es den Denkmalbehörden zu melden.

13

Von Seelenberg nach Treisberg

Entspannte Wanderung zum Pferdskopf

Leicht | 10 km | 170 Hm | 2.30 Std.

Tourencharakter
Kurze, aber schöne Wanderung auf guten ebenen Wegen

Ausgangs-/Endpunkt
Wanderparkplatz Teufelslai bei Schmitten-Seelenberg

Höchster Punkt
Pferdskopf 663 m

Anfahrt
Auto: Von Königstein auf der B 8 durch Niederreifenberg, dann links nach Seelenberg und dort in Richtung Schmitten; auf der linken Seite befindet sich der Parkplatz.
Bus & Bahn: Mit der Taunusbahn bis zum Bahnhof Neu-Anspach, weiter mit dem Bus nach Seelenberg und zu Fuß zum Wanderparkplatz.

Beste Jahreszeit
Ganzjährig

Einkehr
Gasthaus Taunushöhe in Schmitten

Karte
Kompass 1:50 000, Nr. 840 Östlicher Taunus

Infos
www.schmitten.de

Die kleine Gemeinde Seelenberg liegt bezaubernd auf einer Hochscholle im Hochtaunus. Auf einem gemütlichen Weg geht es bis Treisberg – mit einem Abstecher zum hölzernen Turm auf dem Pferdskopf, von dem sich herrliche Ausblicke bieten.

Die Gemeinde Seelenberg, ein Ortsteil von Schmitten, gehört mit zu den am höchsten im Taunus gelegenen Orten. Die erste Erwähnung von Seelenberg bzw. seiner Kapelle als Sellerberg bzw. Selderberg war im Jahr 1272. Um 1441 war Gottfried von Eppstein der Besitzer der Gemeinde Treisberg und der Kapelle zu Seelenberg. Der Ort verfügt heute noch über ein eindrucksvolles Wappen: Eine rote Kapelle, ein goldener Hahn und ein goldenes Kreuz sollen an die Wallfahrtskapelle Selderberg erinnern.

Zum Pferdskopf Vom **A** **Parkplatz Teufelslai** in Schmitten-Seelenberg geht es zunächst zum Islandpferdehof Akazienhof; die Besitzer bieten neben Reitunterricht auch Ausritte in den Taunus an. Vor dem Hof geht es rechts auf den Finsterthalerweg; ab jetzt begleitet uns die Markierung

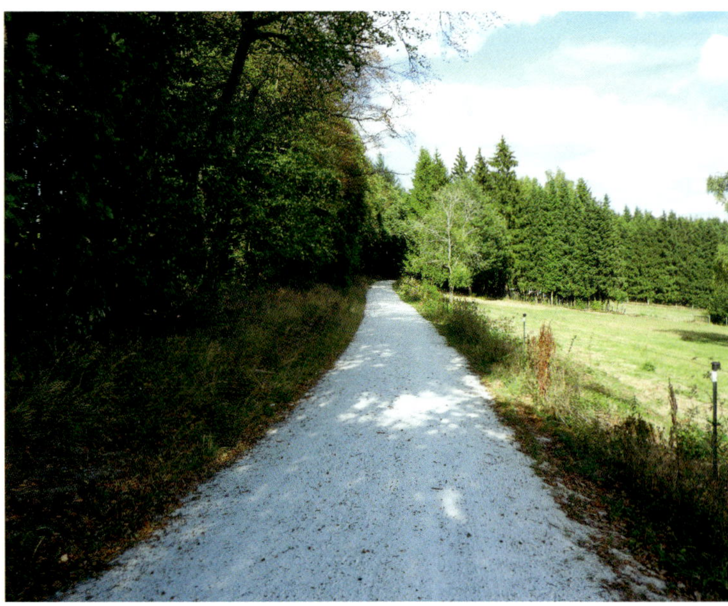

Entspannt am Wald entlang nach Treisberg

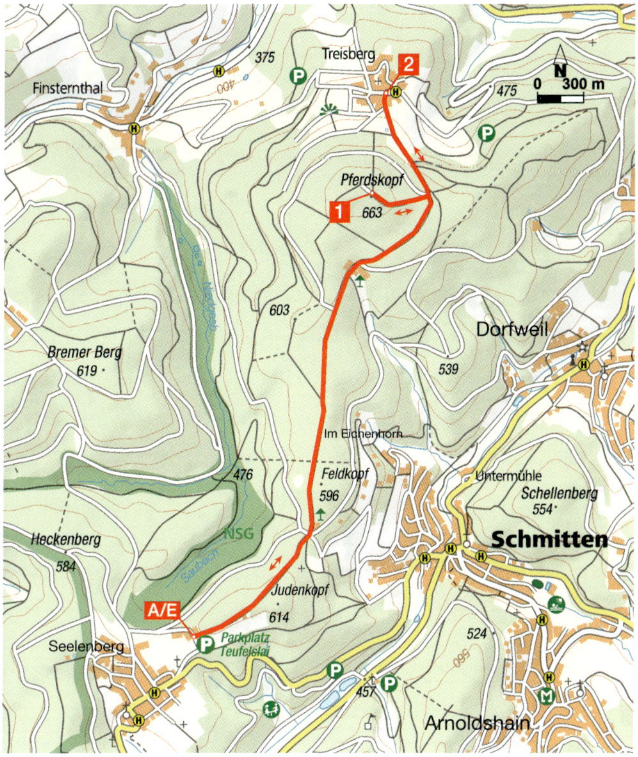

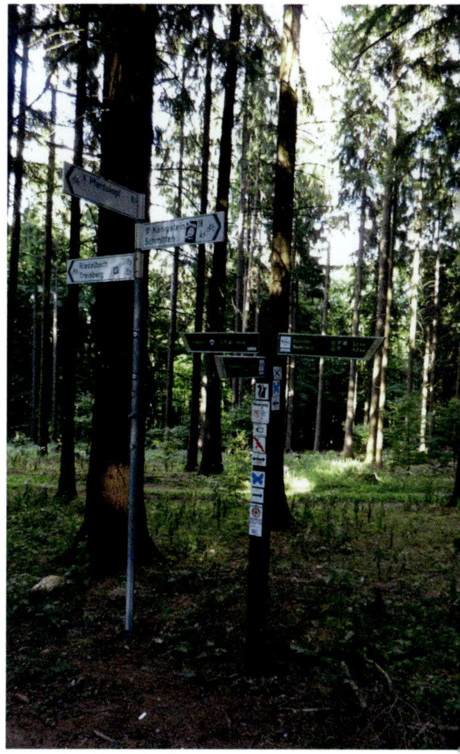

Ein Schilderwald

mit dem blauen Schmetterling. Der gemütliche Weg führt an zwei Hütten vorbei, die Schutz bei schlechtem Wetter bieten.

An der Abzweigung Richtung Pferdskopf machen wir einen kurzen Abstecher zum hölzernen Aussichtsturm ❶ **Pferdskopf**, den wir erklimmen. Mit seinen 34 Metern Höhe bietet er einen schönen Rundblick auf den Taunus und den Großen Feldberg. Bei gutem Wetter kann man sogar den Pfälzerwald sowie den Donnersberg erkennen.

Historisches in Treisberg Auf dem bekannten Weg zurück wandernd biegen wir am Abzweig nach links und erreichen alsbald den kleinen Ort ❷ **Treisberg**, den kleinsten Ortsteil von Schmitten (aber trotzdem einen Besuch wert). In der Ortsmitte befindet sich die Alte Schule; ursprünglich sollte sie 1846 als Rathaus genutzt werden, was allerdings nicht umgesetzt wurde. Später diente das Gebäude als Einklassenschule, in der 3–15 Kinder unterrichtet wurden. Das Fachwerkhaus, heute unter Denkmalschutz, wurde für eine Lehrerwohnung und einen Klassenraum im ersten Stock ausgerichtet. Anschließend lädt das Gasthaus Taunushöhe zur Einkehr – auch hier kann man neben leckeren Wildgerichten den schönen Ausblick auf den Taunus genießen.

Anschließend treten wir den Rückweg nach Seelenberg auf dem schon bekannten Hinweg an, erneut dem kleinen blauen Schmetterling bis zum Ⓔ **Parkplatz Teufelslai** folgend.

Winterfreuden

In der kalten Jahreszeit verwandelt sich Treisberg in einen beliebten Wintersportort: Zwei Schlepplifte stehen den Skifahrern und Snowboardern zur Verfügung, ein Rodelhang lockt in direkter Nähe zu den Pisten. Über das Schneetelefon des Naturparks Taunus (Tel. 06171/50 78 17) erhält man Infos zu den Schneeverhältnissen vor Ort.

14

Um den Conradsberg

Panorama an der Hirschhöhe

Leicht | 7 km | 177 Hm | 2 Std.

Tourencharakter
Wunderschöne Tour auf gemütlichen Wegen, aber auch schmalen Pfaden

Ausgangs-/Endpunkt
Naturpark-Parkplatz An der Hardt, an der L 3041 zwischen Neu-Anspach und Brombach

Höchster Punkt
Conradsberg 500 m

Anfahrt
Auto: Über die B 275 und die Weilstraße nach Brombach und wenige Hundert Meter nach dem Ortsausgangsschild von Neu-Anspach auf der rechten Seite direkt am Wald zum Naturpark-Parkplatz.
Bus & Bahn: Mit der Taunusbahn bis Bahnhof Usingen, weiter mit dem Bus nach Brombach und zu Fuß zum Ausgangspunkt.

Beste Jahreszeit
Ganzjährig

Einkehr
In der Ortsmitte von Neu-Anspach gibt es mehrere Lokale und Cafés.

Karte
Kompass 1:50 000, Nr. 840 Östlicher Taunus

Infos
www.neu-anspach.de

Unsere Tour zur Hirschhöhe führt leicht aufwärts, und durch interessante Waldabschnitte wird unter Uhu-Rufen der 500 Meter hohe Conradsberg umrundet, bis die Aussicht auf den Schmittener Ortsteil Brombach zur Pause lockt.

Vom **A** **Naturpark-Parkplatz An der Hardt** an der L 3041 zwischen Neu-Anspach und Brombach folgen wir der Markierung mit dem kleinen Hasen. Nach kurzer Zeit streifen wir durch ein kleines kurzes Waldstück, bis das **1** **Waldschwimmbad** mit dem Mehrgenerationen-Fitnesspark in Sicht ist. Hier gibt es auch eine gemütliche Gaststätte, in der man sich für die weitere Wanderung stärken kann. Über den Parkplatz des Waldschwimmbads führt unsere Tour weiter bis nach **2** **Neu-Anspach** im Hochtaunuskreis, nur wenige Kilometer vom Großen Feldberg entfernt. Um 1247 gab es die erste urkundliche Erwähnung des damaligen Dorfs

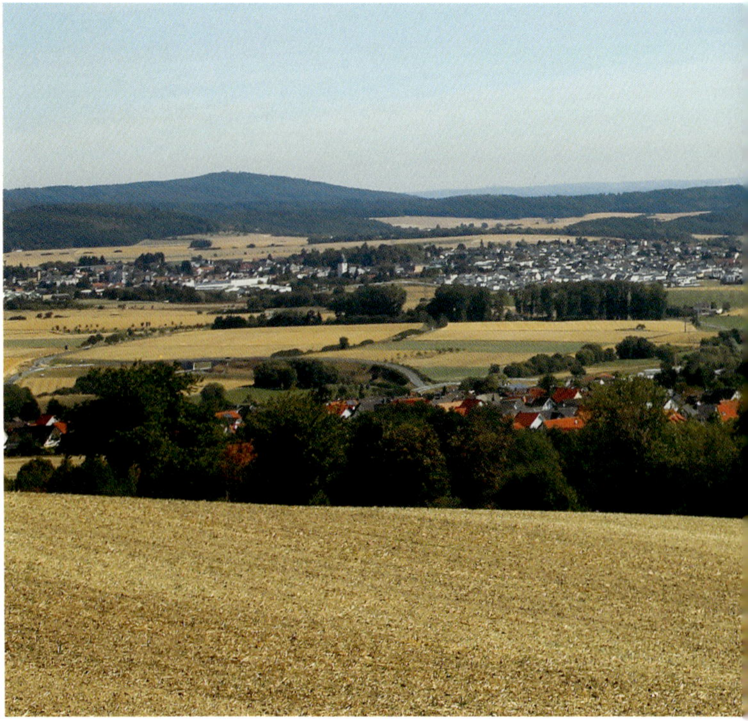

Weiter Blick über Neu-Anspach

Anspach, das sich im Lauf der Zeit zu einer Stadt mit hohem Freizeitwert entwickelte.

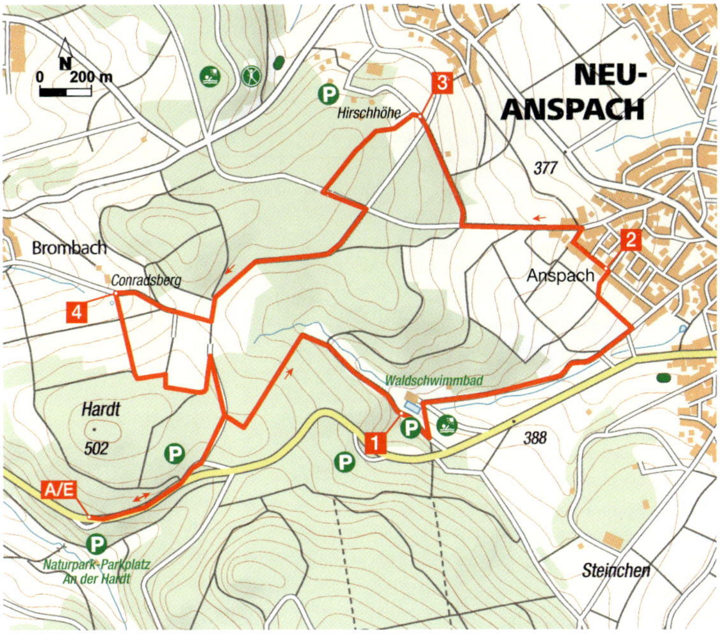

Zur Hirschhöhe Nach dem Durchqueren einer Gartenanlage führt die Route links durch ein Wohngebiet leicht aufwärts. Nach einer rechten und linken Abbiegung geht die Tour oberhalb von Neu-Anspach markiert weiter. Im Hunoldstaler Weg befindet sich auch ein Café mit leckeren frisch gebackenen Torten und Kuchen; bei schönem Wetter gibt es hier auch die Möglichkeit, den Sonntagskaffee draußen zu genießen.

Weiterhin leicht bergauf geht es zur sogenannten ❸ **Hirschhöhe**, und wir verlassen das Wohngebiet. Oben am Waldrand angekommen wandern wir rechts weiter und genießen die Ruhe. Hier bietet sich dem Betrachter eine eindrucksvolle Sicht auf Neu-Anspach und seine Umgebung. Anschließend führt die Route an drei Villen

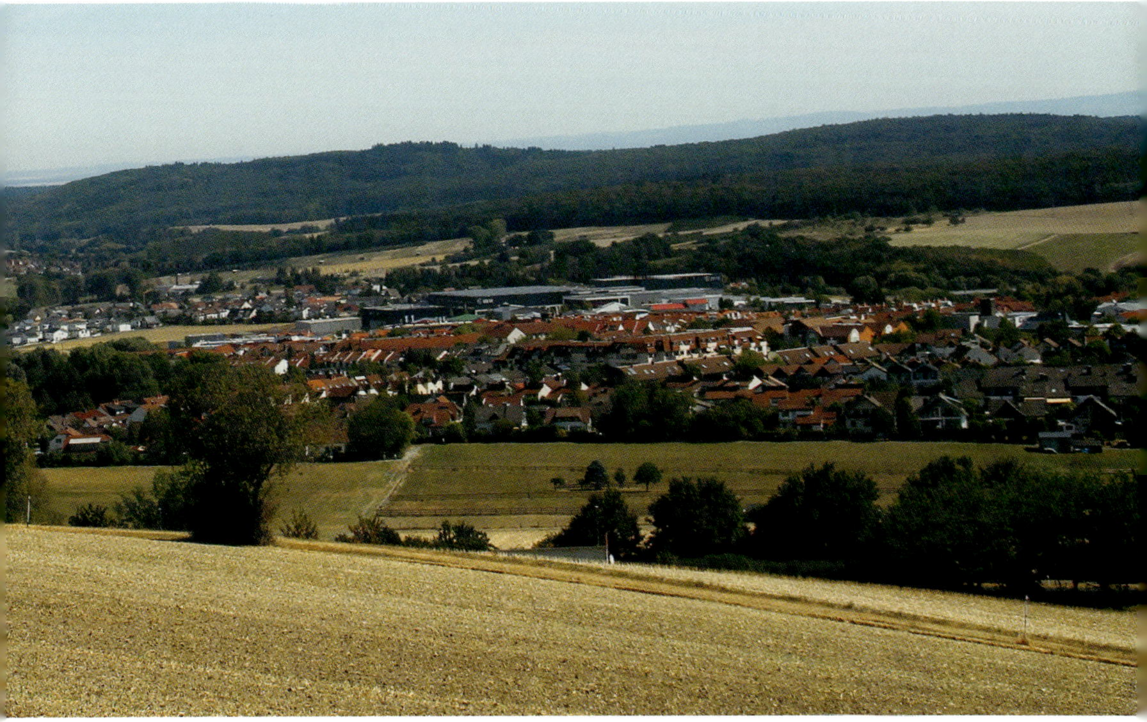

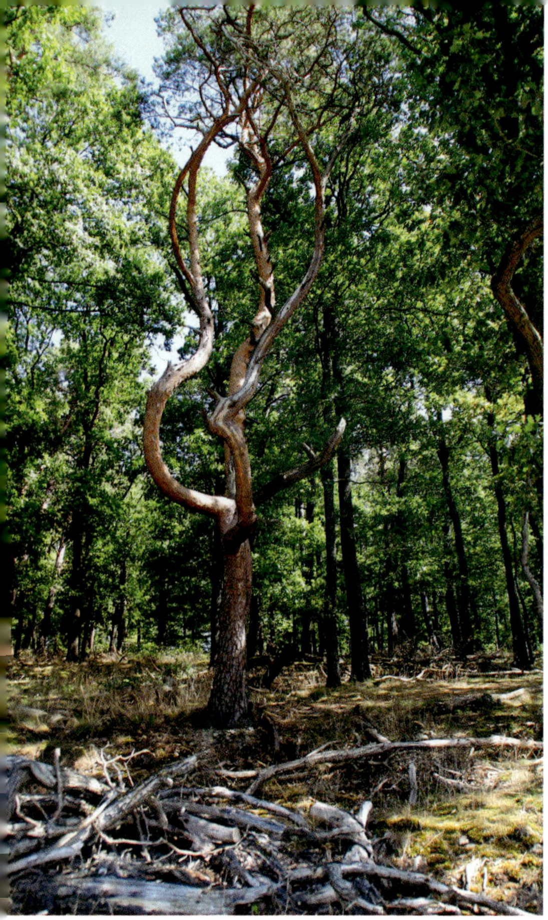 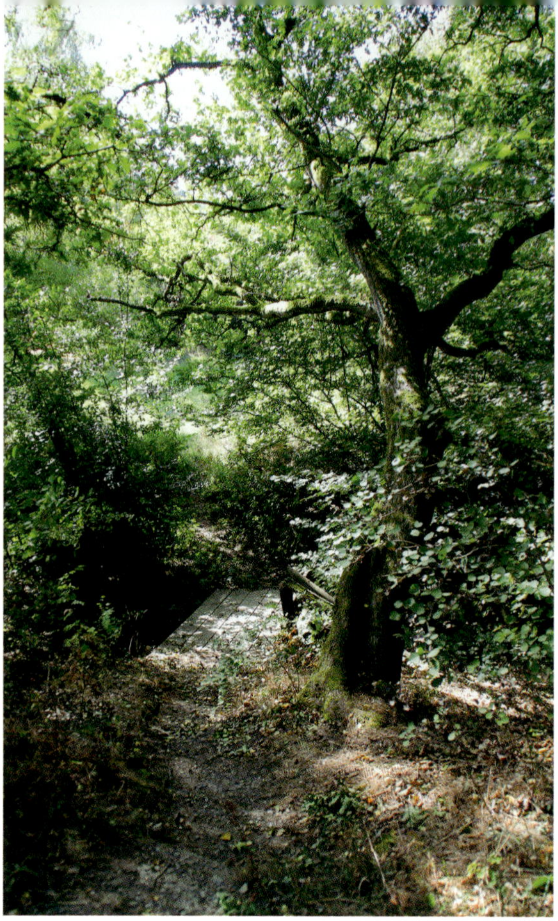

Links:
Bizarres Baumkonstrukt am Conradsberg

Rechts:
Über eine kleine Brücke

vorbei links weiter in den Wald. Auf einem kleinen schmalen Pfad begleiten uns möglicherweise die Rufe einer Eule, bis wir aus dem Wald kommen. Rechts laufen wir auf einem größeren und bequemen Weg leicht abwärts weiter.

Am Conradsberg Auf einem angenehmen Waldweg wird nun der ❹ **Conradsberg** passiert. Durch Wald und am Waldrand entlang bietet sich uns schon bald eine schöne Sicht auf Brombach, einen Ortsteil von Schmitten. Hier ist kein anderer Wanderer oder Fahrradfahrer in Sicht. Rechts haben wir eine wunderschöne Aussicht, und links präsentiert sich uns ein dichter Wald. Als Nächstes passieren wir einen Wanderparkplatz und laufen auf einem weichen Weg weiter. Unser Blick schweift hier immer wieder über die satten Felder und die dörfliche Umgebung Brombachs.

Brombach ist ein Ortsteil von Schmitten und befindet sich im Weiltal. Der Pass Jammerhecke verbindet den Ortsteil Brombach mit Hunoldstal und Rod am Berg. Der Name des Ortsteils Brombach wird von »Bramo« bzw. Dornstrauch abgeleitet. Das zeichnet sich auch im Brombacher Wappen ab, welches eine schwarze Brombeere mit grünen Blättern und Stiel auf goldenem Hintergrund zeigt.

Jammerhecke

Unweit des Conradsbergs befindet sich ein Pass, dessen Namen auf eine Sage zurückgeht. Im 18. Jh., an einem der kältesten Wintertage, liefen Schulkinder von Rod am Berg nach Hause. Ein Schneesturm überraschte sie, und sie suchten in den Hecken Schutz – im Frühjahr darauf fanden die Eltern ihre toten Kinder. Aufgrund des Jammerns wurde dieser Ort Jammerhecke genannt.

Idyllischer Rückweg Die Hase-Markierung führt uns wieder durch den Wald und anschließend am Rand des Felds bergab. An einem kleinen Sonnenblumenfeld vorbei geht es wieder durch eine idyllische Waldpassage. Danach führt die Route zur kurvenreichen L 3041 nun direkt an der großen Straße zum Ausgangspunkt zurück. Aufgrund des starken Verkehrs gerade am Wochenende gibt es die Möglichkeit, parallel zur Straße auf kleinen Wegen und auch Trampelpfaden durch den Wald oberhalb der Straße den Ausgangs-Parkplatz zu erreichen. Dabei sollte man allerdings einplanen, dass quer liegende Bäume zu überwinden sind. Nach einer knappen Viertelstunde ist der E **Naturpark-Parkplatz An der Hardt** wieder erreicht.

Kuriosität im Wald in der Nähe von Brombach

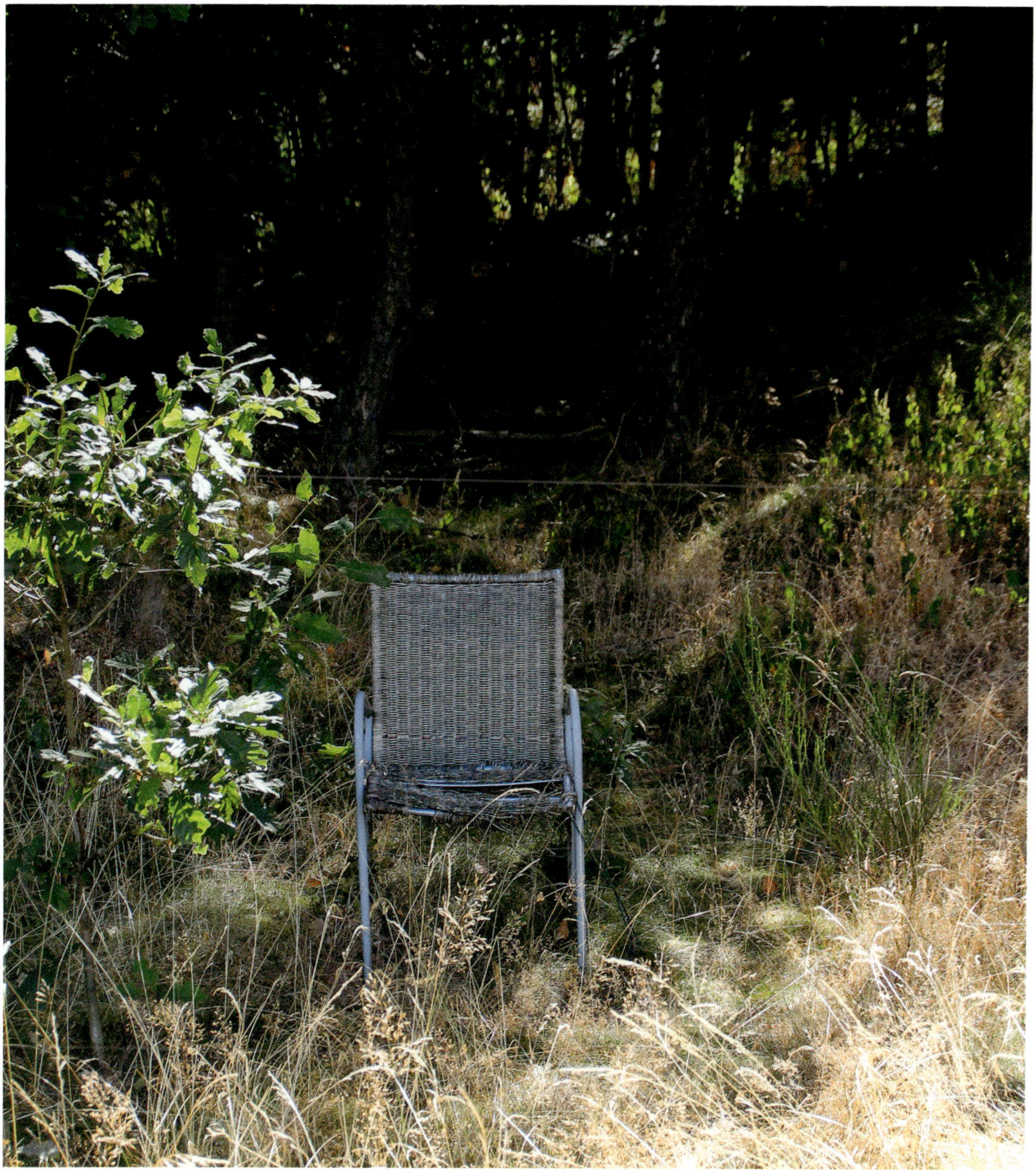

15 Am Wanderweg Heiligenwald

Lauschige Plätzchen

Mittel | 8 km | 176 Hm | 2 Std.

Tourencharakter
Meist unmarkierte hügelige Wanderung durch Wald und Tal

Ausgangs-/Endpunkt
Parkpkatz P1 in Bad Camberg

Höchster Punkt
Kreuzkapelle 316 m

Anfahrt
Auto: A 3 oder B 8 nach Bad Camberg, dort über die Bahnhofstraße in die Jahnstraße und zum Parkplatz.
Bus & Bahn: Vom Bahnhof Bad Camberg ca. 500 m zu Fuß in die Ortsmitte.

Beste Jahreszeit
Ganzjährig

Einkehr
In Bad Camberg: Schützenhaus; Kurhausrestaurant

Karte
Kompass 1:50 000, Nr. 840 Östlicher Taunus

Infos
www.bad-camberg.de

Der aussichtsreiche Wanderweg führt zum Wahrzeichen von Bad Camberg und zur Kreuzkapelle mit herrlicher Aussicht. Über die Schwickershäuser Kirche und auf dem gemütlichen Naturlehrpfad geht es durchs Dornbachtal.

Vom Ⓐ **Parkplatz P1** in der Jahnstraße in Bad Camberg folgen wir dem Wegweiser »Zur Altstadt«. Nachdem die Straße gequert ist, wenden wir uns nach rechts und laufen nach wenigen Metern links in die Altstadt mit einer Vielzahl an Fachwerkhäusern aus dem 16. Jahrhundert, die mit Wappen, Neidköpfen, Blumen und Früchten verziert sind. Aber auch Lebensbäume haben die Zimmerer häufig integriert als Zeichen von Fruchtbarkeit, Glück und Gesundheit. Neben dem ältesten Haus von 1380 ist auch das Tiefenbach-Haus von 1592 sehr interessant. An der Fassade können Blumen, Masken und der Wappenträger bewundert werden. Eine grimmige Maske mit Blick auf den Marktplatz fällt dem aufmerk-

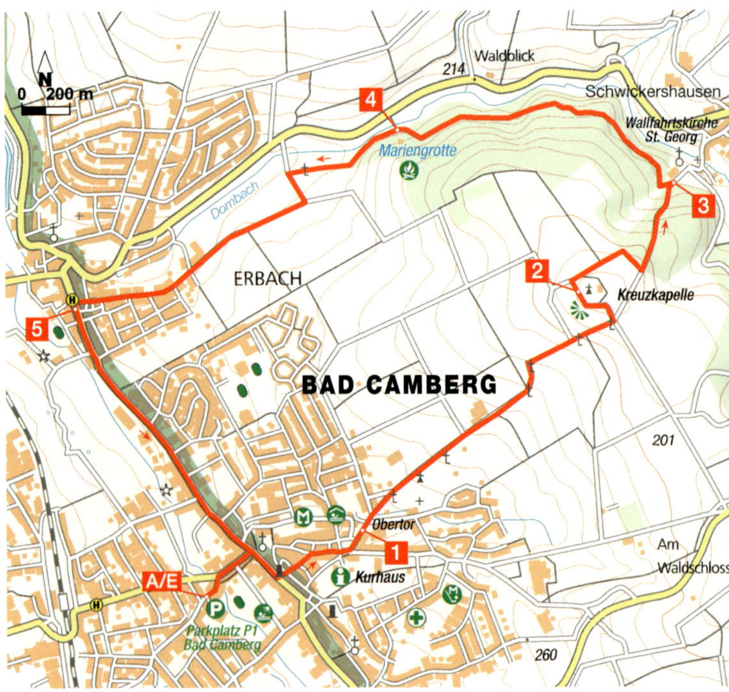

Wegweiser zum Schützenhaus

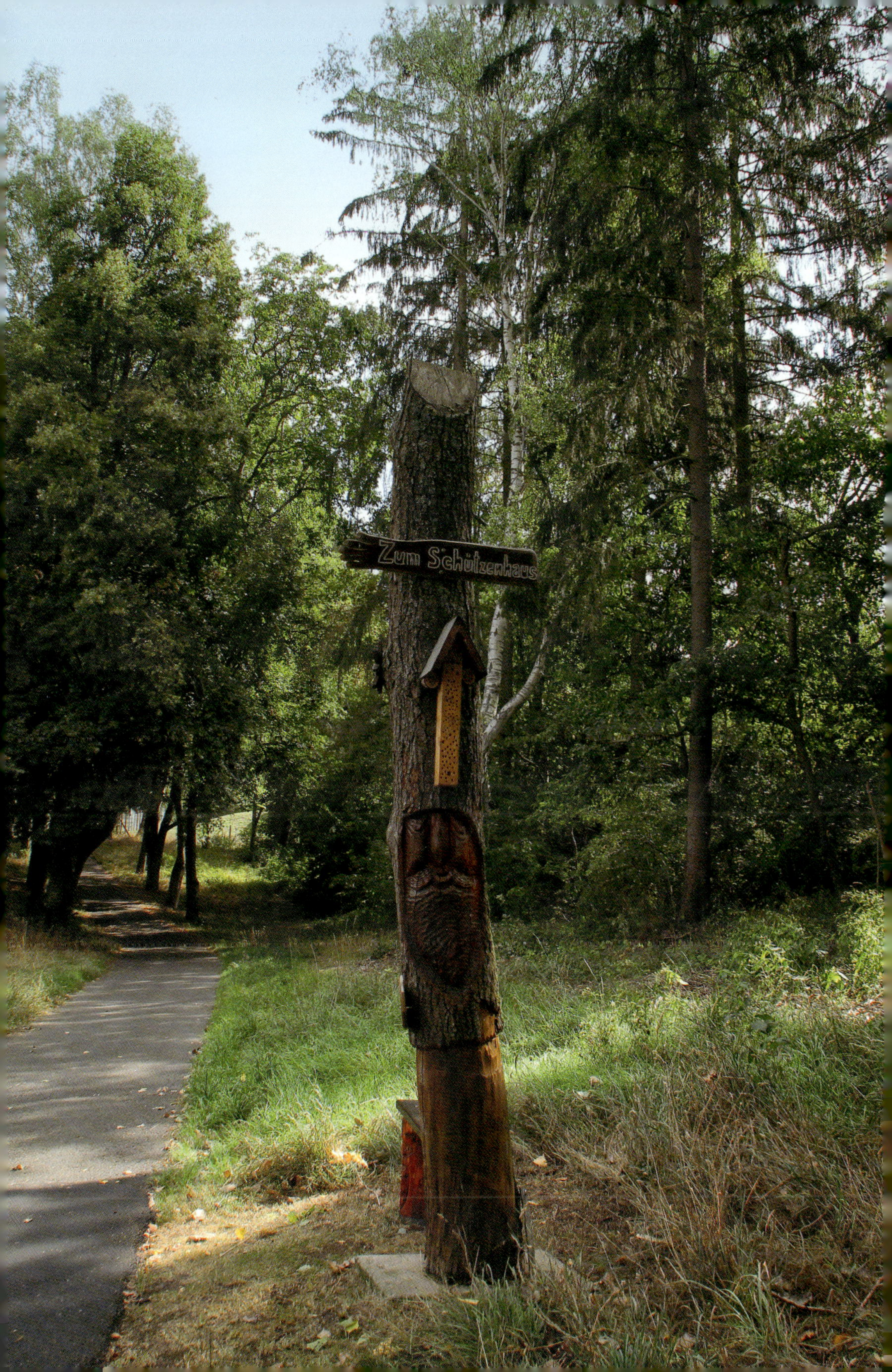
Zum Schützenhaus

samen Beobachter besonders auf: Diese soll angeblich das Böse und Geister abhalten und das Haus vor Unwetter schützen.

Im Kneipp-Kurpark Über Kopfsteinpflaster gelangen wir geradeaus zum schönen Marktplatz mit Brunnen; mehrere Cafés laden zur Einkehr ein. Wir laufen durch das ❶ **Obertor**, das Wahrzeichen Bad Cambergs. Der Obertorturm mit Hohenfeldkapelle ist ein Teil der ehemaligen Stadtbefestigung; der Hauptturm ist im originalen Zustand und Teil des Stadtmuseums. In den verschiedenen Etagen können Ausstellungsstücke zur Stadtgeschichte bewundert werden. Von der ehemaligen Türmerwohnung aus hat man einen wundervollen Blick über die Altstadt.

Rechts neben dem Tor führt unser Weg dann durch den Kneipp-Kurpark. Neben dem Kneipp-Kräutergarten und den Wasserspielen entdeckt man hier auch Kunstobjekte, und hölzerne Liegen laden zum Verweilen ein. Über die hübsch angelegten Wege gelangen wir weiter geradeaus gehend recht zügig zum Stadtrand.

Kreuzkapelle Bad Camberg

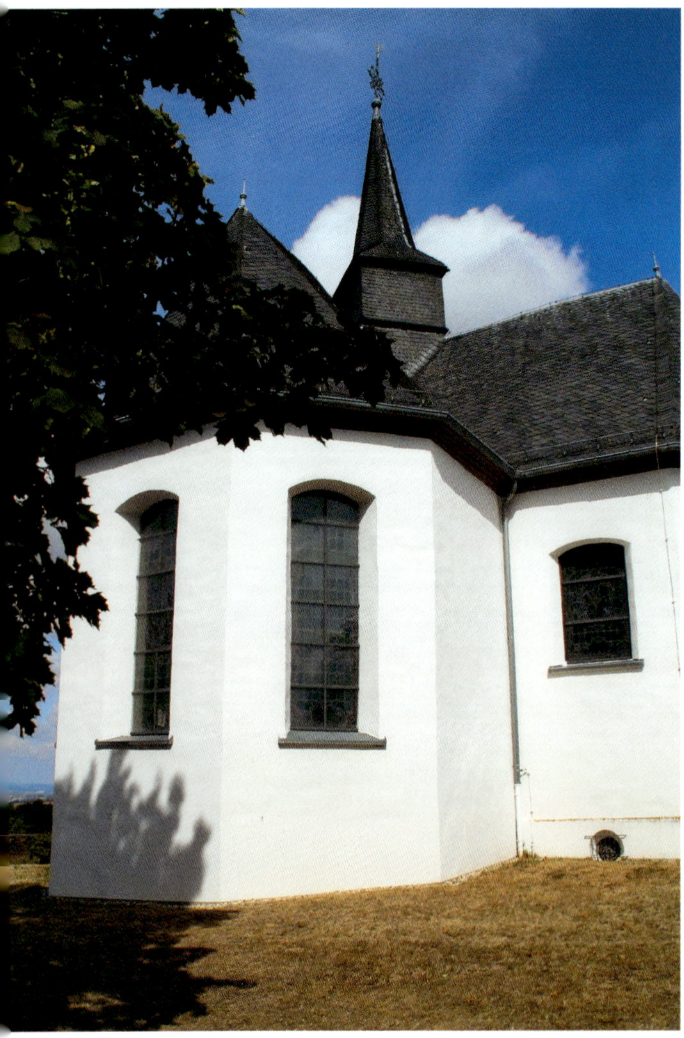

Zur Kreuzkapelle Nach Überquerung einer kleinen Straße laufen wir über bequeme Pfade durch Alleen. Linker Hand verläuft die Kapellenstraße, die dann auch gequert wird. Nach wenigen Minuten erreichen wir, jetzt rechts von der Straße wandernd, den Wegweiser zum Schützenhaus mit seinem Biergarten; bei gutem Wetter kann man sogar den Bogenschützen vom Weg aus zusehen. Links am Schützenhaus vorbei führt unser Weg an Feldern weiter, bis wir, uns erst rechts, dann links haltend die ❷ **Kreuzkapelle** erreichen. Hier kann man einen kurzen Stopp einlegen und die Kirche umrunden. Die Kreuzkapelle ist ein Wahrzeichen von Bad Camberg, aber auch für den Goldenen Grund von Bedeutung, einen Naturraum in Taunus und nördlichstem Teil der Idsteiner Senke. Die Ursprungskapelle wurde 1682 erbaut und später erweitert. Hier bietet sich dem Betrachter ein fantastischer Ausblick über den Goldenen Grund, und auch die Gipfel des Hochtaunus sind bei gutem Wetter sichtbar.

Wallfahrtskirche und Mariengrotte Vor dem Tor der Kreuzkapelle führt unser Weg rechts zur nächsten Kirche weiter.

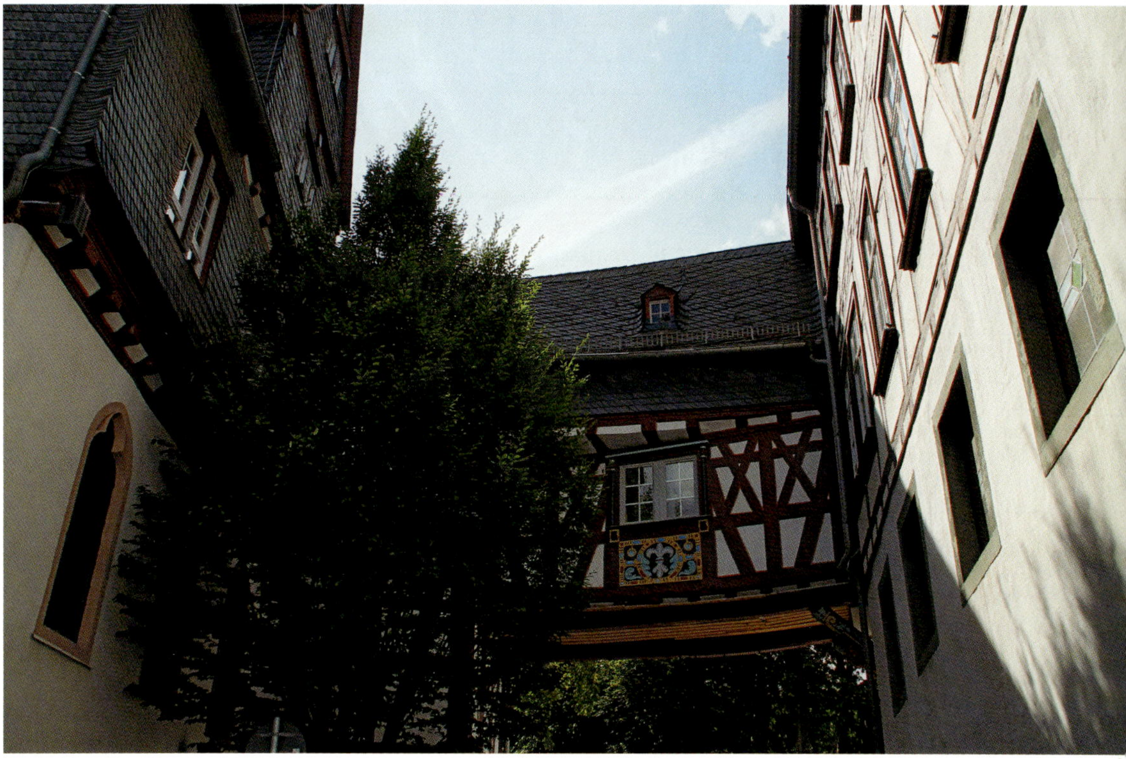

Über entspannte Wege geht es dann wieder abwärts. Wir passieren die Schwickershäuser Kirche, die ❸ **Wallfahrtskirche St. Georg**. Der Heilige Georg ist seit dem Jahr 1526 Schutzpatron dieser Kirche; er gehört zu den bekanntesten Heiligen und starb während der Christenverfolgung. Die Kirche zeichnet sich durch einen schlichten Bau aus. Der rechteckige Kirchenraum beinhaltet Rundbogenfester, eine Sakristei wie auch einen Vorbau.

Die historische Altstadt ist immer einen Besuch wert.

Wir wandern weiter ins Dombachtal und zur ❹ **Mariengrotte**, die als Wallfahrtsort gilt. Sie wurde der Lourdes-Grotte nachgeahmt und im Jahr 1934 geweiht. Ein besonderes Erlebnis ist die im Mai hier stattfindende Lichterprozession.

Auf dem Naturlehrpfad Nachdem wir die Mariengrotte umgangen haben, führt uns ein Naturlehrpfad durchs Dombachtal, auf dem wir viel Interessantes über die hiesige Vegetation lernen. Rechts begleitet uns für lange Zeit der Dombach.

Kurz vor dem Ort ❺ **Erbach** erreichen wir auf einem Feldweg ein Firmengelände und schließlich die Neugasse mit Spielplatz und Halfpipe. Über die Weil- und die Erlenbachstraße geht es bis zur Limburger Straße, der wir nun bis ins Zentrum von Bad Camberg folgen und auf dem letzten Stück wie auf dem Hinweg wieder den Ⓔ **Parkplatz P1** erreichen.

Wohltat für die Sinne

Der Kurpark von Bad Camberg steht ganz im Sinne von Erquickung und Muße. Neben dem Genuss seiner Wasserspiele kann man sich hier aber auch sportlich auf der Minigolfanlage, bei den Boulebahnen oder beim Großschach betätigen. So manch anregendes, vielleicht auch schon fast vergessenes Kräutlein lässt sich in der Nähe des Tretbeckens aufspüren. Eine Wohltat für die Sinne!

16

Im Zeichen des Limes

Charmanter und luftiger Ort mit Aussicht

Leicht 11 km 228 Hm 2.30 Std.

Tourencharakter
Leichte und teilweise schattige Rundwanderung auf überwiegend unmarkierten Wegen durch Wald und Feld

Ausgangs-/Endpunkt
Parkplatz Schützenhausstraße in Idstein

Höchster Punkt
Anhöhe über dem Wörsbachtal 357 m

Anfahrt
Auto: Über A 3 und B 275 sowie die Henri-Dunant-Allee und die L 3026 nach Idstein und dort in die Schützenhausstraße.
Bus & Bahn: Mit der Bahn bis Bahnhof Idstein und mit Bus 222 bis zur Schützenhausstraße.

Beste Jahreszeit
April bis Oktober

Einkehr
In Idstein: Restaurant Zum Schwanen; Löwen-Café

Karte
Kompass 1:50 000, Nr. 840 Östlicher Taunus

Infos
www.idstein.de

Das besondere Highlight der Rundwanderung zwischen Idstein und Dasbach ist der römische Limes-Wachturm. Dann geht's durchs schöne Wörsbachtal in den historischen Stadtkern von Idstein, wo man genügend Zeit für die Sehenswürdigkeiten wie Rathaus, Schloss oder Hexenturm einplanen sollte.

Der Startpunkt für unsere Wanderung ist der A **Parkplatz Schützenhausstraße** in Idstein. Südwärts laufend ist für kurze Zeit der Wolfsbach unser steter Begleiter. Vorbei an einigen Fischteichen führt die Wanderung durch den Wald. Andächtig können wir den verschiedenen Vogelstimmen lauschen, während wir das Laufen auf dem weichen Waldboden genießen. Nachdem der Wald durchstreift wurde, wandern

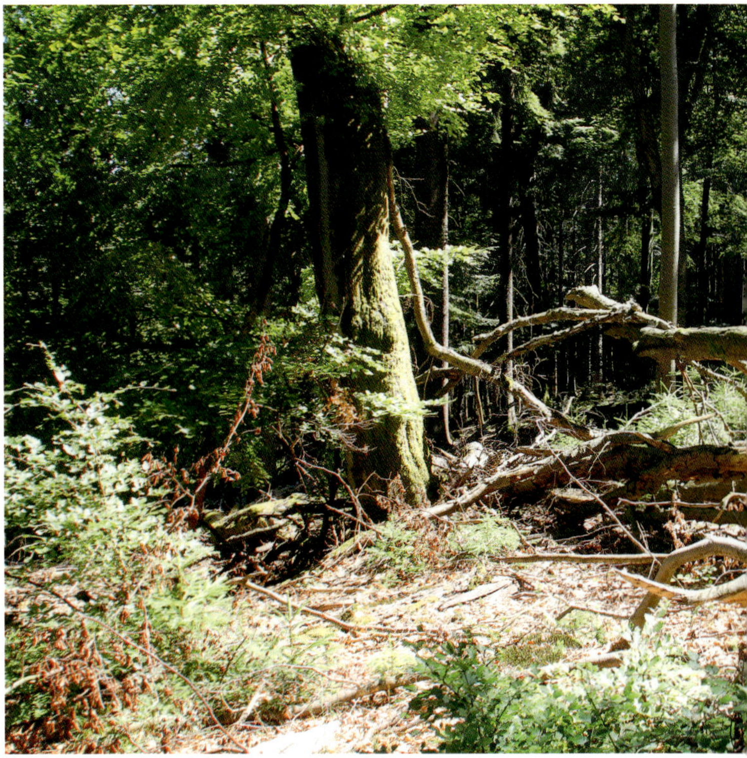

Wirres Holzgeflecht im Wald

wir entspannt und die herrliche Aussicht genießend am Waldrand weiter.

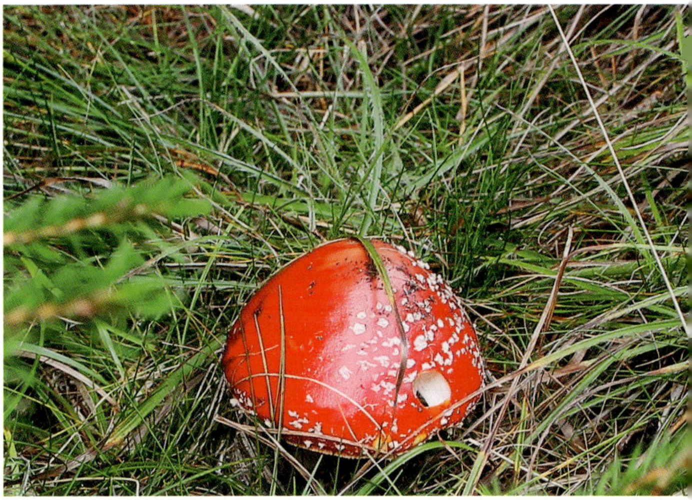

Der Fliegenpilz ist eine giftige Pilzart aus der Familie der Wulstlingsverwandten.

Zum Limes-Wachturm Nach einer Linkskurve erreichen wir den Ort ❶ **Dasbach**, einen Ortsteil von Idstein. Erstmals wurde die Gemeinde im Jahr 1354 urkundlich erwähnt. Über das Feld gehen wir bis zu dem Ortseingang und nun geradeaus auf dem Limes-Wanderweg mit der Markierung schwarzer Turm auf weißem Viereck weiter aufwärts, bis der nachgebildete ❷ **Limes-Wachturm** erreicht ist. Der im Jahr 2002 rekonstruierte Turm mit seiner Höhe von etwa 13 Metern verfügt über drei Stockwerke. Früher nutzten die Römer Leitern, um in den Turm zu gelangen, heute geht's über Treppen hinauf. Im Inneren befindet sich eine kleine Ausstellung über die Römer im Taunus, die vom Freundeskreis Römertum Idstein e. V. betreut wird; sie kann in der Regel während der Sonntage im Sommer besucht werden. Auch wenn wir den Turm nicht besteigen wollen, nutzen wir doch die Gelegenheit für eine ausgedehnte Rast und erfreuen uns am schönen Ausblick.

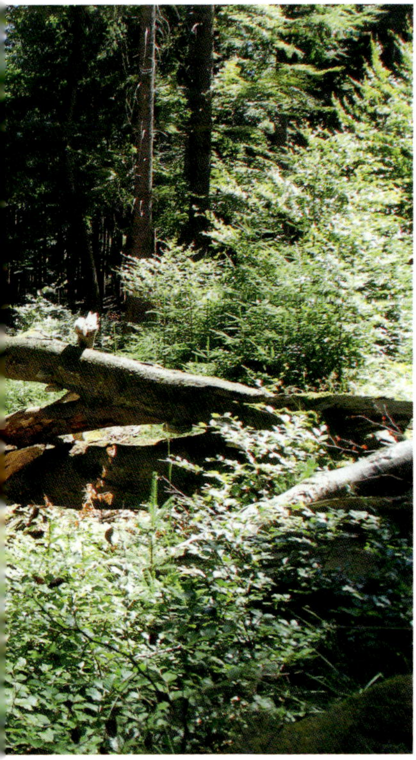

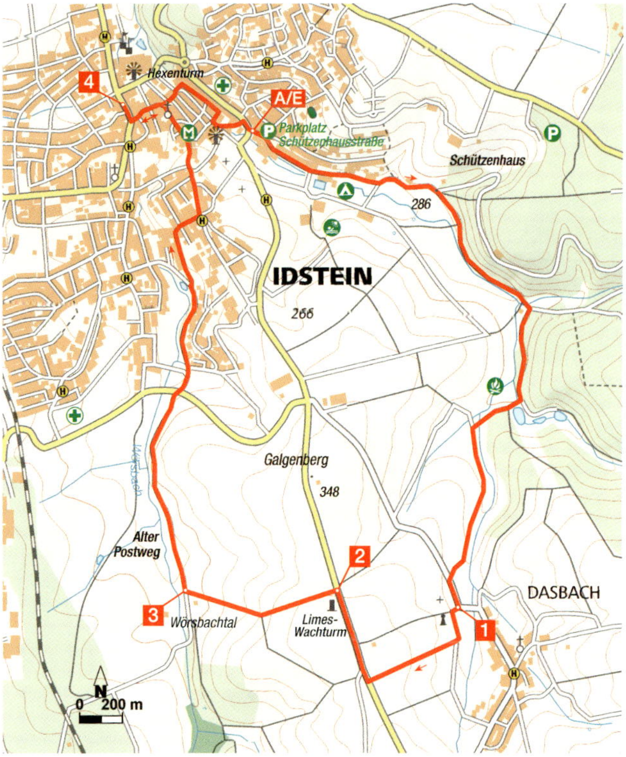

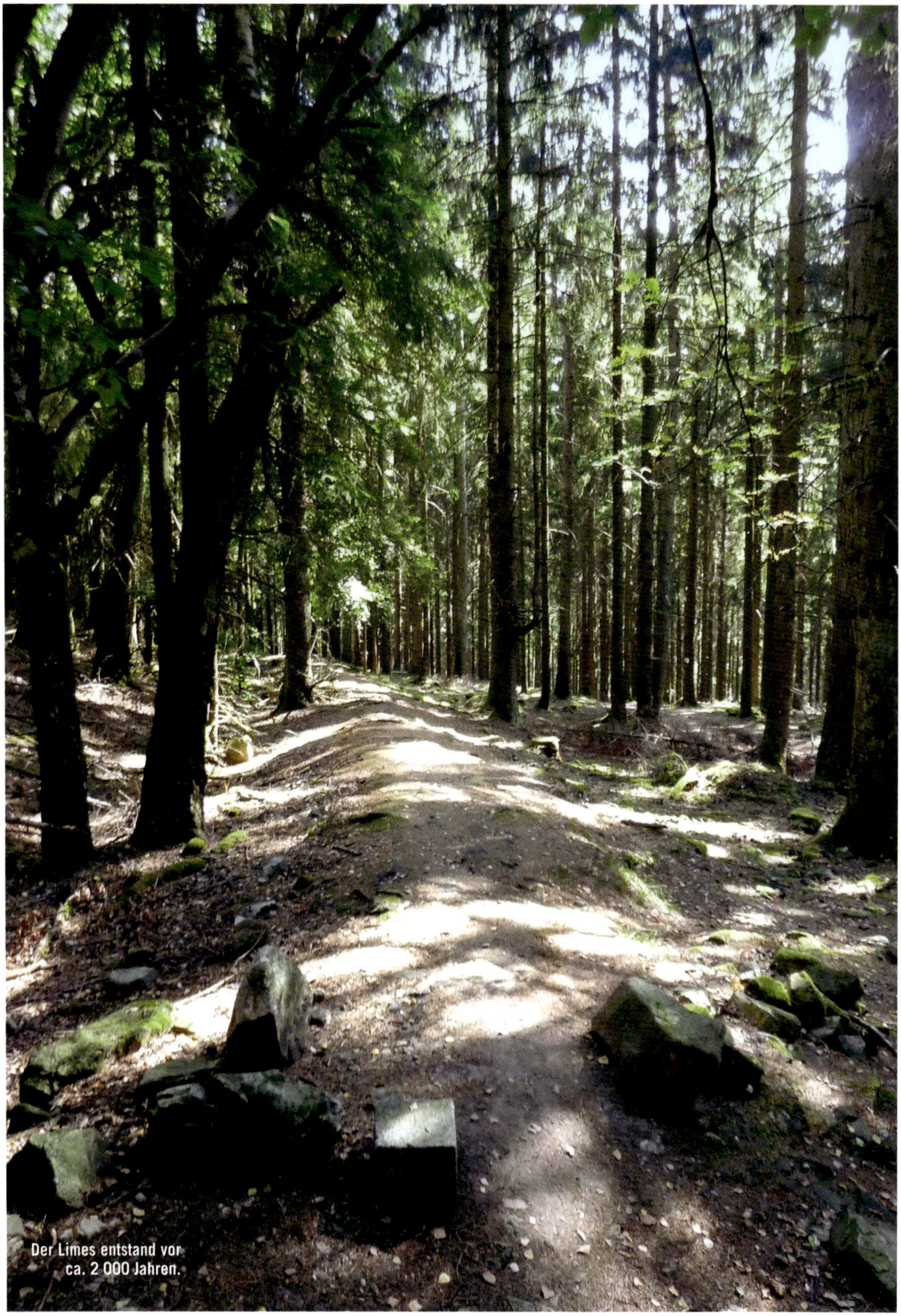

Der Limes entstand vor
ca. 2 000 Jahren.

Durchs Wörsbachtal nach Idstein Danach schnüren wir wieder unseren Rucksack und streifen auf dem Wanderweg vom Limes-Turm aus durchs ❸ **Wörsbachtal**. Nach einer kurzen Weile erreichen wir wieder das hübsche Taunus-Städtchen Idstein mit seiner romantischen und historischen Altstadt und dem legendären Hexenturm (s. Tippkasten). Hier kann man die Gelegenheit nutzen, um in einem der Cafés einzukehren oder die beeindruckenden Fachwerkhäuser eingehend zu bestaunen.

Außerdem einen Besuch wert ist das Alte Amtsgericht. Das aus Stein erbaute Gebäude mit einem Fachwerkgiebel und Treppenturm ließ Graf Johann Ludwig I. von Nassau-Idstein um 1588 herum errichten. Später diente es als Sitz des Amtsgerichts für den Gerichtsbezirk Idstein. Das Killingerhaus gehört mit seinen Schnitzornamenten an der Fassade zu den schönsten Fachwerkhäusern der Stadt. Um 1615 herum ließen es der gräfliche Amtsschreiber Johann Conrad Killing und seine Ehefrau Anna Margarethe Loeber erbauen. Nach zahlreichen Besitzerwechseln erwarb die Stadt Idstein 1916 das Haus; heute ist hier die Tourist-Information untergebracht.

Schloss und Hexenturm Anschließend besuchen wir noch das Rathaus am König-Adolf-Platz inmitten der historischen Altstadt. Schon immer war der Platz, der seinen Namen dem einzigen deutschen König aus dem Hause Nassau verdankt, der zentrale Begegnungsort der Idsteiner, wo sie gefeiert, aber auch gerichtet haben.

Außerdem sehenswert ist das Schloss von Idstein. Im 11. Jahrhundert entstand die Höhenburganlage, wahrscheinlich unter Graf Udalrich von Idstein. Heute sind aus dieser Zeit noch Oberburg, das alte Amtsgericht, das Torhaus, der Palas und der Bergfried erhalten. Der Bergfried ist bei den Bewohnern Idsteins nur unter dem Namen ❹ **Hexenturm** bekannt. Unter dem Fürsten Georg Adolf Samuel von Nassau-Idstein entstand im 17. Jahrhundert dann an Stelle der Vorburg das Renaissance-Schloss.

Nach unserer kleinen Besichtigung des Hexenturms (gegen Pfand wird der Schlüssel von der Tourist-Info ausgehändigt), laufen wir wieder durch die Altstadt zum Ⓔ **Parkplatz Schützenhausstraße Idstein** zurück.

Wahrzeichen Hexenturm

Der Hexenturm und das Schloss können auf Anfrage besichtigt werden. Der Hexenturm als Wahrzeichen von Idstein ist ca. 42 m hoch. In ihm selbst wurden keine der Hexerei bezichtigten Personen inhaftiert, er diente vornehmlich als Wachturm. Seinen Namen erhielt er aufgrund des Buchs von Ottokar Schupps (1834–1911) »Die Pfarrfrau von Heftrich«.

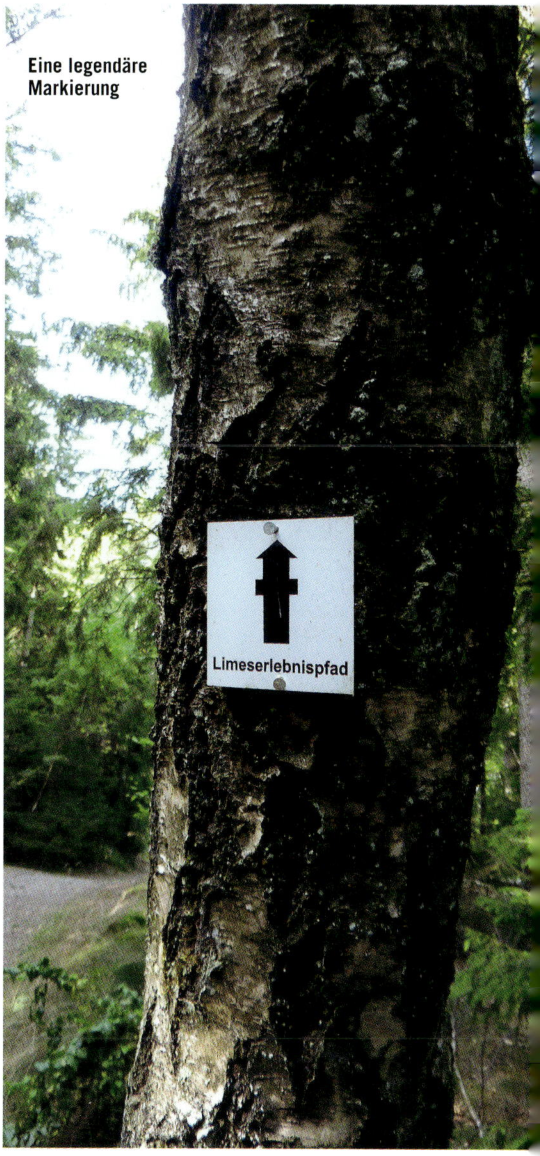

Eine legendäre Markierung

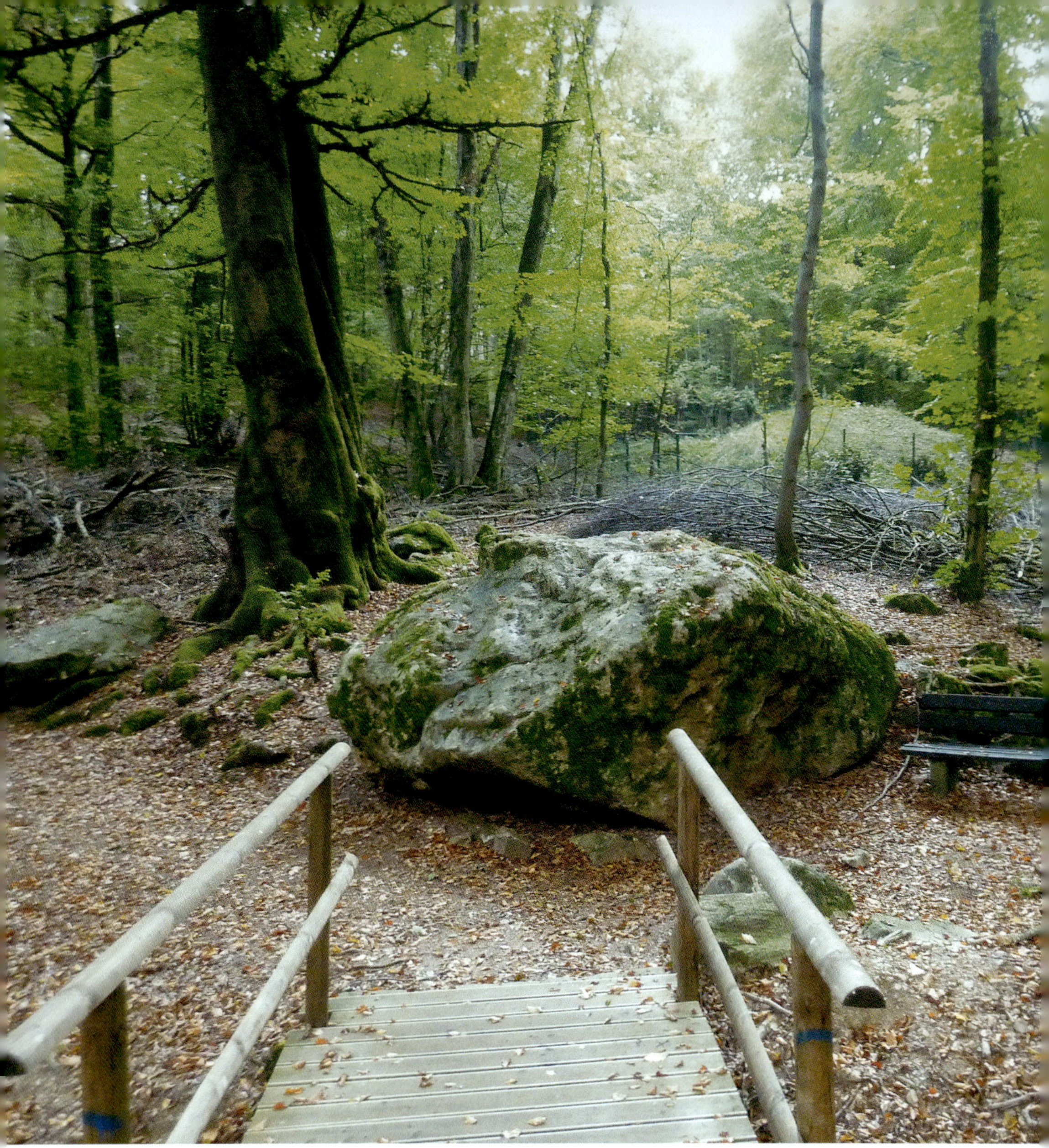

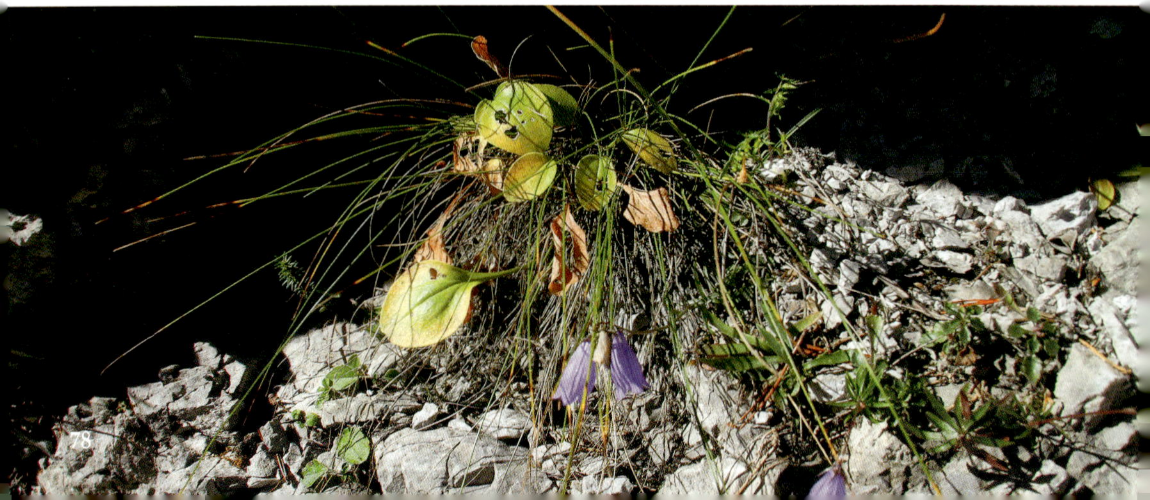

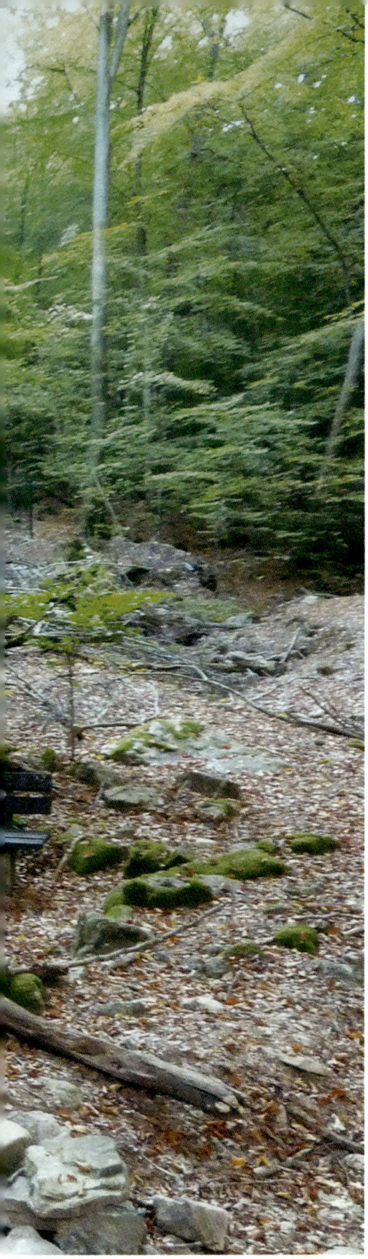

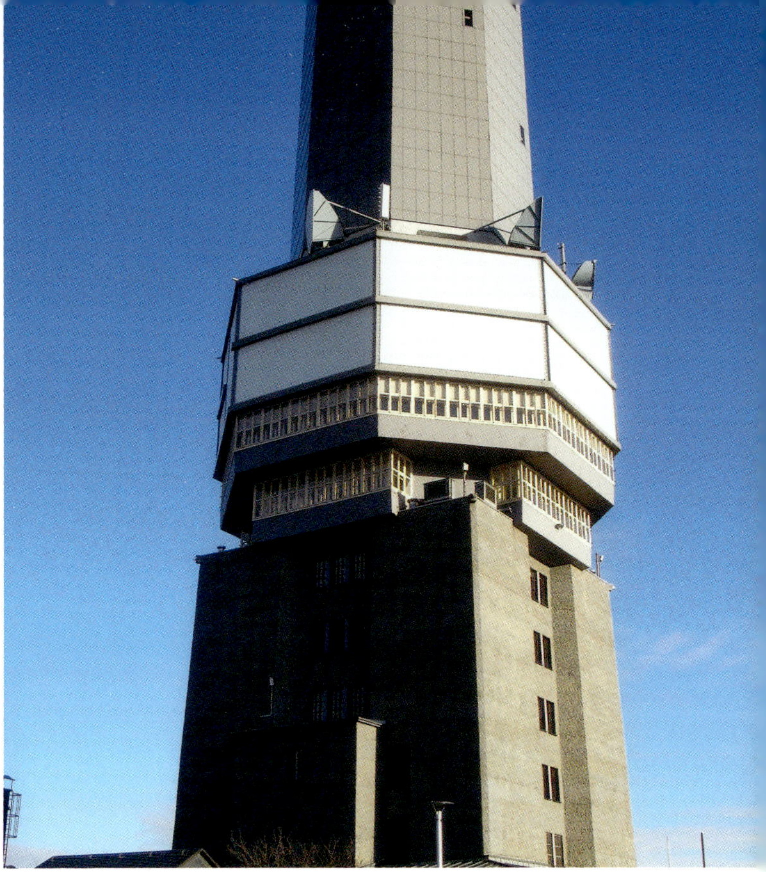

Hochtaunus

Wilde Landschaft (o. li.). Der Fernmeldeturm auf dem Feldberg (o. re.). Blick auf den Feldberg von der Gertrudiskapelle (u. re.). Bunter Farbtupfer am Altkönig (u. li.).

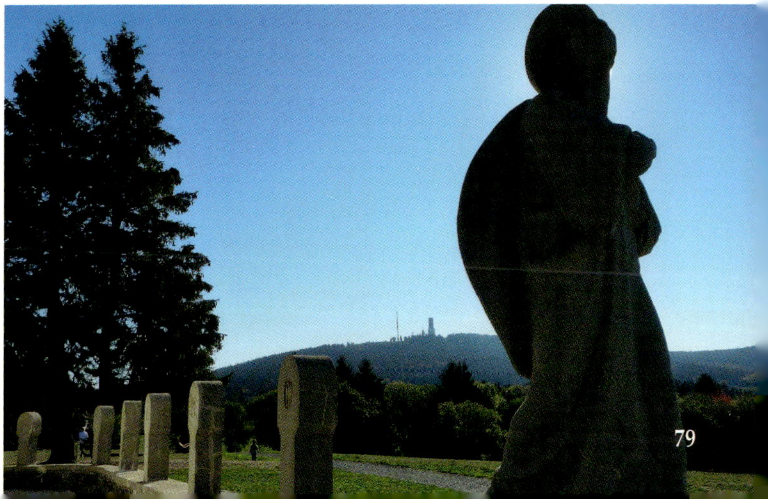

17 Zur Quelle der Weil

Farbenzauber am WaldGlasWeg

Mittel | 8 km | 250 Hm | 2.30 Std.

Tourencharakter
Kulturell erlebnisreiche Tour durch den Wald mit steilem Anstieg zum Feldbergkastell

Ausgangs-/Endpunkt
Parkplatz am Waldfriedhof in Glashütten

Höchster Punkt
Weilquelle 720 m

Anfahrt
Auto: B 8 nach Glashütten, dort am Ortsausgang bei den Supermärkten abbiegen zum Friedhof.
Bus & Bahn: Mit der Taunusbahn bis Bahnhof Neu-Anspach und weiter mit dem Bus Richtung Königstein bis Glashütten.

Beste Jahreszeit
Ganzjährig

Einkehr
Gasthaus Zum Roten Kreuz in Schmitten/Glashütten; Glashüttener Hof in Glashütten

Karte
Kompass 1:50 000, Nr. 840 Östlicher Taunus

Infos
www.gemeinde-glashuetten.de

Über eine künstlerisch gestaltete Wegstrecke geht es lange durch den Wald bis zur idyllischen Emsbachschlucht und weiter aufwärts zum beeindruckenden Kastell am Kleinen Feldberg, ehe die müden Beine an der nahen Weilquelle erfrischt werden können.

Der **A Parkplatz am Waldfriedhof** in Glashütten ist unser Startpunkt. Am Friedhof selbst werden wir bereits auf die erste Etappe eingestimmt: Hier hat eine Glaskeramikerin die Verschönerung einer kurzen Wegstrecke auf dem Limes-Erlebnispfad übernommen.

Prismenreiche Faszinationen Der sogenannte WaldGlasWeg führt auf einer schönen Strecke durch den Wald und vermittelt mit seinen Stationen Interessantes zur Glasherstellung in den Glashöfen des späten Mittelalters. An unserem Aufgangspunkt weist eine Infotafel aus Glas auf

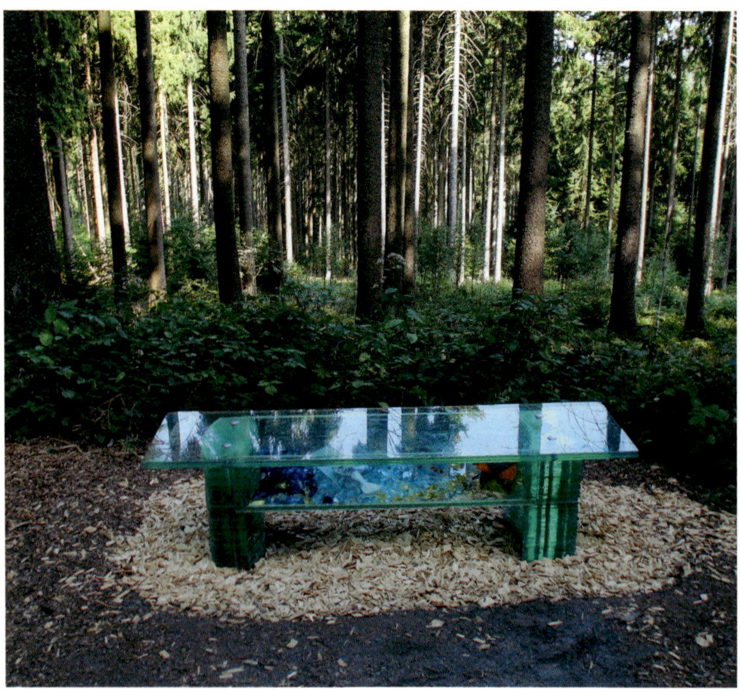

Ein Tisch aus Glas auf dem WaldGlasWeg

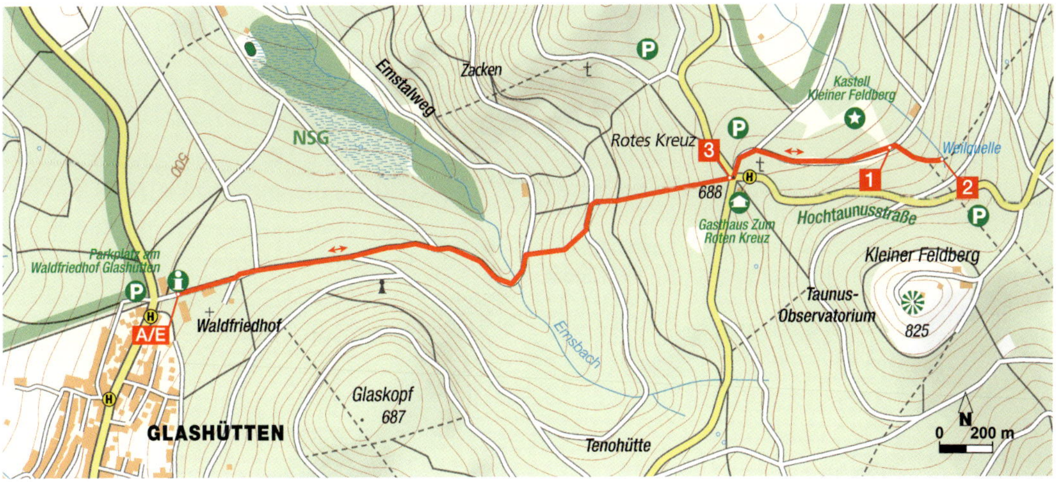

die verschiedenen Stationen hin. Neben einer gläsernen Bank oder auch einem Tisch begutachten wir nachfolgend verschiedene Objekte aus Glas, in denen je nach Sonneneinstrahlung mannigfaltige Farben erstrahlen. Ein Keramik-Glasbild hängt beispielsweise an der Friedhofskapelle und beinhaltet viele Symbole. An der fünften Station sieht man fünf Glasstelen, die zum Wort »Glas« zusammengefügt werden können. Im Einzelnen steht das »G« für Glashütten, das »L« für den Limes, das »A« für Allgemeines zu Glas und das »S« für Supermaterial. Ein kleiner Glasbläserjunge aus Metall weist uns den Weg zu den alten Glasöfen, und die liegende Vitrine lädt zum Sitzen ein.

Mitten im Wald

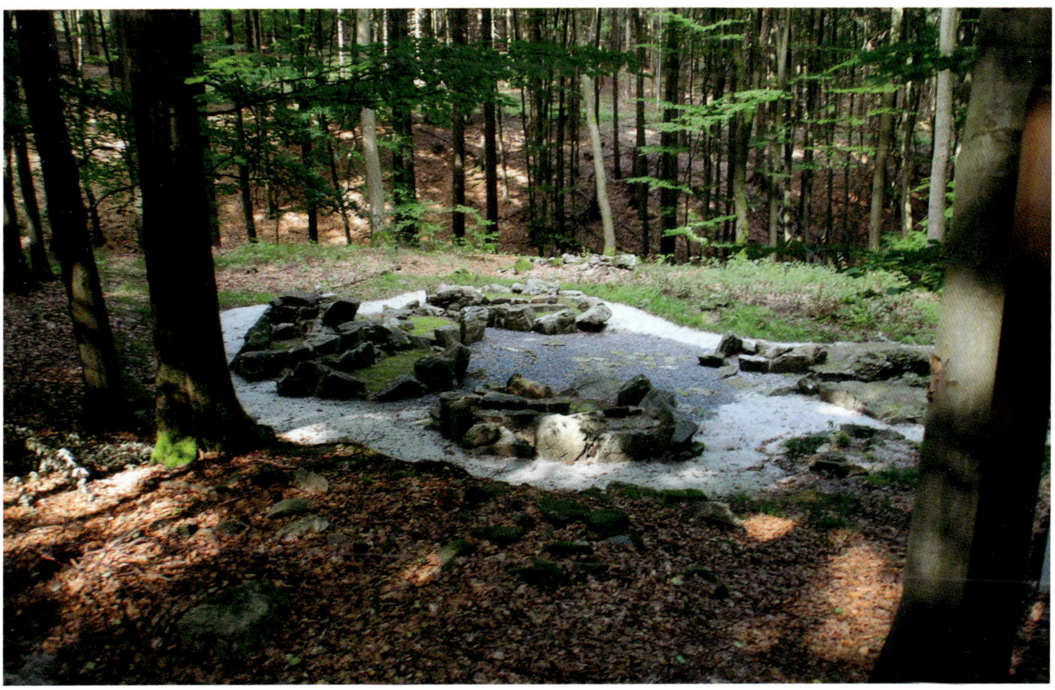

Glasreicher Taunusort

Der Name Glashütten geht auf die zahlreichen Glashütten zurück. Neben der Glashütte in der Emsbachschlucht, die um 1450 bestand, kann man heute auch die Glashütte unterhalb des Dornswegs sowie die Reste der Glashütte am Buchholzweg besuchen. Sehenswert ist zudem das Kleinkastell am Maisel (841 m) nordwestlich von Glashütten.

Zum Feldbergkastell Bewundernd stehen wir als Nächstes vor der großen Gottschalk-Fichte, die sich hinter einem Glas-Objekt befindet. Die riesige Fichte wurde nach einem ehemaligen Bürgermeister aus Glashütten benannt. Auf einem Schild wurden die Lebensdaten des in den Jahren 1956–1979 amtierenden Bürgermeisters vermerkt. Zudem werden Vorbeikommende über seine Erfolge wie den Bau von Sporthalle und Waldfriedhof informiert.

Weiter auf dem bequemen Waldweg laufend erreichen wir die Emsbachschlucht mit ihrem launigen Bächlein; munter sucht es sich seinen Weg durch Holz und über die großen Steine. Schließlich kommen wir zu den Resten einer Glashütte am Rande der Emsbachschlucht, wo uns eine Infotafel viel Wissenswertes vermittelt.

Nun geht es einige Hundert Meter straff bergauf, bis schließlich die Straße erreicht ist. Nach der Überquerung folgen wir weiter dem Limes-Erlebnispfad und stehen schon bald am ❶ **Kastell Kleiner Feldberg**. Die Reste des einst großen Kastells sind wahrlich beeindruckend, und die hier herrschende Stimmung fasziniert. Verschie-

Die Reste einer ehemaligen Glasbläserhütte

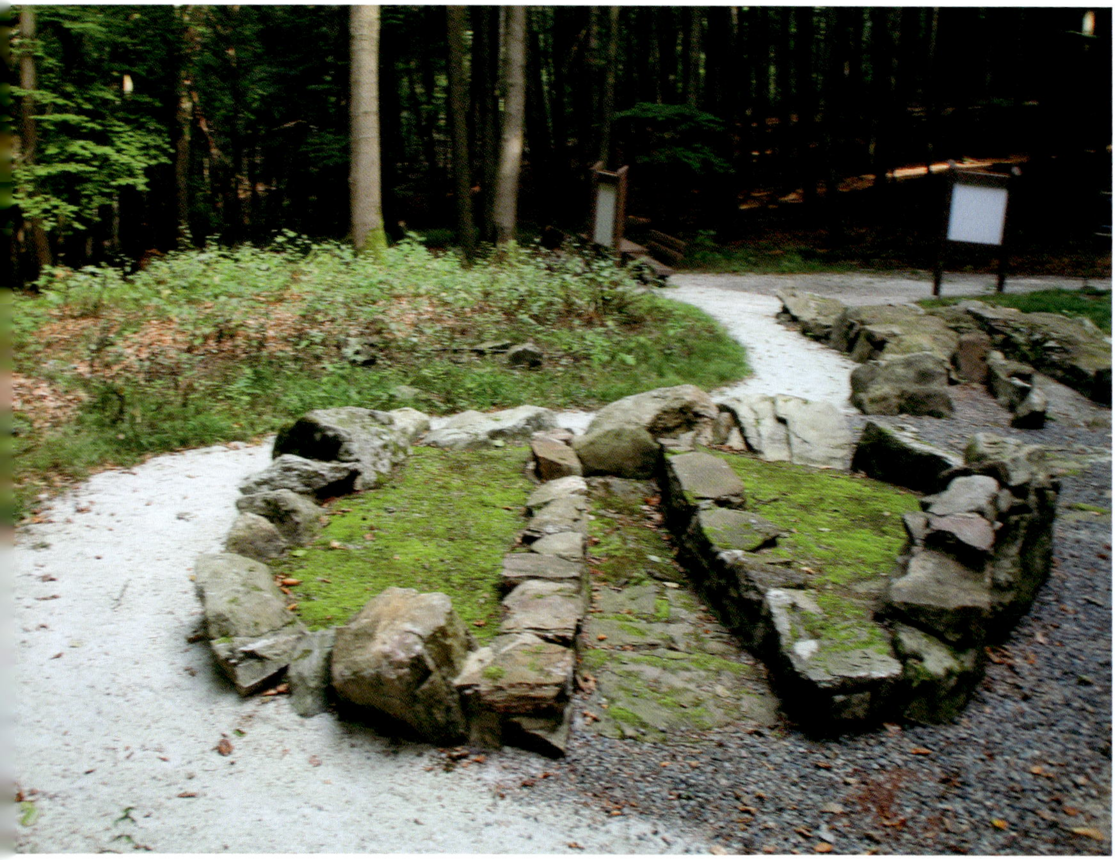

dene Funde lassen darauf schließen, dass das Kastell um das Jahr 150 erbaut wurde. Mehrere Informationstafeln vermitteln Wissenswertes zu seiner Nutzung und dem einstigen Leben hinter seinen Mauern.

Zur Quelle der Weil Nun folgen wir dem Wegweiser und gelangen nach nur 200 Metern zur ❷ **Weilquelle**, wo wir uns ein Plätzchen suchen und die Füße ins klare Wasser tauchen.
Alsdann geht's auf dem Herweg zurück bis zur L 3025, wo wir nach links abbiegend einen kurzen Abstecher zum ❸ **Gasthaus Zum Roten Kreuz** machen. Im Jahr 1730 war es eine historische Begegnungsstätte zwischen Königstein und Reifenberg, wo der letzte Reifenberger Ritter übergeben und in der Kapelle beigesetzt wurde. Das heutige Kreuz aus rotem Sandstein bzw. sein Vorgängerkreuz gab der Passstraße ihren Namen. Die Küche des Gasthauses verwöhnt den Wanderer mit warmen Speisen und selbst gebackenen Kuchen, und im Biergarten können wir uns sommers mit einem guten Schnitzel nach Jäger-Art und einer Traubensaftschorle prima belohnen. Nach der (vielleicht etwas längeren) Pause spazieren wir auf der bekannten Route auf dem WaldGlasWeg wieder nach Glashütten zum Ⓔ **Parkplatz am Waldfriedhof**. Alternativ kann man auch direkt vom Gasthaus mit dem Bus nach Glashütten zurückfahren.

Der kleine Glasbläserjunge als Wegmarkierung

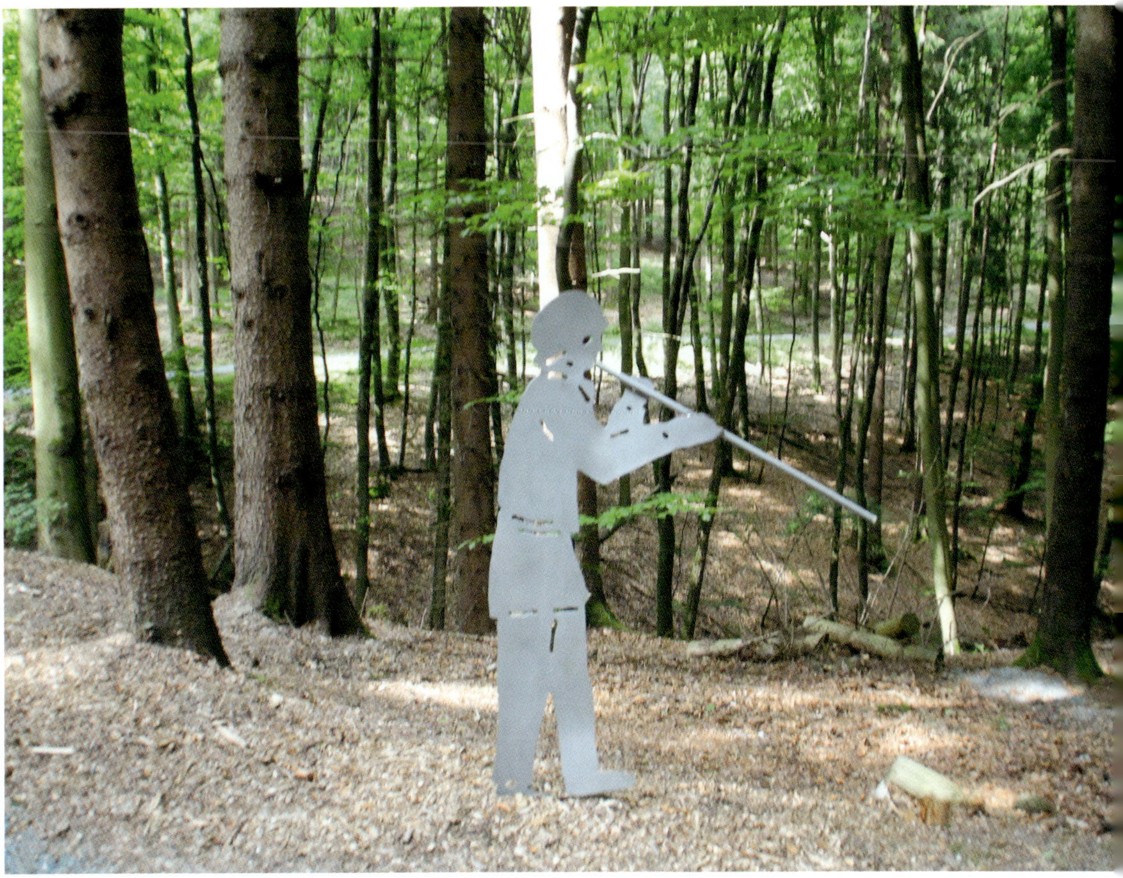

18

Von Glashütten nach Ober-Mörlen

Gipfelparade im Hochtaunus

Schwer 33 km 618 Hm 9 Std.

Tourencharakter
Schwere, lange Tour über große Erhebungen im Taunus zu geschichtsträchtigen Orten

Ausgangspunkt
Limes-Info-Pavillon beim Waldfriedhof in Glashütten

Endpunkt
Langenhain-Ziegenberg, OT von Ober-Mörlen

Höchster Punkt
Großer Feldberg 881 m

Anfahrt
Auto: B 8 nach Glashütten, dort am Ortsausgang bei den Supermärkten abbiegen zum Friedhof.
Bus & Bahn: Mit der Taunusbahn bis Bahnhof Neu-Anspach und weiter mit dem Bus Richtung Königstein bis Glashütten. Rückfahrt mit dem Bus über Usingen und Neu-Anspach oder mit der Bahn nach Glashütten.

Beste Jahreszeit
April bis Oktober

Einkehr
Restaurant Sandplacken in Schmitten; Georgenhof in Ober-Mörlen

Karte
Kompass 1:50 000, Nr. 840 Östlicher Taunus

Infos
www.gemeinde-glashuetten.de

Mehrere Gipfel und einige historische Stätten, wunderbare Ausblicke, Bächlein und waldige Passagen erwarten den Wanderer. Unterwegs gibt es immer wieder Einkehrmöglichkeiten, sodass der Rucksack auch für diese lange Tour kleiner ausfallen darf.

Vom Ⓐ **Limes-Info-Pavillon** beim Waldfriedhof in Glashütten geht es auf einem breiten, bequemen Waldweg, dem Limes-Erlebnispfad, durch den Wald. Kurz bevor die L 3025 erreicht wird, ist ein recht steiles Stück zu bewältigen. Nach dem Queren der L 3025 stehen wir vor dem ❶ **Roten Kreuz**. Das gleichnamige Gasthaus in Sichtweite lädt zu einer kurzen Rast ein.
Über einen kleinen Weg ist nach wenigen Minuten das große Römerkastell am Kleinen Feldberg erreicht, auf 700 Metern das am Höchsten gelegene Kastell am gesamten Limes. Nur 100 Meter entfernt zwischen dem Limes und dem Kastell befinden sich die konservierten Grundmauern

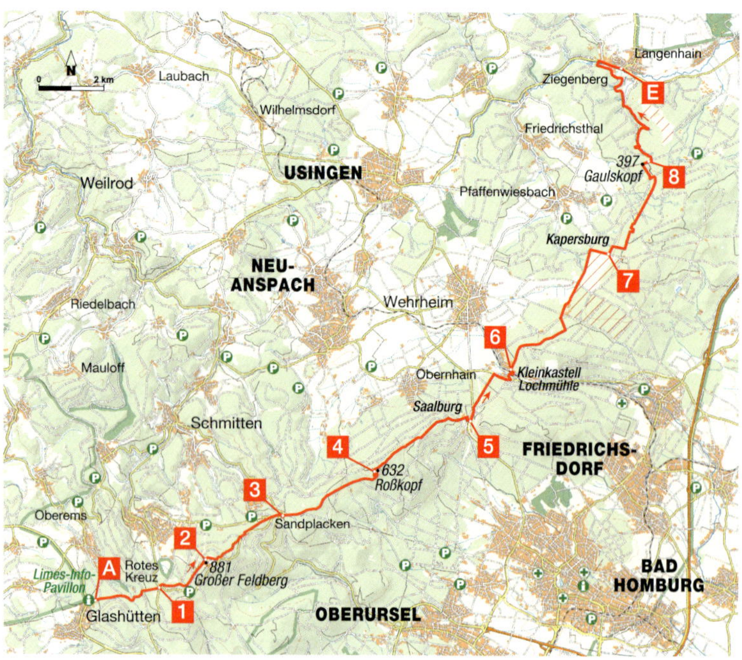

Das Rote Kreuz

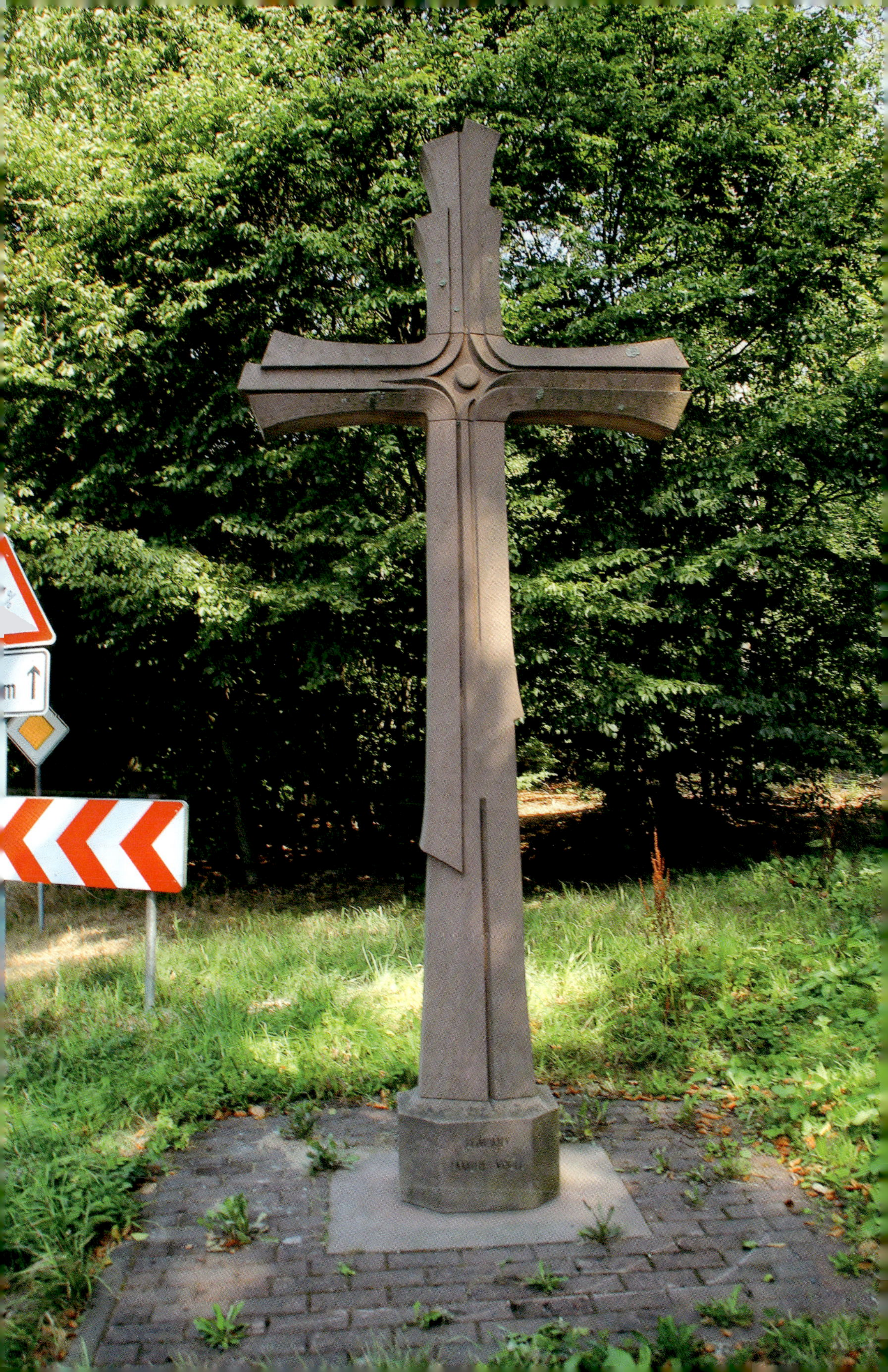

des Kastellbads. Funde lassen den Schluss zu, dass es hier einst ein kleines Dorf mit den Angehörigen der Soldaten gab.

Feldberg und Sandplacken Rechts abbiegend befindet sich nach ca. 100 Metern die Weilquelle, die früher das Feldbergkastell mit Wasser versorgte. Nun führt der Weg geradewegs zum ❷ **Großen Feldberg** (881 m). Von hier folgen wir dem Weg, der mit dem römischen Wachturm markiert ist, bis zum ❸ **Sandplacken** (669 m), dem nächsten Zwischenziel. Dort kann man sich im gleichnamigen Hotel und Restaurant stärken.

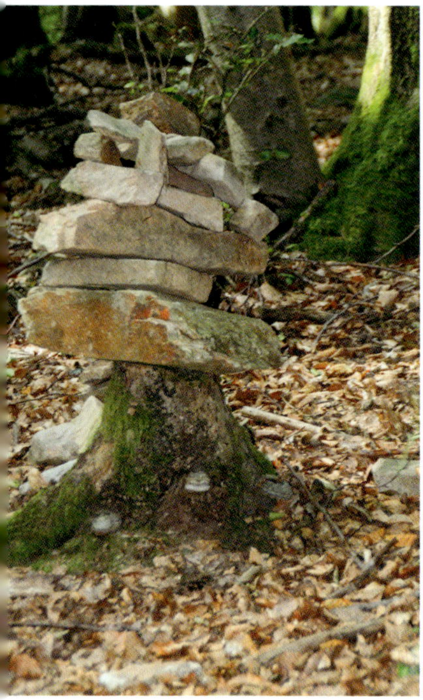

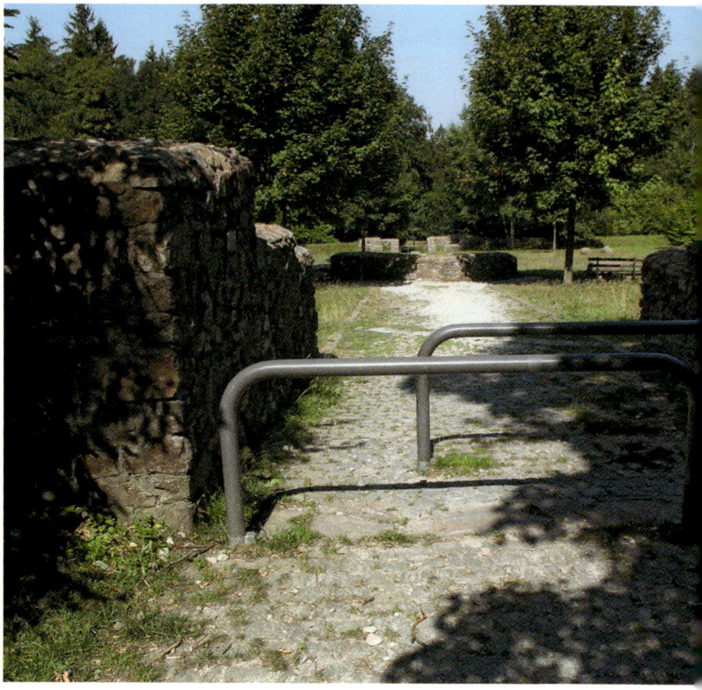

Alteburger Markt

Seit langer Zeit findet im Nebenort von Glashütten ein beachtlicher Markt statt: Zu Pfingsten, zu Jacobus am 25. Juli und Bartholomäus am 24. August öffnet der Alteburger Markt an der Stelle des ehemaligen Römerkastells Alteburg seine Pforten. Aus dem ursprünglichen Viehmarkt hat sich ein Volksfest entwickelt – doch noch immer können hier Kleintiere wie Hühner, Enten oder Ferkel erworben werden.

Die L 3024 kreuzend erreichen wir als Nächstes das Kleinkastell »Altes Jagdhaus«, ein römisches Militärlager. Einst war es dessen Aufgabe, die Passstraße über den Sandplacken zu sichern. Bis zu 30 Männer waren in den Holzbaracken untergebracht. Gut sichtbar sind heute noch die Grundmauern des Jagdhauses, die um 1893 ausgegraben wurden. Die Überreste liegen ca. 100 Meter neben der Strecke und können bequem erreicht werden. Eine Markierung führt direkt dorthin.

Über den Roßkopf zur Saalburg Auf dem Feldbergkamm geht es nun weiter über den Klingenkopf (682,7 m) zu einem Nebengipfel, dem Eichkopf (620,2 m), wo wir an den Resten des Römerkastells Heidenstock weiter bis zum ❹ **Roßkopf** (632 m) wandern. Wer möchte, kann hier einen Abstecher zum Herzbergturm unternehmen und die Aussicht genießen.

Nach dem Hollerkopf (615,5 m) führt die Strecke abwärts bis zur 5 **Saalburg** und dem Römerkastell. Über die Brücke der B 456 geht es dann wieder im Wald zum Köpperner Tal und am Limes entlang. Das 6 **Kleinkastell Lochmühle** sowie der gleichnamige Freizeitpark sind die nächsten Zwischenstationen der Tour.

Limes-Kastell Kapersburg Nun führt die markierte Strecke in der Nähe der Saalburgsiedlung wieder in den Wald und zum ehemaligen römischen Limes-Kastell

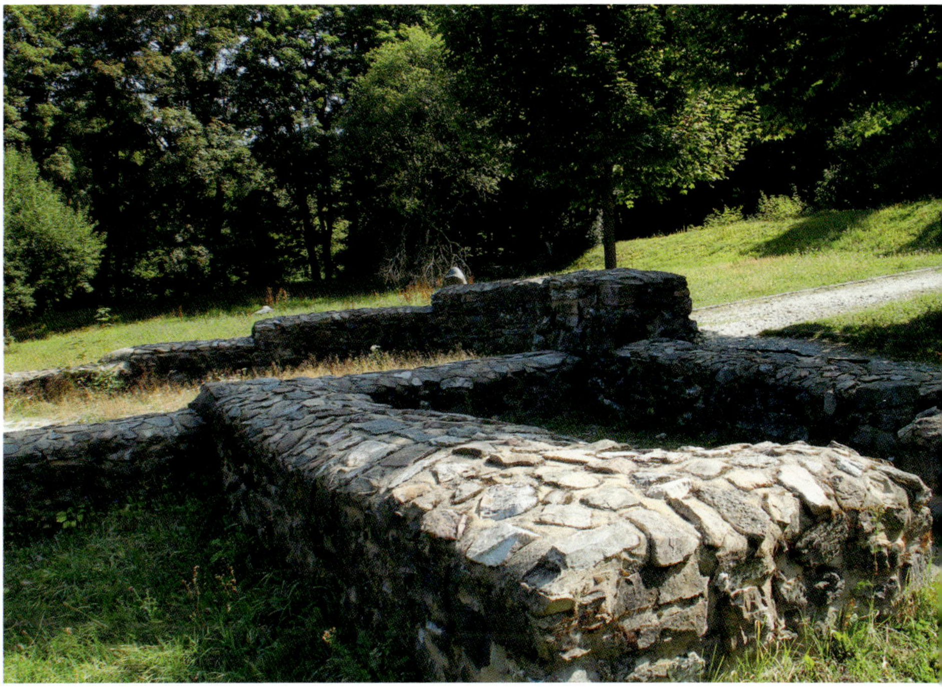

7 **Kapersburg** Am Ende des 1. Jahrhunderts wurde das Kastell aus Holz unter Kaiser Trajan errichtet. Später ersetzten Steinbauten die Anlage. Die Aufgabe der Kapersburg bestand wohl darin, das Kleinkastell Ockstadt zu ersetzen, da dieses nur schlecht mit Wasser versorgt werden konnte. Etwa 150 Mann umfasste die Truppe. Direkt neben dem Kastell befindet sich das Munitionsdepot Köppern.

Links: Ein ansehnlicher Steinturm

Mitte: Eingang zum Feldbergkastell

Rechts: Alte Mauern des Kastells

Anschließend geht es weiter beschildert zum Römerkastell Ockstädter Wald, das aus der Frühzeit des Limes stammt und von der Kapersburg um das Jahr 130 herum abgelöst wurde.

Nun werden die Wege kleiner bis zum Römerturm am 8 **Gaulskopf**, von dem man eine wunderbare Aussicht auf das Usatal hat. Die Rekonstruktion des Römerturms wurde 1926 eingeweiht, nachdem von dem originalen Turm nur Ruinen übrig waren. In Begleitung von launigen Bachgeräuschen führt die Strecke auf bequemen Wegen bis nach E **Langenhain-Ziegenberg**, einem Ortsteil von Ober-Mörlen, wo wir den Tag mit einem Besuch im Landgasthof abschließen können. Zurück geht es dann mit dem Taxi zum Ausgangspunkt.

19

Unterwegs im Weiltal

Von Ort zu Ort durch eine reizvolle Landschaft

Mittel 47,5 km 560 Hm 10 Std.

Tourencharakter
Aussichtsreiche markierte Wanderung entlang der Weil auf gut markiertem Weg

Ausgangspunkt
Rotes Kreuz an der Limes-Straße bei Schmitten

Endpunkt
Weilburg/Guntersau

Höchster Punkt
Am Roten Kreuz 724 m

Anfahrt
Auto: Über B 8 und L 3025 zum Roten Kreuz.
Bus & Bahn: Buslinie 50 bis Haltestelle »Sandplacken« oder Linie 57 bis zu den Haltestellen »Sandplacken« und »Rotes Kreuz«.

Beste Jahreszeit
April bis Oktober

Einkehr/Übernachtung
Gaststätte Weilschenke in Weilmünster; Landgasthof Ziegelhütte in Weilrod

Karte
Kompass 1:50 000, Nr. 840 Östlicher Taunus

Infos
www.weilburg.de

Idyllisch gelegene Orte mit Geschichte durchwandert man auf dem Weg entlang der Weil, wunderschöne Ausblicke und eine reizvolle Landschaft inklusive. Die Tour beginnt am Roten Kreuz bei Oberreifenberg und führt durch Weilrod, Weilmünster bis Weilburg an der Lahn.

Der Wanderweg beginnt am **A Roten Kreuz** bei der Weilquelle ab der L 3025 in der Nähe von Oberreifenberg. An den Reifenberger Wiesen vorbei erreichen wir mit Hilfe der Markierung Eisenblatt im blauen Viereck den Ort Oberreifenberg.

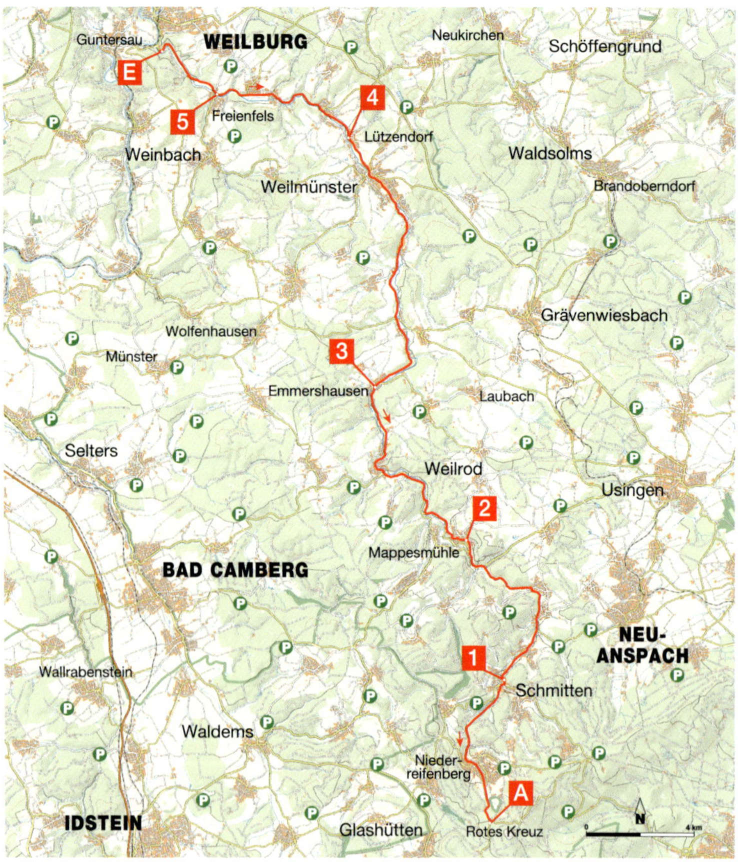

Die neugotische Felsenkirche in Schmitten

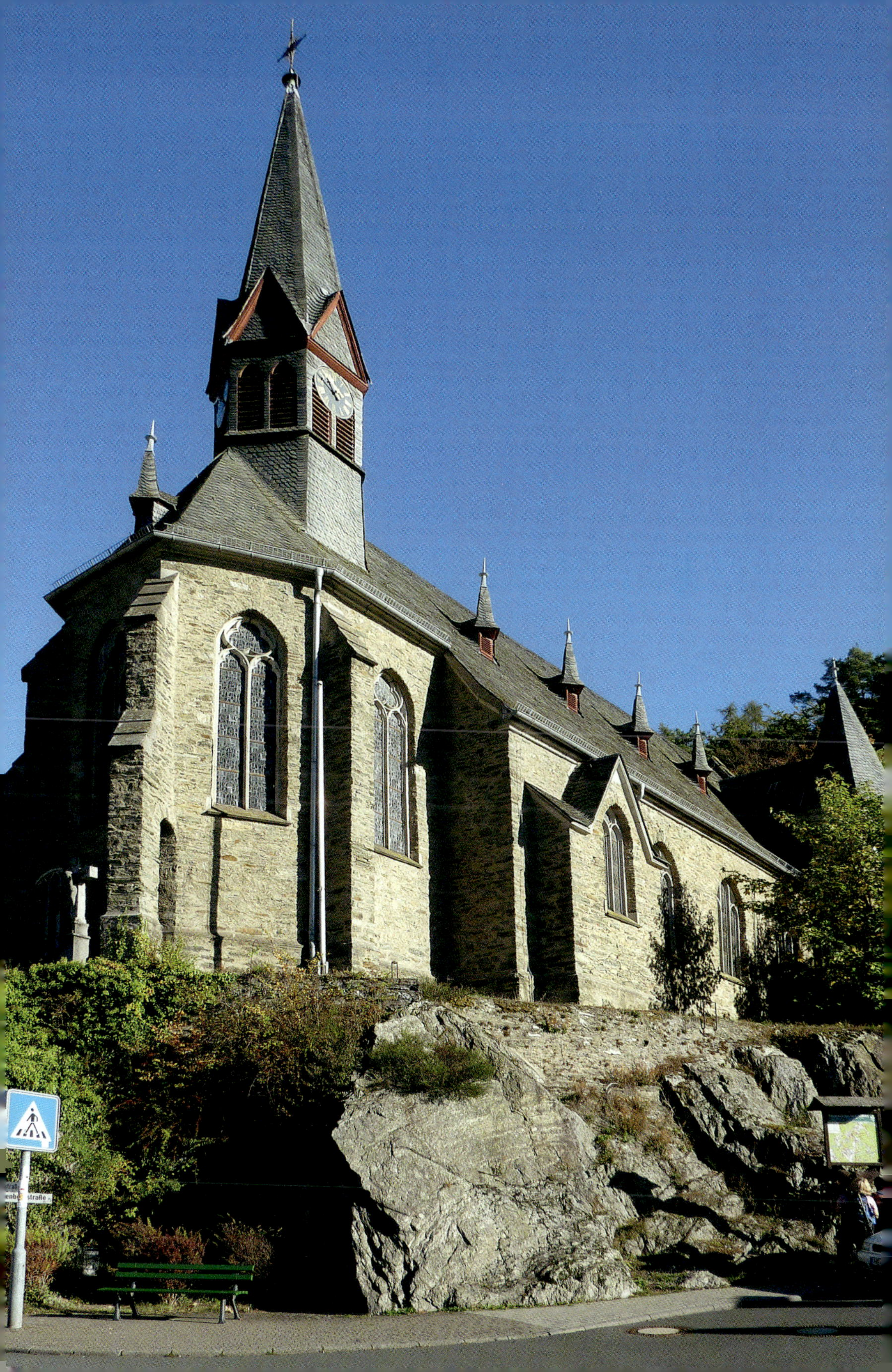

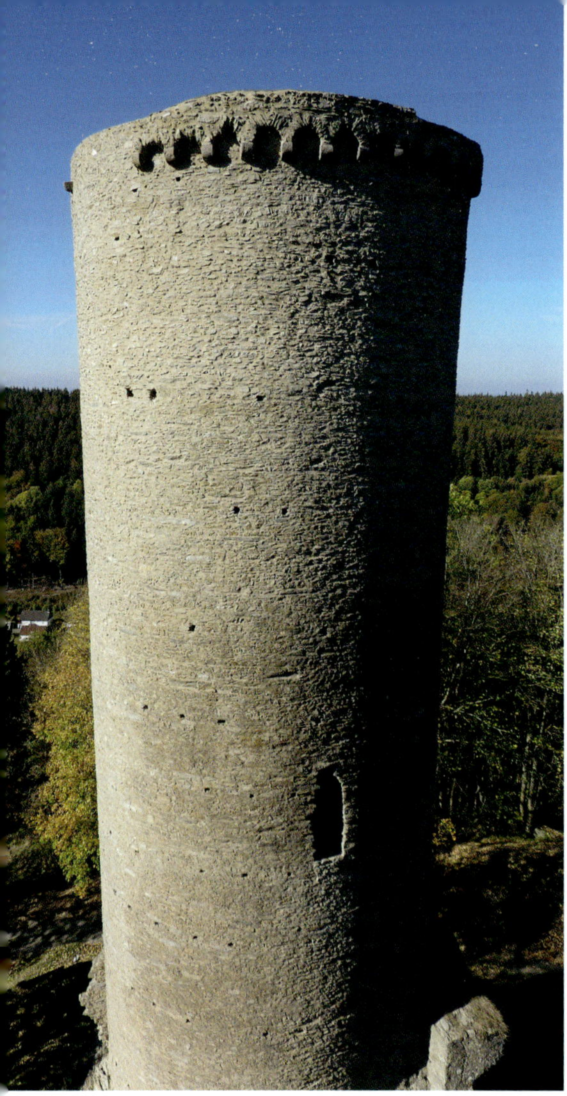

Der Bergfried der Burg Reifenstein

Imposant erhebt sich hier die Burg, die früher auch Riffinberg oder Reiffenberg genannt und vermutlich 1331 erbaut wurde, obwohl Forschungen von einer früheren Errichtung ausgehen. Friedrich von Reiffenberg ließ sie 1587 niederbrennen. Nach der Wiederherstellung nahm sie im Dreißigjährigen Krieg wieder Schaden. 1632 war sie zeitweise im Besitz der Schweden und später der kaiserlichen Truppen. Nach ihrer Zerstörung im Jahr 1646 ließ Philipp Ludwig, der letzte Ritter von Reiffenberg, sie wieder errichten. Nach seinem Tod erbte Graf Johann Lothar Waldbott von Bassenheim die Burg. Im Pfälzischen Erbfolgekrieg wurde sie dann 1689 komplett zerstört. Heute sind noch ein Wohnturm, eine Schildmauer sowie der Bergfried erhalten.

Über Neuweilnau ... Nun geht es weiter markiert über die Siegfriedstraße ins Weiltal. An der Freizeitanlage Oberes Weiltal entlang gelangen wir nach ❶ **Schmitten** und im weiteren Verlauf über Dorfweil und Brombach nach Hunoldstal. Der Markierung weiter folgend führt die Route über die Anspacher Straße ins Hunoldstal. Am Ausgang des Orts wird erneut die L 3025 in Richtung Treisberg überquert. Der nun steile Weg führt bis zum Forsthaus Landstein.
Über eine kurvige Strecke ist der Niedgesbach erreicht. Auf der anderen Seite führt die Strecke zur B 275 und über die ❷ **Mappesmühle** bis zum Ortsrand von Neuweilnau. Dort befand sich eine im Jahr 1302 erbaute Burg, von der allerdings nur noch Reste zu sehen sind. Das noch heute bestehende Schloss wurde 1506–1513 durch Ludwig I. von Nassau-Weilburg errichtet und durch einen nachfolgenden Schlossherren erweitert. Sehr beeindruckend und sehenswert ist das Torgebäude; das ebenso gut erhaltene Kellergewölbe wird gern für Veranstaltungen genutzt.

... nach Lützendorf Leicht bergab auf der bisherigen Route weiterwandernd ist die Erbismühle unser nächstes Zwischenziel. Über die L 3025 geht es ein kurzes Stück weiter nach Rod an der Weil und zum Aussichtspunkt Weiltalblick. Weiter dem Weg folgend wird der Schwiederweiher erreicht. Über eine Brücke führt der Weg nach ❸ **Emmershausen**. Durch kleine Gassen und an der K 738 entlang ist die Runkelsteiner Mühle nicht mehr weit. Im Krieg

Weiltalbahn

Um die hiesigen Bodenschätze, wie z. B. das Erz, transportieren zu können, wurde einst die Lahntalbahn errichtet. Von Weilburg über Freienfels, Weilmünster und Audenschmiede bis nach Grävenwiesbach fuhr sie auf einer Streckenlänge von 22 km. Heute bringt der Weiltalbus mit Fahrradanhänger von Mai–Okt. die Wanderer und Radler zum gewünschten Ziel (www.verkehrsverband-hochtaunus.de).

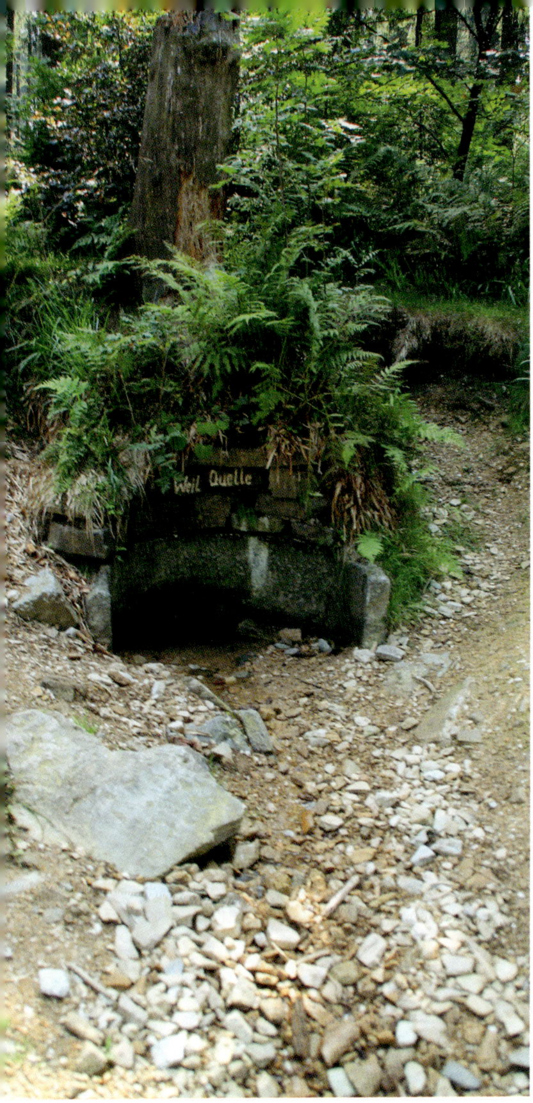

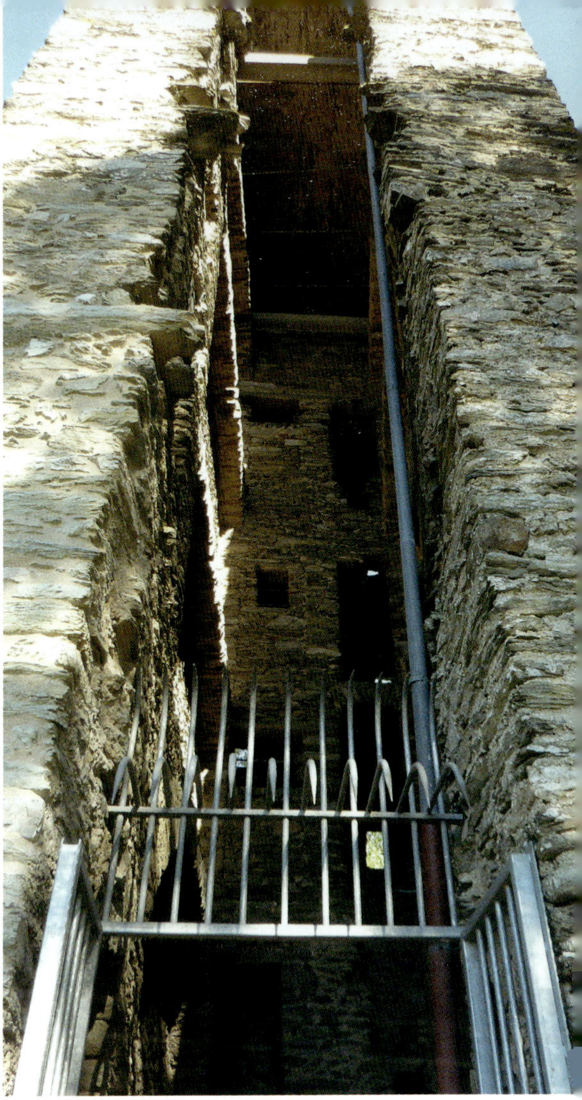

diente sie als Fabrik, in der Waffen hergestellt wurden. An Winden und Heinzenberg vorbei geht es weiter bis Audenschmiede.
In Weilmünster, wo man übernachten kann, wird die Weilstraße gequert, dann geht's immer an der Weil entlang bis **4** **Lützendorf**, dem kleinsten Ortsteil von Weilmünster und 1234 erstmals urkundlich erwähnt.

Links:
Die Weilquelle befindet sich nur wenige Minuten neben dem Feldbergkastell.

Rechts:
Aufgang Burg Reifenstein

Von Freienfels nach Guntersau Ernsthausen und Essershausen werden als Nächstes mit Hilfe der Markierung durchquert; Essershausen war einst, 1233 urkundlich belegt, Sitz eines Reichsritters. Nun geht es zügig weiter bis nach **5** **Freienfels**. Hier sieht man schon von Weitem die Burg Freienfels oberhalb der Weil, wo regelmäßig die Freienfelser Ritterspiele und auch weitere Veranstaltungen wie die Burgweihnacht oder das Kindertheater stattfinden. Es wird vermutet, dass die Burg um 1300 durch die Grafen Heinrich und Reinhard von Diez-Weilnau erbaut wurde.
Weiter auf der markierten Strecke wandernd gelangen wir zum Endpunkt unserer Tour, **E** **Weilburg/Guntersau** an der Lahnmündung.

20

Von Schmitten zum Großen Feldberg

Kirchen, Felsen und Ruinen

Mittel | 20 km | 545 Hm | 6 Std.

Tourencharakter
Mittelschwere Wanderung mit steilen Wegstrecken zu vielen Höhepunkten

Ausgangs-/Endpunkt
Felsenkirche St. Karl Borromäus in Schmitten

Höchster Punkt
Großer Feldberg 881 m

Anfahrt
Auto: Über B 275 und L 3025 bis nach Schmitten.
Bus & Bahn: Mit der Taunusbahn bis Bahnhof Neu-Anspach, weiter mit dem Bus Richtung Königstein bis Schmitten/Dorfweil.

Beste Jahreszeit
Ganzjährig

Einkehr
Café Waldschmitt in Schmitten; Gasthaus Rotes Kreuz an der Limes-Straße

Karte
Kompass 1:50 000, Nr. 840 Östlicher Taunus

Infos
www.schmitten.de

Mehrere Ruinen und wunderschöne Aussichten prägen diese erlebnisreiche Tour, die im Zentrum von Schmitten beginnt. Ein besonders schönes Highlight ist das große Feldbergkastell, malerisch im Wald gelegen, das erahnen lässt, wie das Leben hier einst aussah.

Die Felsenkirche St. Karl Borromäus in Ⓐ **Schmitten** ist Startpunkt für diese Tour auf den Großen Feldberg. Die Kirche ist kaum zu verfehlen: Direkt an der Hauptstraße präsentiert sie sich, 1893 mit Taunusschiefer

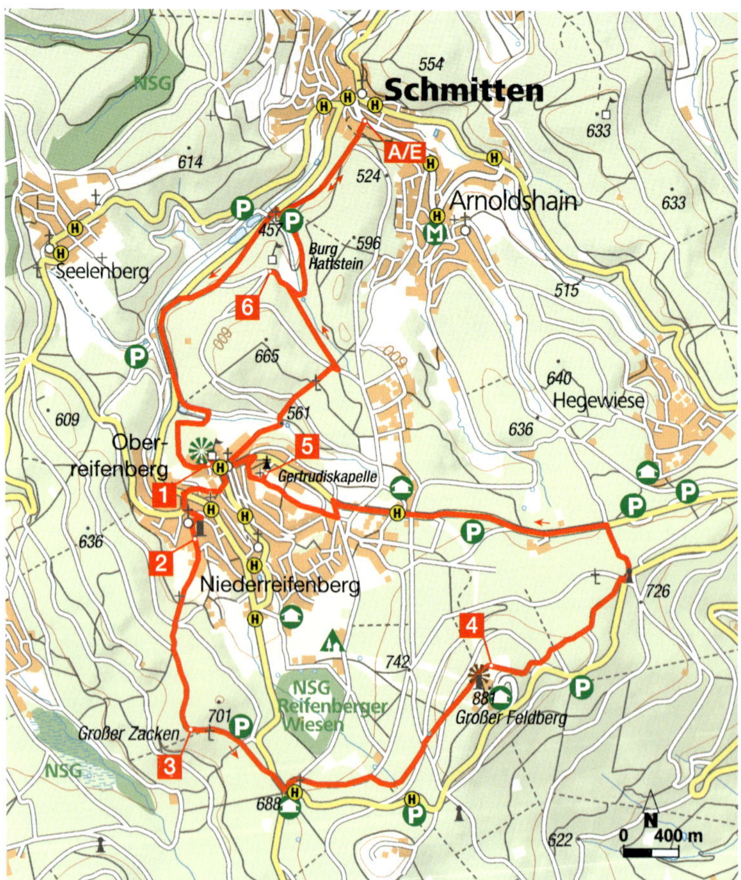

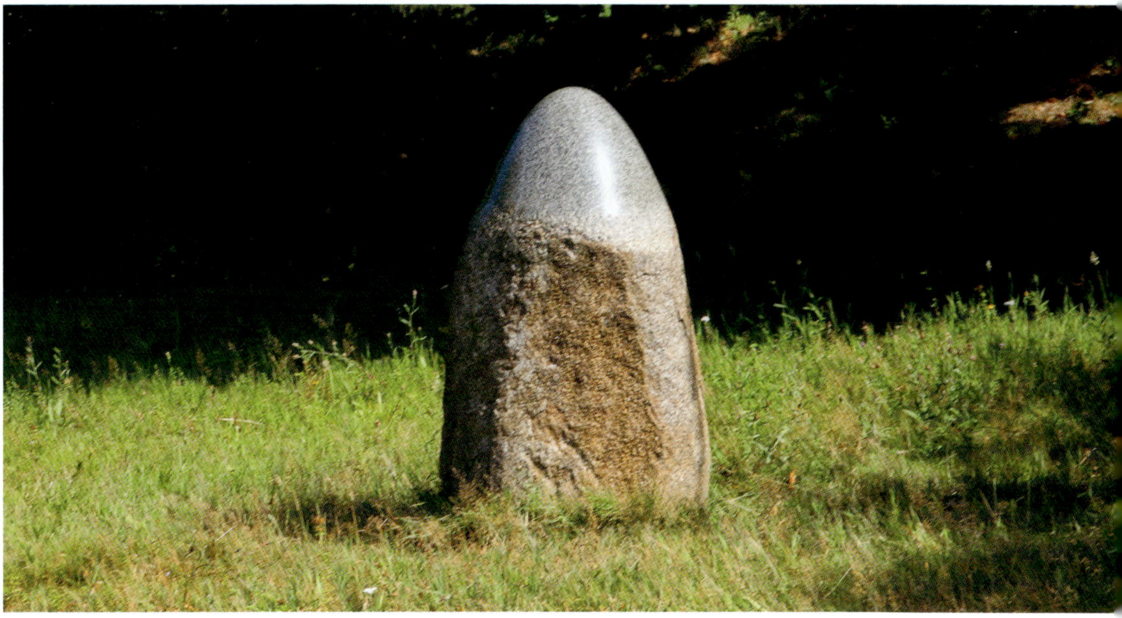

Relikt im Römerkastell

erbaut. Am Eingang der Kirche befindet sich eine Mariengrotte, die einst wohl als Kriegsbunker vorgesehen war, aber als solcher nie genutzt wurde.

Ruine Oberreifenberg Die Markierung mit dem Schmetterling führt uns jetzt zuerst ins Obere Weiltal. Im Schmittgrund treffen wir nicht nur auf seltene Tier- und Pflanzenarten, sondern auch auf die Markierung mit dem großen »X«. Nun geht es links bergauf zur Kirche in ❶ **Oberreifenberg**, die in den Jahren 1845–1855 erbaut wurde. Droben erhebt sich die Ruine Oberreifenberg (626 m). Sie gehört zu den schönsten Höhenburgen im Taunus; hier hatten einst die Herren von Reifenberg ihren Stammsitz. Erstmals wurde sie 1331 urkundlich erwähnt, wobei vermutet wird, dass sie schon mehrere Hundert Jahre früher erbaut wurde. Vom runden Bergfried genießt man einen schönen Blick auf das Ziel, den Großen Feldberg.

Über die Hünerstraße zum Großen Zacken Wieder zurück bei der Kirche führt die Tour mit Hilfe der Markierung schwarzer Punkt nach ❷ **Niederreifenberg**, einem Ortsteil von Schmitten. Links Richtung Friedhof geht es weiter stets bergauf. An einer Wegkreuzung treffen wir auf die Hünerstraße, ein zu Zeiten der Kelten wichtiger Höhenweg.
Nach einer Weile folgen wir dem Wegweiser nach rechts zum ❸ **Großen Zacken** (576 m). Die bizarre Felsformation ist für Kletterer ein Mekka; dementsprechend gern trainieren sie hier – etwa 13 Kletterrouten unterschiedlicher Schwierigkeitsgrade gibt es zu entdecken. Vom Felsen aus hat man eine tolle Aussicht auf das Emsbachtal und den Taunus.

Römerkastell und Großer Feldberg Zurück am Wegweiser folgen wir der Wegmarkierung Rechteck zur ehemaligen Zollstation Rotes Kreuz. Hier lohnt es sich, im

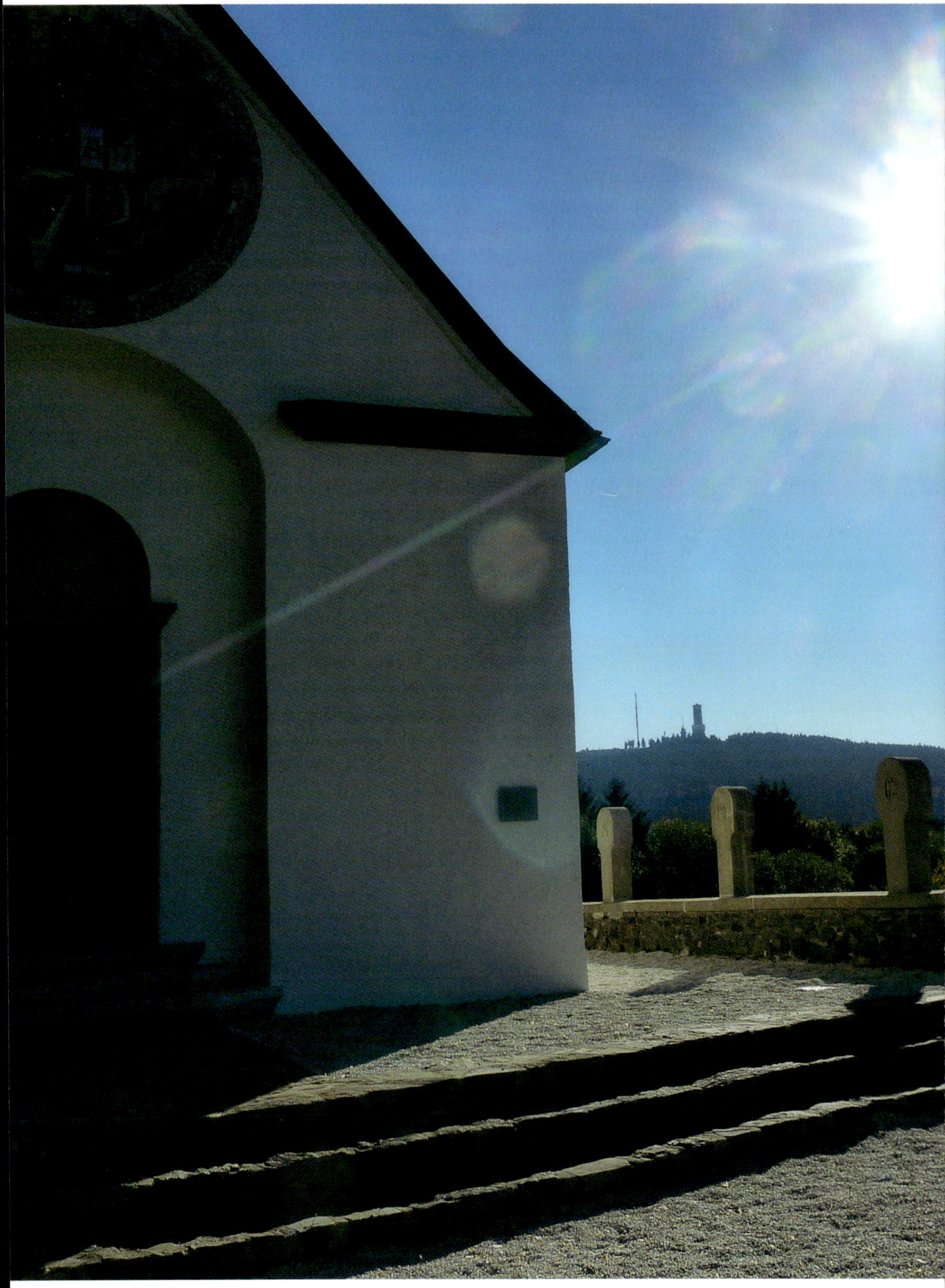

Fachwerkfreuden

Schmitten ist ein staatlich anerkannter Luftkurort mit einigen schönen Fachwerkhäusern. So sieht man z. B. in der Wenzelstr. 1 die Überreste eines größeren Hofs mit Nagelschmiede. Zudem kann man in der Ortsmitte einen gepflegten Park entdecken, der einst als Friedhof genutzt wurde; seit 1940 dient das Gelände als Park.

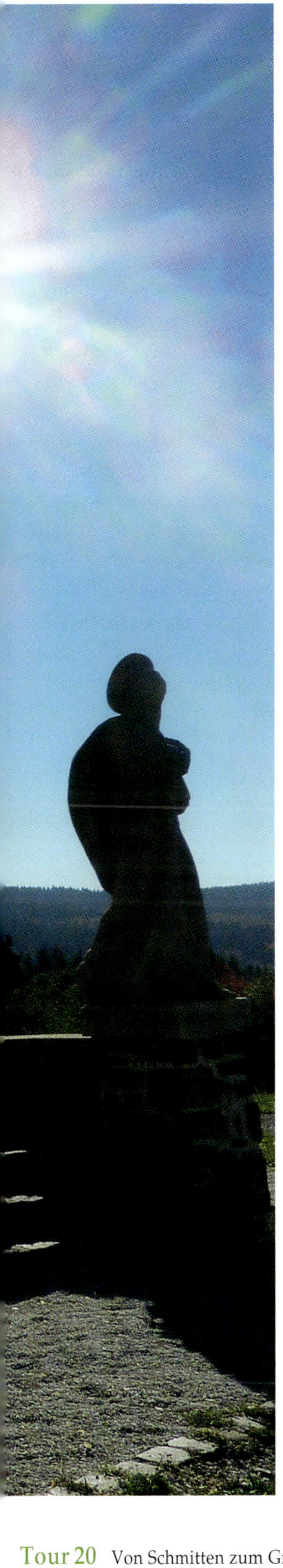

Landgasthof einzukehren und ein kühles Getränk zu genießen. Nachdem die Straße überquert wurde, geht man an dem Roten Kreuz entlang. An der Abzweigung mit der Markierung XT ist es nicht mehr weit bis zum Römerkastell Feldberg und zur Weilquelle. Nun geht es bergan auf kleinen Waldwegen zum ❹ **Großen Feldberg** (s. Tour 21).

Zur Gertrudiskapelle Anschließend bringt uns die Markierung XT zum Wanderparkplatz Teufelsquartier hinunter. Dort folgen wir links dem Weg mit der Markierung Limesturm. Bei der nächsten Kreuzung folgen wir dann der Beschilderung X7 bis zur Feldbergsiedlung und weiter bis zur ❺ **Gertrudiskapelle** Diese ist bei vielen Taunus-Bewohnern auch unter dem Namen Bassenheimer Grabkapelle bekannt, aber kaum einer ist sich bewusst, dass hier eine bedeutende Persönlichkeit bestattet liegt: 44 Jahre nach seinem Tod 1730 wurde der letzte Ritter aus dem Reifenberger Rittergeschlecht hier beigesetzt. Neben Philipp Ludwig von Reifenberg wurde auch Casimir Graf Waldbott von Bassenheim beerdigt.

Burg Hattstein Nun ist die Kirche in Oberreifenberg nicht mehr weit. Über den Schmittgrund gelangen wir zu den fast vergessenen Resten der ❻ **Burg Hattstein** am Sängelberg. Die Herren von Hattstein waren einst stolze Ritter, die zum Teil aber auch als Raubritter den Reisenden und Händlern auflauerten. Außer einem Graben und den Resten einer Mauer ist von der ehemaligen Höhenburg inmitten dichtem Bewuchs nicht mehr viel zu erkennen. Es wird vermutet, dass die Burg um 1150 entstand, aber ein genaues Datum ist nicht bekannt.
Alsbald haben wir dann auf markiertem Weg den Talkessel und die Felsenkirche St. Karl Borromäus in Ⓔ **Schmitten** wieder erreicht.

Die Gertrudiskapelle in Oberreifenberg

21

Drei-Gipfel-Tour

Mit Siebenmeilenstiefeln über die Berge

Schwer | 18 km | 493 Hm | 4 Std.

Tourencharakter
Schwere und lange Wanderung mit mehreren Ab- und Aufstiegen auf zumeist Waldwegen

Ausgangs-/Endpunkt
Wanderparkplatz Große Kurve zwischen Arnoldshain und Oberursel

Höchster Punkt
Großer Feldberg 881 m

Anfahrt
Auto: Über A 661, B 455 und L 3004 Richtung Feldberg zum Wanderparkplatz.
Bus & Bahn: Mit der U 3 von Frankfurt bis Oberursel-Hohemark und von dort weiter mit dem Bus Richtung Weilrod bis zur Großen Kurve.

Beste Jahreszeit
Ganzjährig

Einkehr
Restaurant Feldberghof am Großen Feldberg; Waldgaststätte Fuchstanz

Karte
Kompass 1:50 000, Nr. 840 Östlicher Taunus

Infos
www.taunus.info

Spielplatz im Winter auf dem Großen Feldberg

Mehrere schöne Fernsichten bietet diese nicht ganz einfache Tour – die drei höchsten Gipfel im Taunus gilt es zu erobern. Der Große und der Kleine Feldberg wie auch der Altkönig üben eine ganz eigene Faszination auf Wanderer aus. Festes Schuhwerk ist bei der Tour unerlässlich.

Am Ⓐ **Parkplatz Große Kurve** zwischen Arnoldshain und Oberursel geht es mit Hilfe der schwarzen Markierung bis zum ❶ **Sandplacken** (699 m). Am Hang der Passhöhe wurden einst Funde aus der vorchristlichen Zeit sichergestellt. Zudem befindet sich das Kleinkastell Altes Jagdhaus östlich am Sandplacken. Das ehemalige römische Militärlager liegt im Wald des Hochtaunuskamms in der Nähe von Arnoldshain-Hegewiese.

Zum Großen Feldberg Nach einer Weile geht es vom Sandplacken aus mit der Markierung offenes schwarzes Dreieck rechts weiter bis zum ❷ **Großen Feldberg**, zu dessen Höhe es mehrere Informationen gibt – je

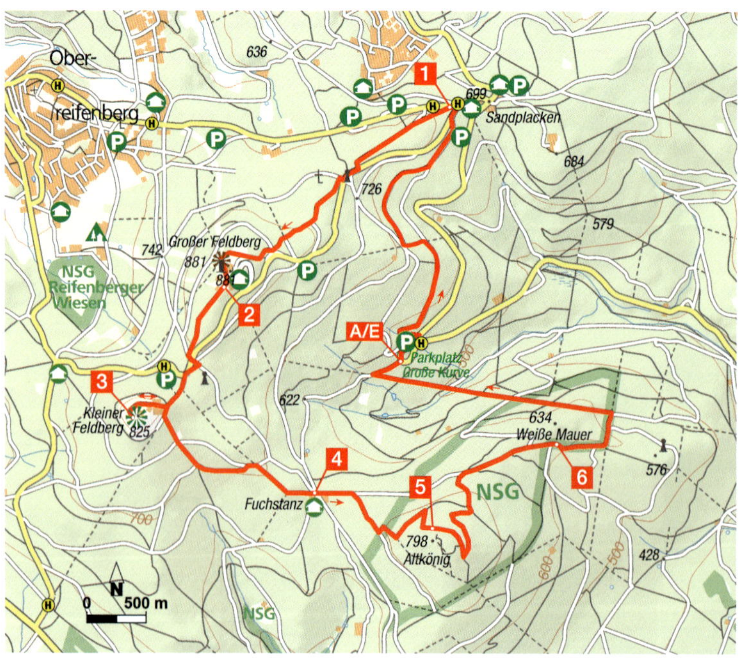

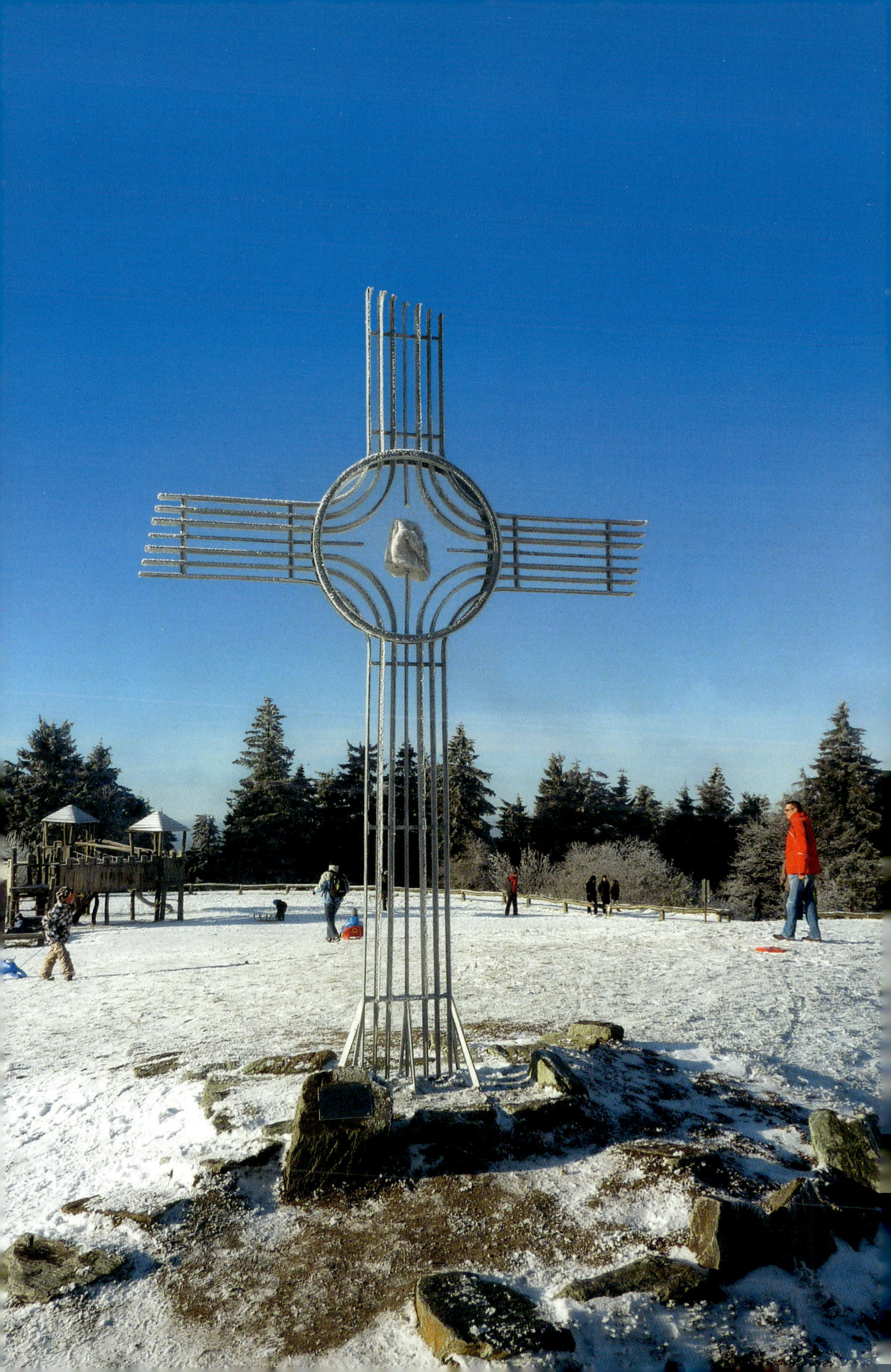

Feldbergfest

Im Jahr 1844 fand das erste Fest, auch Feldbergturnfest genannt, statt. Über 200 Turner und mehrere Tausend Besucher waren damals anwesend. Noch heute treffen sich auf dem Berggipfel Turner jeden Alters aus den umliegenden Vereinen, um bei den Mehrkämpfen, Staffeln, Geländeläufen oder auch dem Steinstoßen ihr Können unter Beweis zu stellen. Das Fest findet jeweils im Juni statt.

nach Quelle ist er zwischen 878 und 881,5 Meter hoch.

Hier oben bietet der Brunhildisfelsen eine herrliche Sicht auf die Umgebung. Der Name des Quarzit-Felsens soll auf einer der Siegfried-Sagen beruhen: So soll hier Brunhild zum Schlafen gebracht worden sein. Eine weitere Sage erzählt, dass Siegfried hier den Drachen erschlagen habe. Anschließend badete er in dessen Blut, das ihn unverwundbar machte.

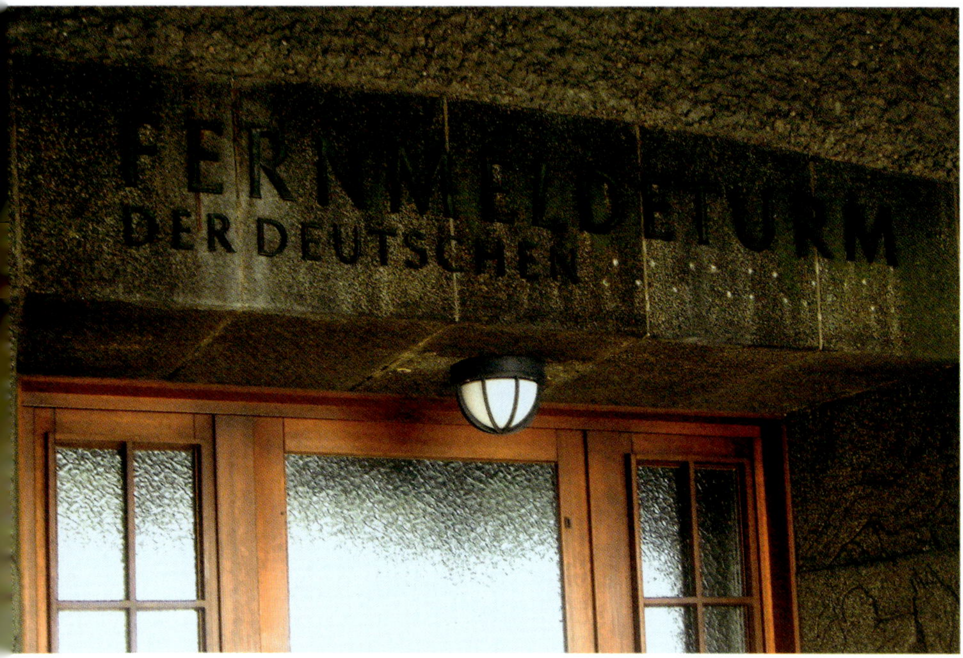

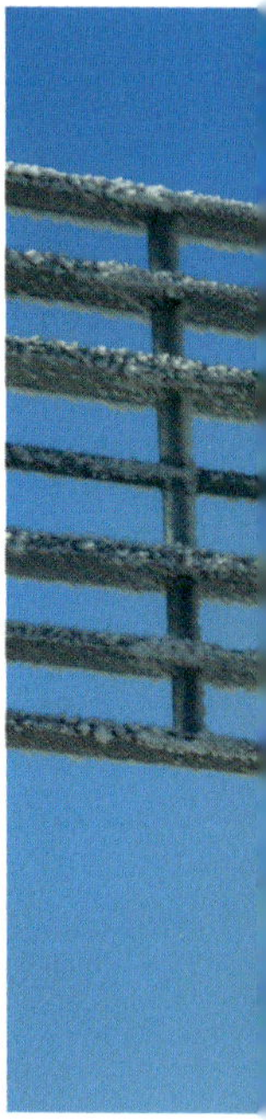

Äußerliche und innerliche Genüsse Ebenso wunderschöne Fernsichten ermöglicht der Aussichtsturm auf dem Großen Feldberg. Der 40 Meter hohe Turm wurde im Jahr 1902 errichtet. Während des Zweiten Weltkriegs völlig abgebrannt, wurde der Turm von dem Hessischen Rundfunk neu aufgebaut und dabei auch eine Sendeanlage implementiert. Im Turmfuß befindet sich ein Kiosk, bei dem man Kleinigkeiten für den Rucksack erwerben kann. Zudem lädt das Restaurant Feldberghof mit großer Terrasse zur Einkehr ein. In der großen Jausenstube lassen sich die Gäste spezielle hessische Gerichte, aber auch Salate, Fisch- und Fleischspezialitäten schmecken.

Falken hautnah Ebenfalls empfehlenswert ist der Besuch des Falkenhofs, der sich nur wenige Meter neben dem Aussichtsturm befindet. Die Falknerei ist die älteste in Hessen und veranstaltet neben Vorträgen und Führungen auch erlebnisreiche Falknertage. Sie hat es sich zum Ziel gesetzt, den Besuchern das Verhalten und die

Lebensräume der Greifvögel nahezubringen. Die Falknerei hat hauptsächlich im Sommer geöffnet.

Kleiner Feldberg und Altkönig Nun geht es vom Großen Feldberg mit der Markierung schwarzes Kreuz weiter zum ❸ **Kleinen Feldberg**. Müde Wanderer können hier an der Weilquelle frische Kraft tanken und sich stärken.
Mit der Markierung roter Fuchs wandern wir nun durch den Wald und mit der schwarzen Markierung über den ❹ **Fuchstanz**. Hier kann man noch mal die Gelegenheit nutzen, um seine Wandervorräte aufzustocken. Jetzt gilt es, der linken Abbiegung und der grünen Markierung bis zum ❺ **Altkönig** zu folgen. Dieser ist mit

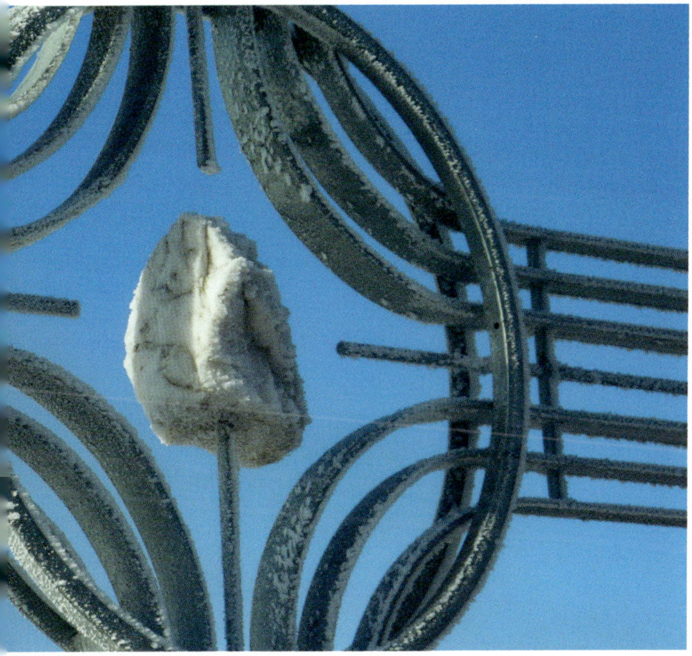

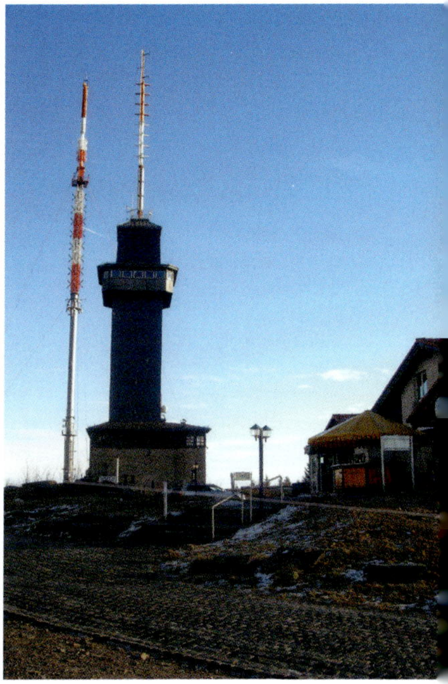

798,2 Metern der dritthöchste Berg im Taunus. Hier befindet sich eine Ringwallanlage aus der La-Tène-Zeit, etwa um 400 v. Chr., die wirklich sehenswert ist.
In der Nähe lockt außerdem die ❻ **Weiße Mauer**: Das bei Sonnenlicht weiß leuchtende Quarzit-Feld (634 m) ist durch eine Frostsprengung in der Eiszeit entstanden.

Links:
Eingang zum Aussichtsturm

Mitte:
Das Gipfelkreuz auf dem Großen Feldberg

Rechts:
Restaurant auf dem Feldberg

Spaziergang durch Arnoldshain Zunächst mit den Markierungen grüner Balken und gelbes Kreuz weiterwandernd und dann links der Beschilderung »Oberer Maßbornweg« sowie den Markierungen offenes Dreieck und schwarzes Viereck folgend erreichen wir dann wieder unseren Ausgangspunkt, den Ⓔ **Parkplatz Große Kurve**.
Jetzt kann man kurz die Gelegenheit zu einem Besuch von Arnoldshain nutzen, in dessen Ortsmitte sich ein Gebäude von 1800 befindet: Dieses diente als Rathaus und Gemeinde-Backhaus sowie zeitweise auch als Schule. Später wurde noch ein Spritzenhaus angebaut und eine Viehwaage installiert. Heute befinden sich in dem hübschen Haus ein Heimatmuseum und das Gemeindearchiv.

22

Mystischer Weg zum Hexentanzplatz

Eine wilde Familie in Schlangenbad

Leicht | 6,5 km | 288 Hm | 2.30 Std.

Tourencharakter
Rundtour zu geheimnisvollen Orten mit Gänsehautcharakter

Ausgangs-/Endpunkt
Aeskulap-Therme in Schlangenbad

Höchster Punkt
Rasthütte Grüne Bank 487 m

Anfahrt
Auto: A 66 bis Ausfahrt Bad-Schwalbach, dann B 260 nach Schlangenbad bis Ausfahrt Mitte und Kurbezirk und der Beschilderung zur Therme folgen.
Bus & Bahn: Mit Buslinie 275 ab Wiesbaden-Hbf. Richtung Bad Schwalbach bis Schlangenbad. Von dort zu Fuß zur Therme.

Beste Jahreszeit
Ganzjährig

Einkehr
In Schlangenbad: Gaststätte Schlangenkeller; Café Walz

Karte
Kompass 1:50 000, Nr. 840 Östlicher Taunus

Infos
www.schlangenbad.de

Auf schmalen Wegen geht es am Warmen Bach entlang zu mehreren Felsbrocken, die idyllisch im Wald liegen. Mit ein bisschen Glück lassen sich hier die tierischen Bewohner der Region entdecken. Es folgt ein kleiner Aufstieg zum Hexentanzplatz und zu einem schönen Aussichtspunkt.

Schlangenbad ist ein Heilbad, dessen Name auf dem Vorkommen von Äskulapnattern beruht. Bis zur menschlichen Körpergröße kann diese ungiftige Schlange wachsen. Aufgrund des mediterranen Klimas fühlen sich die mehr als 200 Schlangen in dieser Gemeinde wohl. Eine Biologin

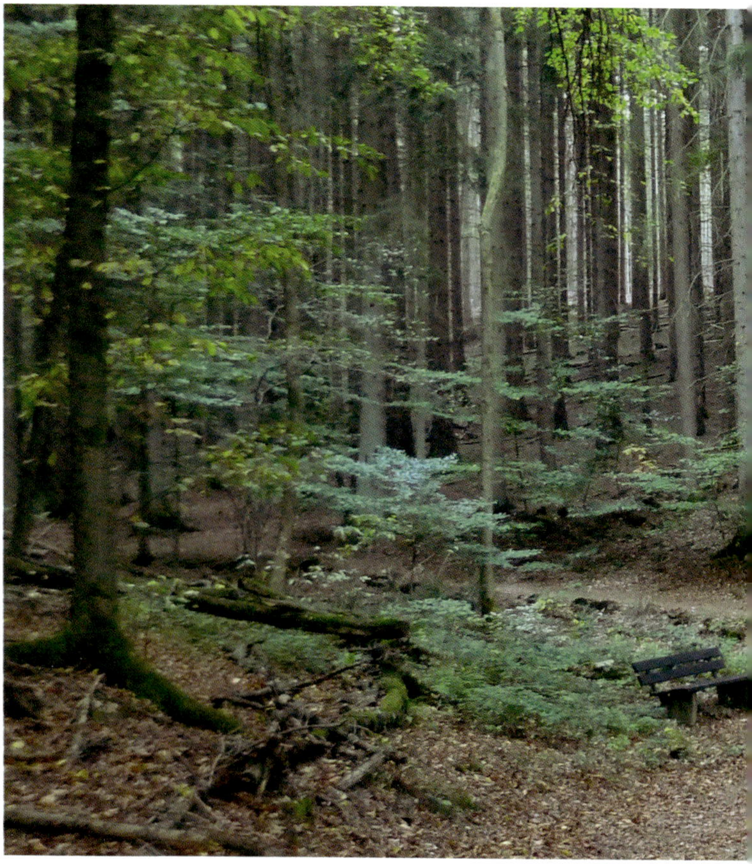

Weg zur wilden Familie

arbeitet an der Erfassung der Äskulapnattern an den Taunushängen. Aber der Besuch des Orts ist auch aufgrund seiner Thermalquellen, die bereits in der Mitte des 17. Jahrhunderts entdeckt wurden, reizvoll.

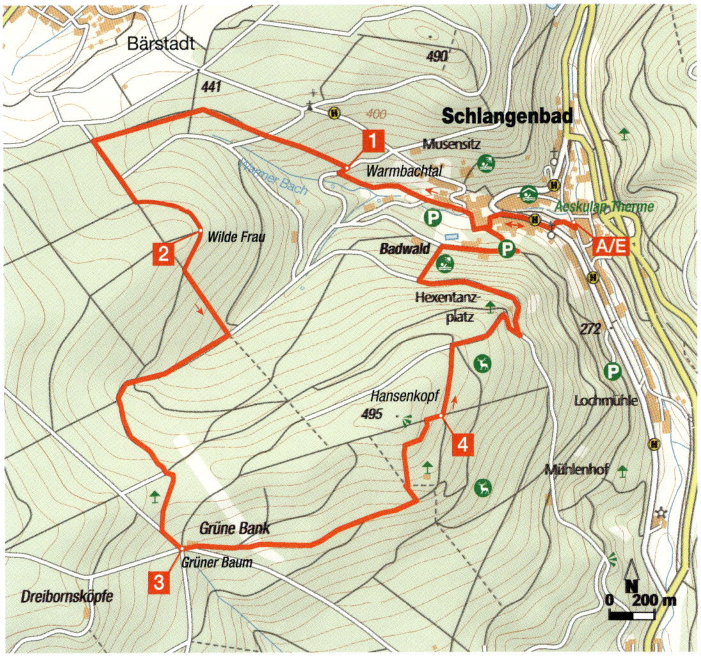

Ins Adelheidtal Beim Hinterausgang der Ⓐ **Aeskulap-Therme** treffen wir auf die Rheingauer Straße. Nachdem diese überquert ist, führt die Tour rechts haltend über Treppen direkt in die Küsschenallee. In der Nähe des Parkhotels des Kurstädtchens Schlangenbad befindet sich eine schmale Allee mit vielen alten Hainbu-

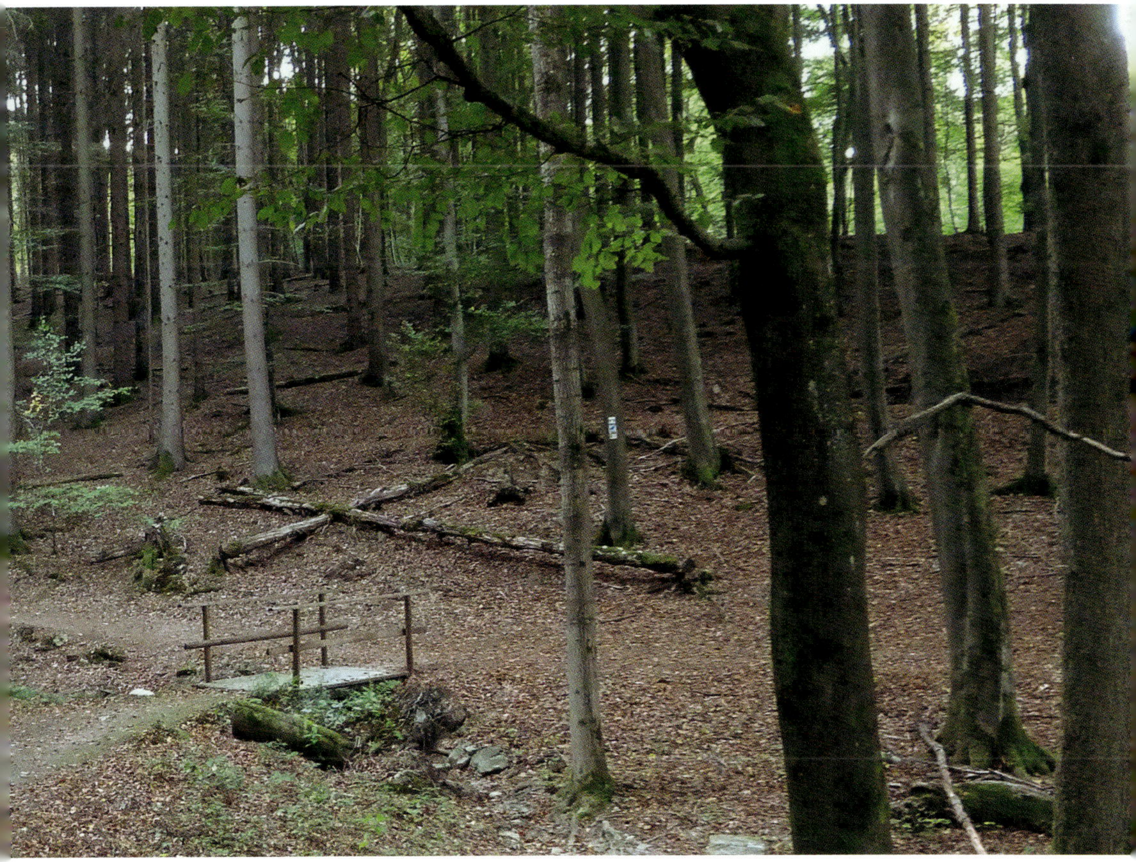

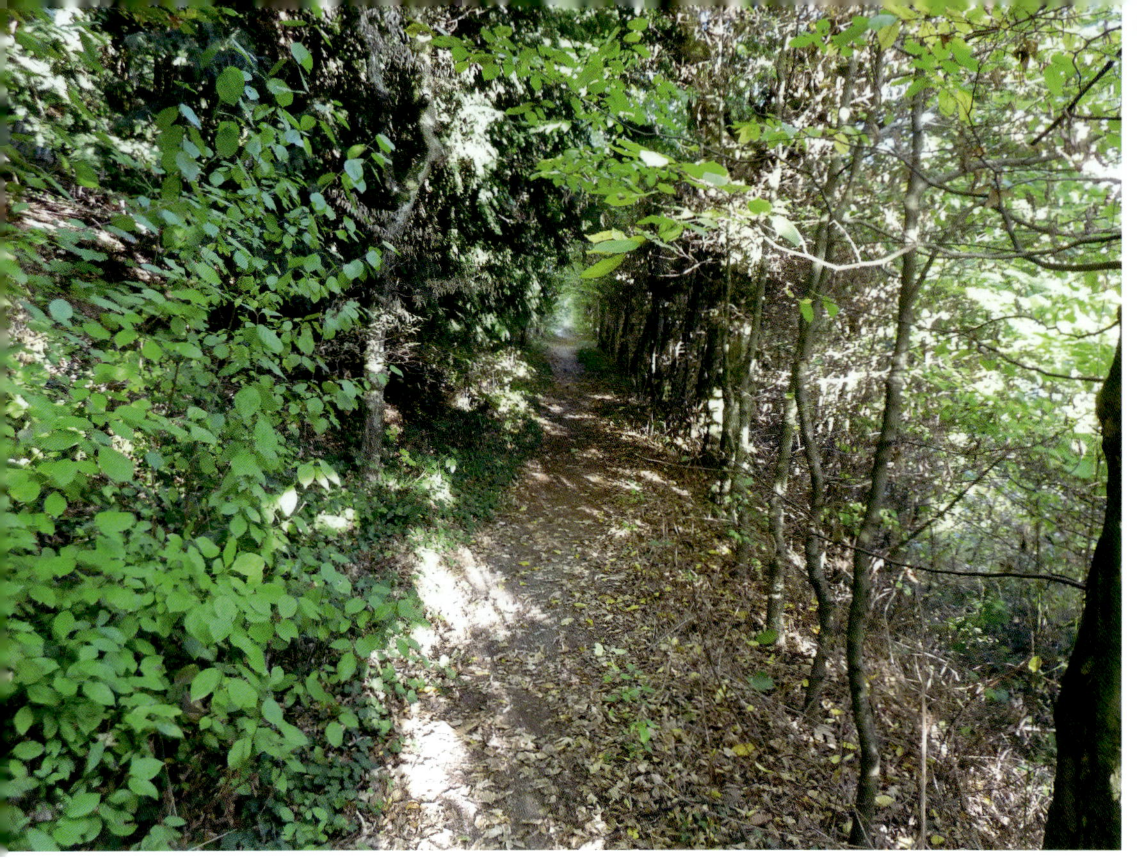

Die romantische Küsschenallee in Schlangenbad

chen. Die Kronen der Hainbuchen, die auch unter den Namen Weißbuche, Hagebuche oder Hornbaum bekannt sind, bilden ein schützendes Dach. An diesen romantischen Ort entführte einst der verliebte Mann seine Angebetete, um ihr einen Kuss auf die Lippen zu hauchen. Durch die schöne Allee erreichen wir bald die Omsstraße und queren diese. Über einen kleinen Weg gelangen wir ins Adelheidtal.

Heilender Warmer Bach An der nächsten Weggabelung wandern wir nach links und durch das ❶ **Warmbachtal**. Der Warme Bach ist der Überlauf der Thermalquellen von Schlangenbad; hier brodelt das Wasser mit einer Temperatur von 27–30° C aus dem Boden. Am Warmen Bach verrichteten einst Mühlen ihr Tagewerk – auch im Winter, da der Warme Bach nicht zufror. Dass die Schlangenbader Quellen aber auch über Heilkräfte verfügen, wurde erst später erkannt. Um 1696/97 wurde das erste Badehaus errichtet und später dann ein luxuriöseres Haus für die Fürsten mit ihrem Hofstaat. Prinzessinnen, Kaufleute und auch Generäle suchten den Ort auf, um von dem heilenden Wasser zu profitieren.

Kräutertage in Schlangenbad

Jedes Jahr finden im Sommer die Schlangenbader Kräutertage statt. Neben einem Kräutermarkt gibt es Führungen mit Themenschwerpunkten Kräutern, Äskulapnattern und Bäumen. Kulinarische Genüsse rund um Kräuter und ein umfangreiches Kinderprogramm haben die Schlangenbader Kräutertage überregional bekannt gemacht (www.schlangenbad.de).

Wilde Felsen In der Nähe der kleinen Brücke steht der Felsen »Wilder Mann«. Hier können auch sehr alte Bäume entdeckt werden. Ganz mystisch geht die Tour nun weiter. Wir folgen

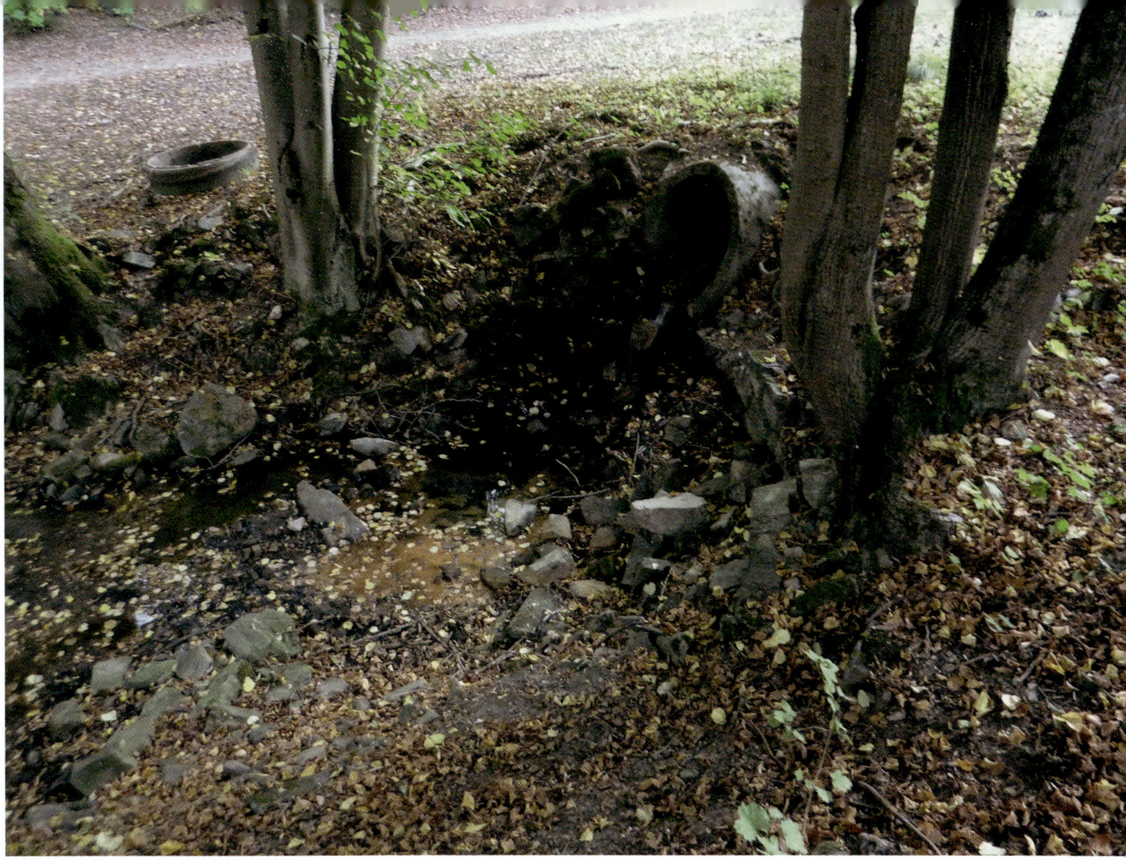

der Markierung mit dem blauen Strich weiter durch das Tal. Bald sind nun mehrere kleine Felsen zu sehen, die »Wilden Kinder«.

Der Warme Bach ist der Überlauf der Thermalquellen.

Weiter der Markierung folgend beginnt in Kürze ein Waldnaturpfad. In einer Kurve ist ein weiterer Fels, die ❷ **»Wilde Frau«**, zu sehen. Nachfolgend führt die Route wieder zum Warmen Bach. Über die kleine Holzbrücke gehend erreichen wir dann leicht aufwärts einen Weg und wenden uns dort nach links, bis der Weg mit der Markierung grüner Punkt erreicht ist.

Schöne Aussichten Diesem folgen wir und mühen uns leicht aufwärts wandernd zum Steinernen Tisch. In dem kleinen Unterstand mit Bank und dem Tisch, dessen Tischplatte einst als Mühlstein diente, machen wir eine Pause.

Anschließend folgen wir weiter der Markierung grüner Punkt am Hexentanzplatz vorbei, bis es links zum ❸ **Grünen Baum**, einem herrlichen Aussichtsplatz mit Rasthütte, geht. Abwärts laufend ist dann bald der Reinhöhenweg erreicht; an den Bäumen wurde dieser mit einem weißen »R« gekennzeichnet.

Nun geht es straff bergab, am **Hansenkopf** (495 m) vorbei, auf einen kleinen Weg. Im Wallufbachtal angekommen wandern wir weiter bis zu einer kleinen Hütte und folgen dort linker Hand auf dem Eselspfad dem Rheinsteig. Rechts weiter laufend auf unserem Weg sind bald die Ortsmitte von Schlangenbad sowie die Ⓔ **Aeskulap-Therme** wieder erreicht.

Zum Abschluss ist es lohnenswert, die Therme aufzusuchen – schwere Wanderbeine werden in dem frischen, warmen Quellwasser schnell wieder munter.

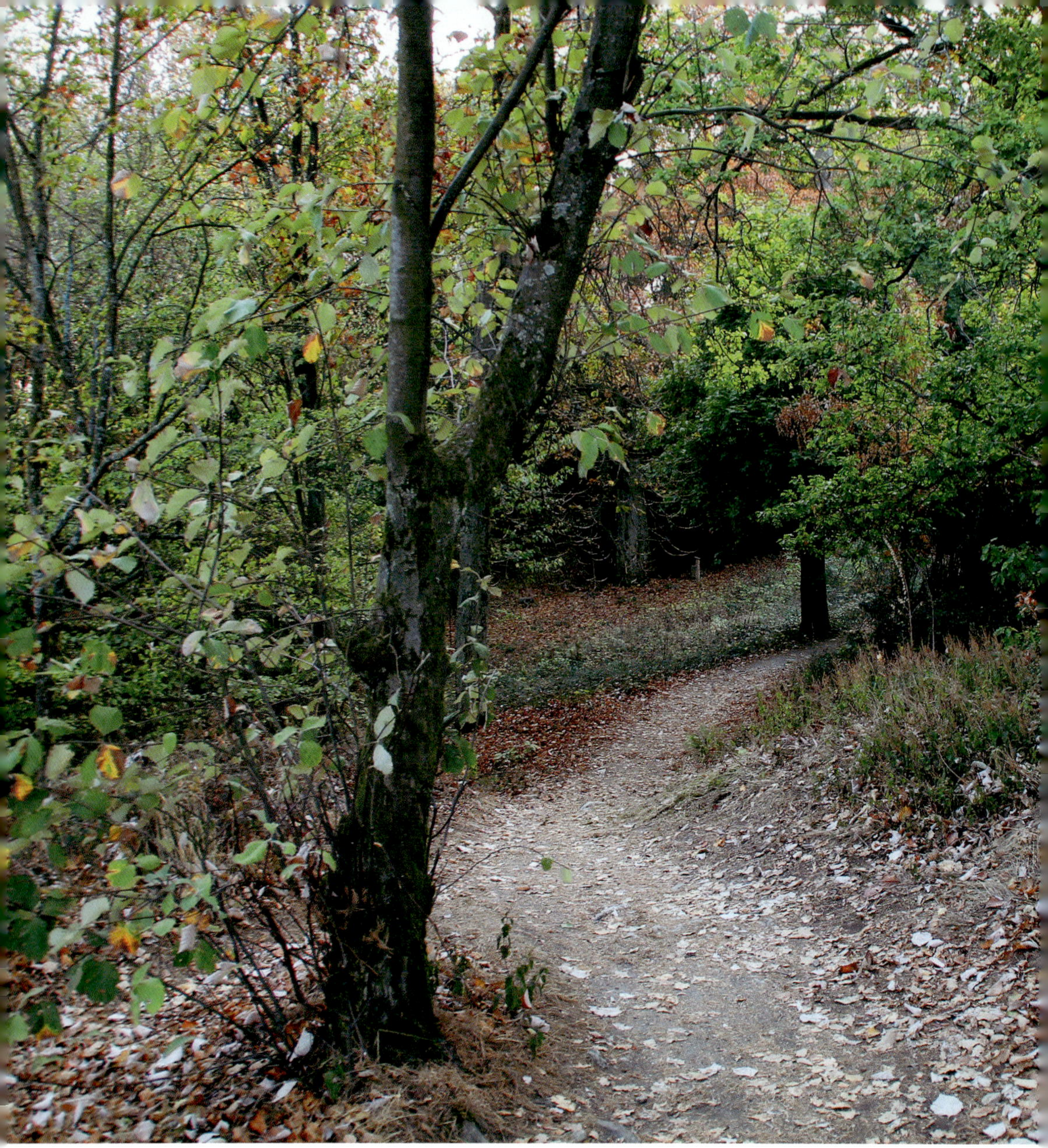

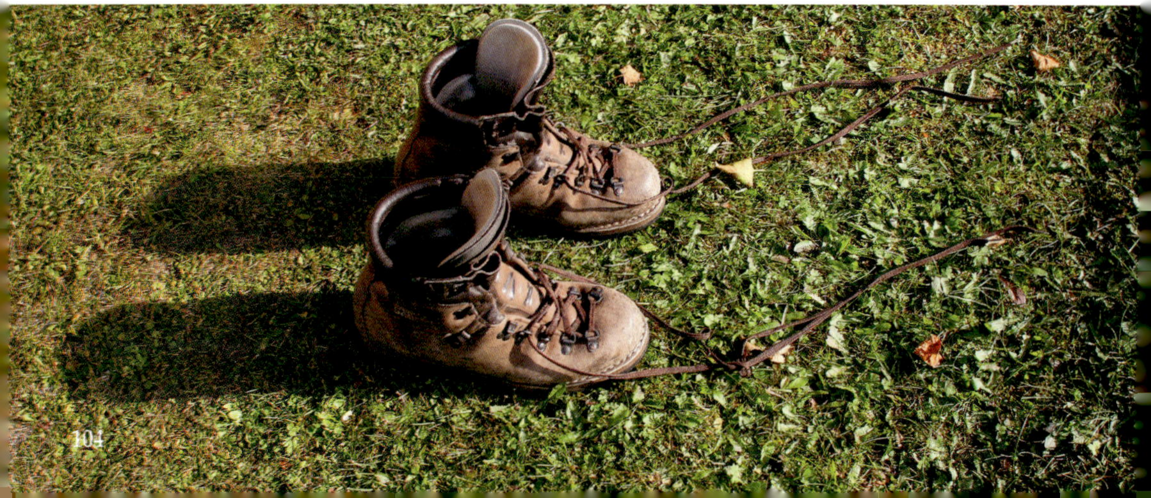

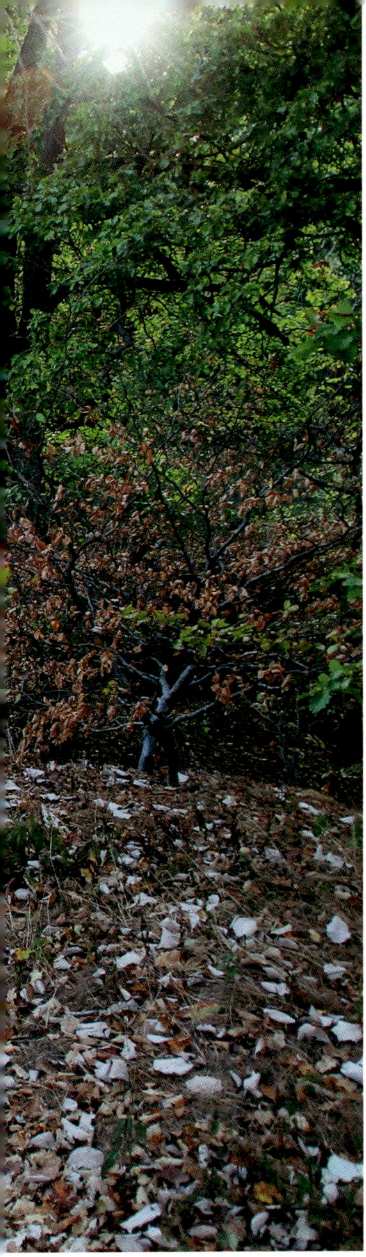

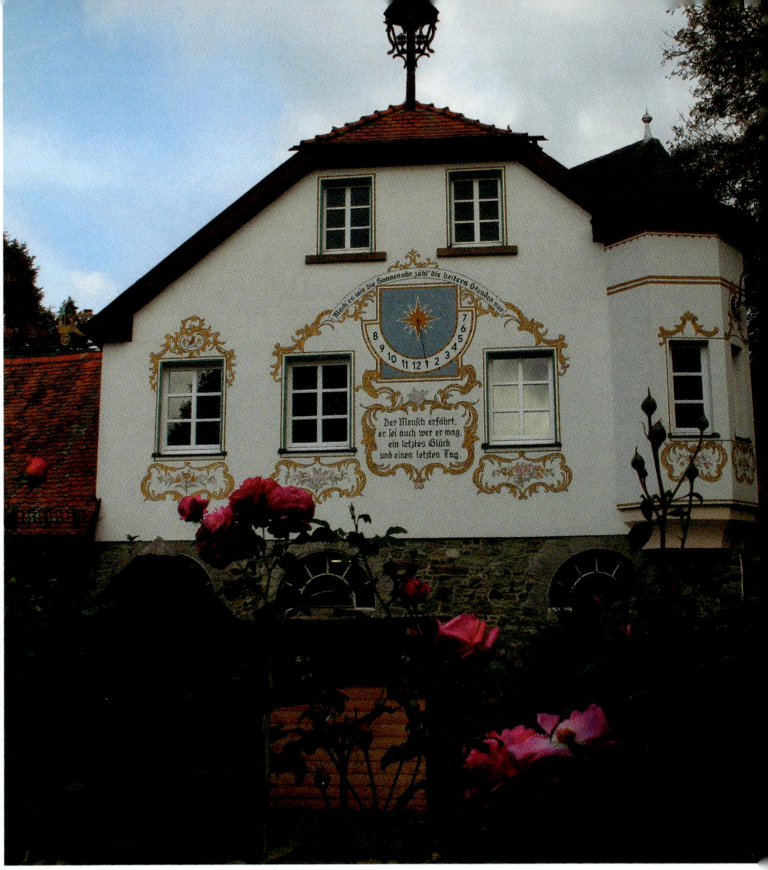

Vordertaunus

Buntes Blätterspiel (o. li.). Rettershof ist ein Hofgut und ehemaliges Prämonstratenserkloster (o. re.). Frankfurter Grüne Soße ist ein typisches Frühlingsgericht (u. re.). Endlich raus aus den Stiefeln (u. li.).

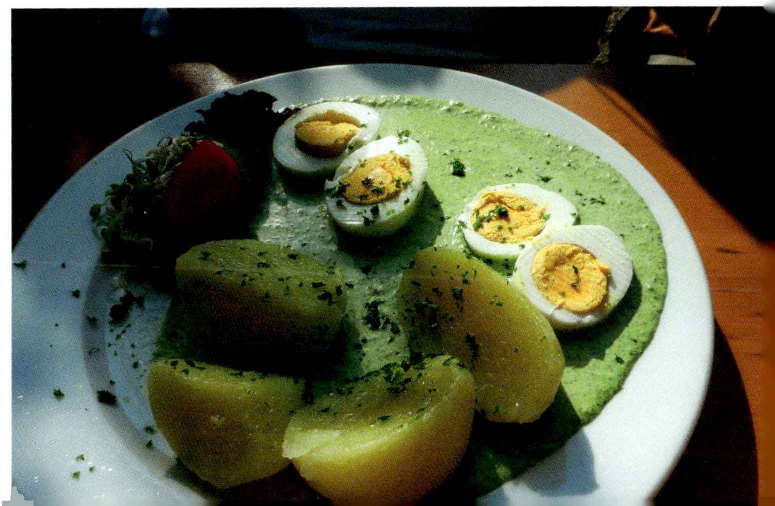

23

Zwei-Tempel-Tour rund um Eppstein

In der Ruhe liegt die Kraft

Mittel 15 km 450 Hm 3.30 Std.

Tourencharakter
Abwechslungsreiche Tour mit vielen Steigungen

Ausgangs-/Endpunkt
Bahnhof Eppstein

Höchster Punkt
Kaisertempel 389 m

Anfahrt
Auto: Über A 3 und B 455 nach Eppstein.
Bus & Bahn: Mit der S 2 von Frankfurt zum Bahnhof Eppstein.

Beste Jahreszeit
Ganzjährig

Einkehr
In Eppstein: Restaurant »Pflasterschisser«; Café-Restaurant »Wunderbar WeiteWelt« im Stadtbahnhof

Karte
Kompass 1:50 000, Nr. 840 Östlicher Taunus

Infos
www.eppstein.de

Wechselnde An- und Abstiege, die mitunter sehr steil sind, gilt es auf der abwechslungsreichen Wegstrecke zu bewältigen. Die landschaftlich reizvolle Tour führt zu verschiedenen Orten der Ruhe wie dem Pionier-Tempel, dem Clara-Hilda-Felsen, dem Bahai-Tempel und dem Kaisertempel.

Am Ⓐ **Bahnhof Eppstein** beginnt die Tour mit der Markierung roter Balken. Nach dem Überqueren der großen Straße folgen wir dem Weg gerade in den Wald und erreichen nach nur wenigen Minuten den ❶ **Pionier-Tempel** und über wenige Stufen den kleinen viereckigen Pavillon mit dem Blechdach, der so manchem Eppsteiner auch als »Blechtempel«, »Omnibus-« oder »Trambahn-Tempel« bekannt ist.

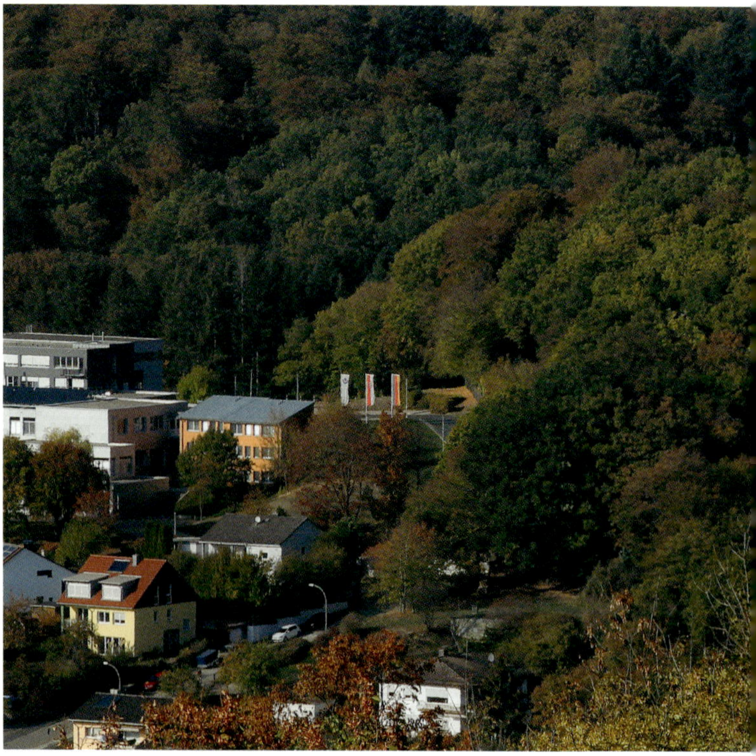

Blick auf den Kaisertempel

Zum Clara-Hilda-Felsen ... Unsere Route führt nun markiert weiter bis zum ❷ **Clara-Hilda-Felsen**. Auf der Aussichtsplattform des Felssporns kann man eine kurze Pause machen. Hier konnte man früher den weiten Blick ins Daisbachtal genießen, der leider nun vom Baumwuchs verdeckt wird. Um 1890 ließ Baron Alfred de Neufville (1856–1900) die Aussichtsplattform bauen und benannte sie nach seinen beiden Töchtern. Der Baron und seine Frau errichteten zudem den Landhauskomplex Villa Anna in Eppstein mit Neufville-Turm, Wohn- und Kavaliershaus sowie weiteren Gebäuden.

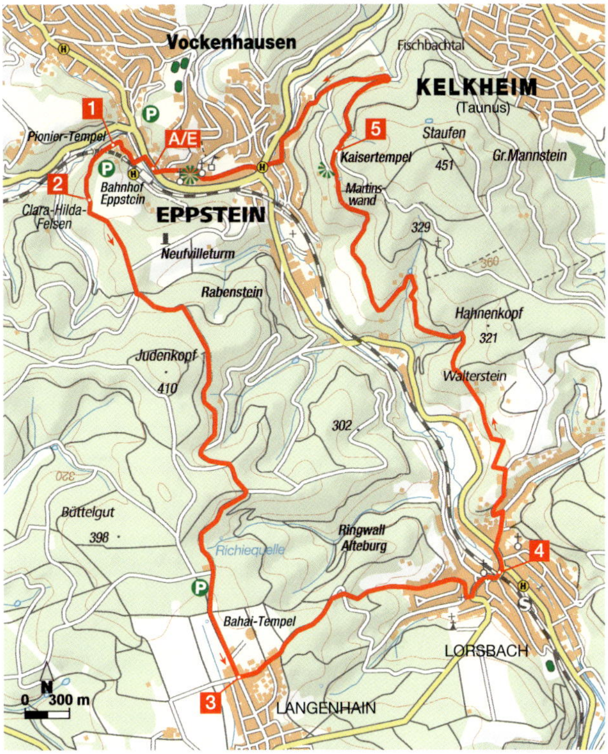

... und zum Bahai-Tempel Nach wenigen Kilometern erreichen wir eine große Wegkreuzung, wo wir nun der Markierung mit dem blauen Punkt folgen. Die Wegführung geht jetzt weiter Richtung Langenhain bis zum ❸ **Bahai-Tempel**. Das

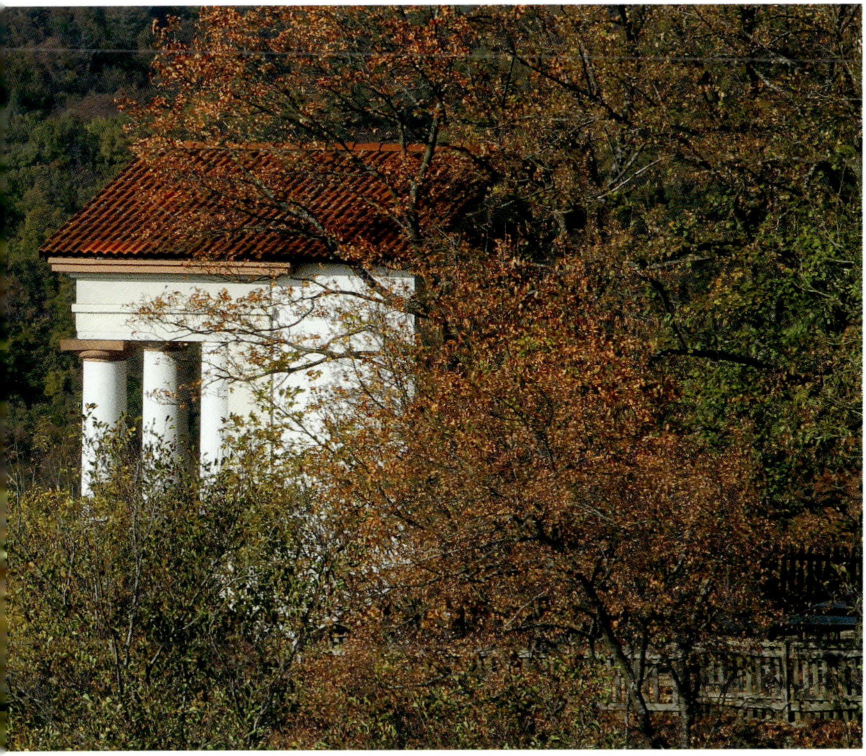

Beliebter Konzertort

Musikalisches gibt es regelmäßig in der historischen Talkirche zu erleben. Seit Langem ist sie als Konzertort bekannt und lockt Musikbegeisterte aus und um Eppstein an. Aufgrund ihrer guten Akustik und Atmosphäre hat sie sich zu einem beliebten Konzertort etabliert. Normalerweise finden hier jeweils am 1. Samstag des Monats Konzerte statt (www.talkirche.de).

weiße kuppelförmige Haus der Andacht befindet sich inmitten einer blühenden Anlage und lädt jedermann zur Besinnung ein. Bislang gibt es nur acht dieser Häuser auf der Welt, und dieser Tempel hier ist der einzige in Europa. Der Tempel steht allen Religionen offen. Neun Eingänge kennzeichnen den verglasten Rundbau; die Kuppel ist ca. 28 Meter hoch. Jeder kann sich ganz unverbindlich hier niedersetzen oder einfach nur die Architektur bestaunen. Hinter dem Bahai-Tempel befindet sich zudem am Waldrand eine Sonnenuhr.

Durchs Lorsbachtal zum Kaisertempel Nun führt die Tour weiter abwärts ins Schwarzbachtal. Ein Stück an der Neueburgstraße entlang überqueren wir dann die Bahngleise und den Schwarzbach und erreichen so durch das Lorsbachtal den Ort ❹ **Lorsbach**. Am Schwarzbach entlang geht es nun wieder aufwärts bis zum ❺ **Kaisertempel**, der 1894 erbaut wurde. An dieser Stelle machen wir eine größere Pause und genießen den Blick auf die Umgebung und die Skyline von Frankfurt.
Steil führt die Route uns nun abwärts bis in die Altstadt von Eppstein. Hier können wir uns noch mal im Ortskern umsehen und die Fachwerkhäuser aus dem 15.–19. Jahrhundert bewundern. Ein hübsch renoviertes Fachwerkhaus fällt besonders

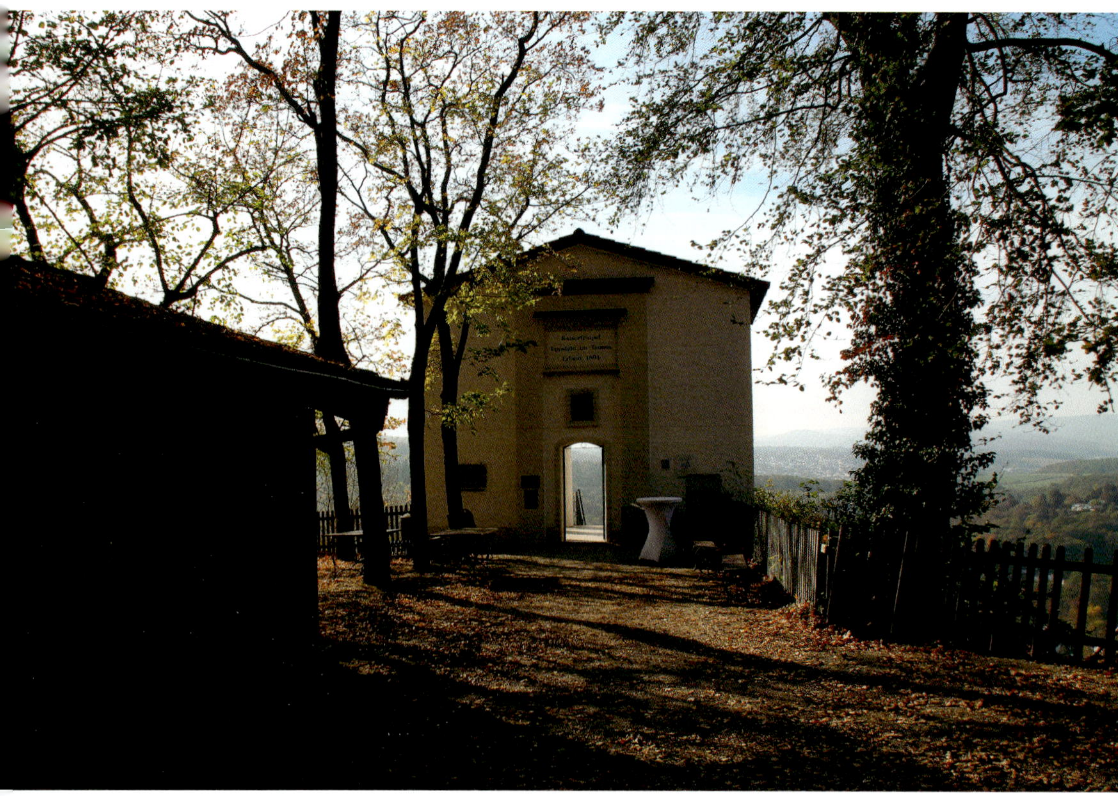

Eingang zum Kaisertempel

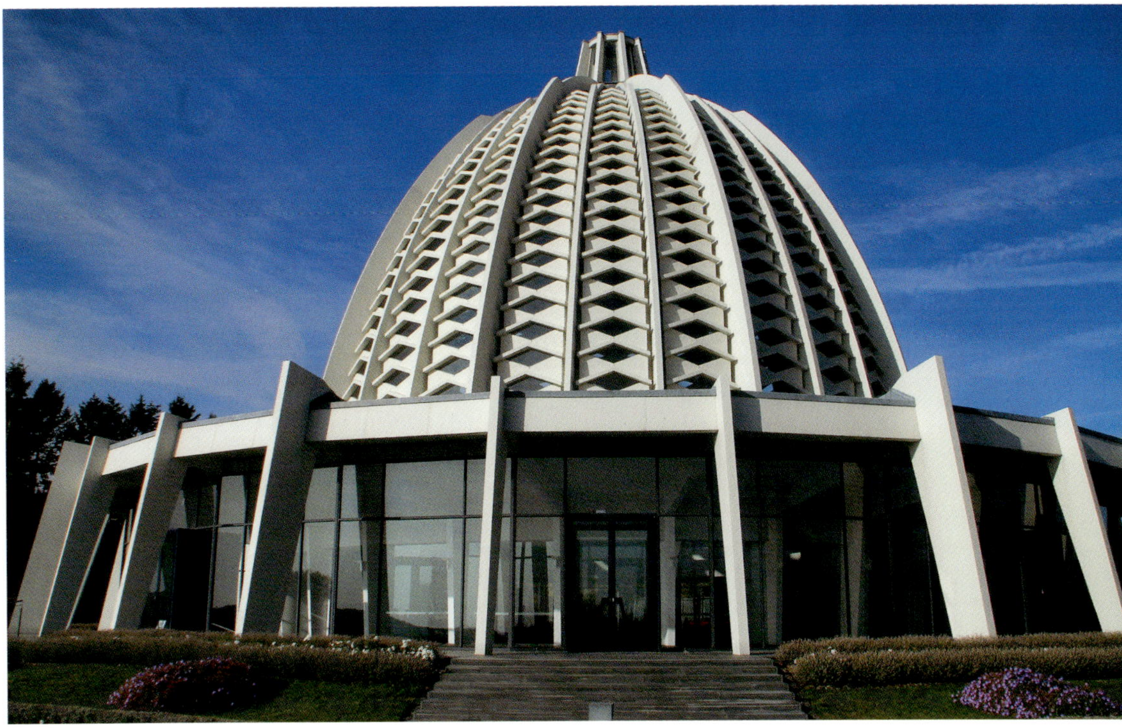

auf und lädt zum Verweilen ein: das Restaurant »Pflasterschisser«. Bei schönem Wetter draußen und bei schlechtem Wetter im urigen Gastraum sitzend kann man ein leckeres Schnitzel oder frischen Salat genießen.

Der Bahai-Tempel mit seinen neun Eingängen

Burg Eppstein Nun geht es am Fuß der Burg Eppstein weiter, der Ruine einer Höhenburg, die wohl im 10. Jahrhundert entstand. Eindrucksvoll präsentieren sich die Befestigungsanlagen und der imposante Bergfried von 1300, von dem aus sich ein wundervoller Blick über Eppstein und den Kaisertempel bietet. Hier residierten einst die Herren von Eppstein, die in ihrer Funktion als Mainzer Erzbischöfe auf die Reichspolitik Einfluss nahmen. Heute befindet sich hier das Stadt- und Burgmuseum – Führungen zur Geschichte der Burg können direkt im Museum gebucht werden. Zudem finden viele Veranstaltungen statt, z. B. die Eppsteiner Burgfestspiele, die 1913 zum ersten Mal erwähnt werden. Im Juni bzw. Juli verzaubern Musicals, Opernaufführungen und Schauspiele die Zuschauer im Burgambiente.

Von der Burg aus erreichen wir in Kürze wieder unseren Ausgangspunkt am E Bahnhof Eppstein.

Im Inneren des Kaisertempels

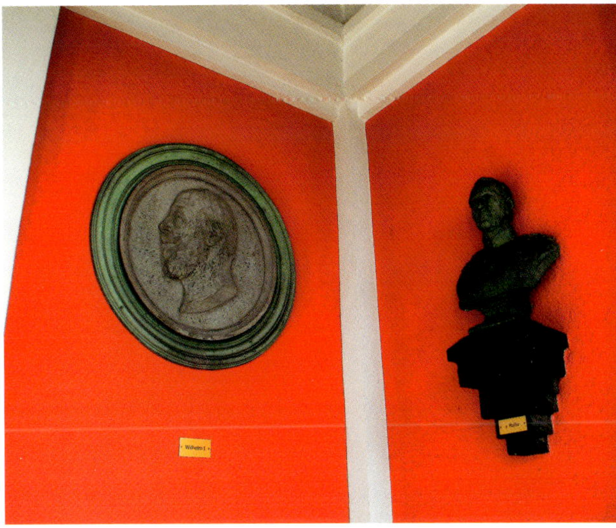

24 Taunus-Rundwanderweg Wiesbaden

Traumhafte Tour zum Hausberg Wiesbadens

Leicht | 13 km | 267 Hm | 3.30 Std.

Tourencharakter
Aussichtsreiche, leichte und familientaugliche Rundtour zum Neroberg bei Wiesbaden

Ausgangs-/Endpunkt
Marktplatz von Wiesbaden

Höchster Punkt
Bergstation Neroberg 296 m

Anfahrt
Auto: A 66 Richtung Wiesbaden bis Abfahrt Mainzer Straße und weiter Richtung Zentrum und Marktplatz.
Bus & Bahn: Mit Buslinie 4 vom Hauptbahnhof Wiesbaden bis zur Haltestelle »Dernsches Gelände«.

Beste Jahreszeit
Ganzjährig

Einkehr
Gaststätte »Der Turm« auf dem Neroberg

Karte
Kompass 1:50 000, Nr. 840 Östlicher Taunus

Infos
www.wiesbaden.de, Nerobergbahn: www.eswe-verkehr.de

Im Herz von Wiesbaden beginnt die herrliche Tour über Sonnenberg und Neroberg. Die Mühen des Aufstiegs werden mit einer faszinierenden Sicht auf Wiesbaden belohnt. Müde Wanderer haben die Möglichkeit, bequem mit der Nerobergbahn hinabzugondeln.

Der Ⓐ **Marktplatz** in **Wiesbaden** ist Startpunkt für diese Tour. Vorbei an der Tourist-Information gelangt man zur Herrnmühlgasse. Wir wählen den rechten Abzweig in die Burgstraße und gelangen über die Wilhelm-

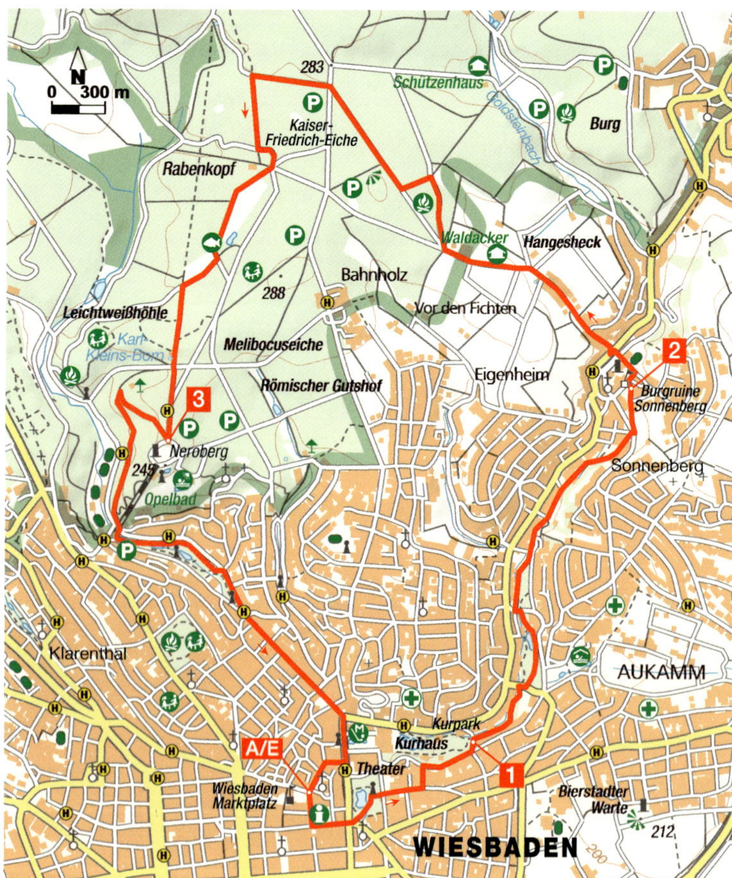

Schattenspender im Sommer auf dem Hausberg

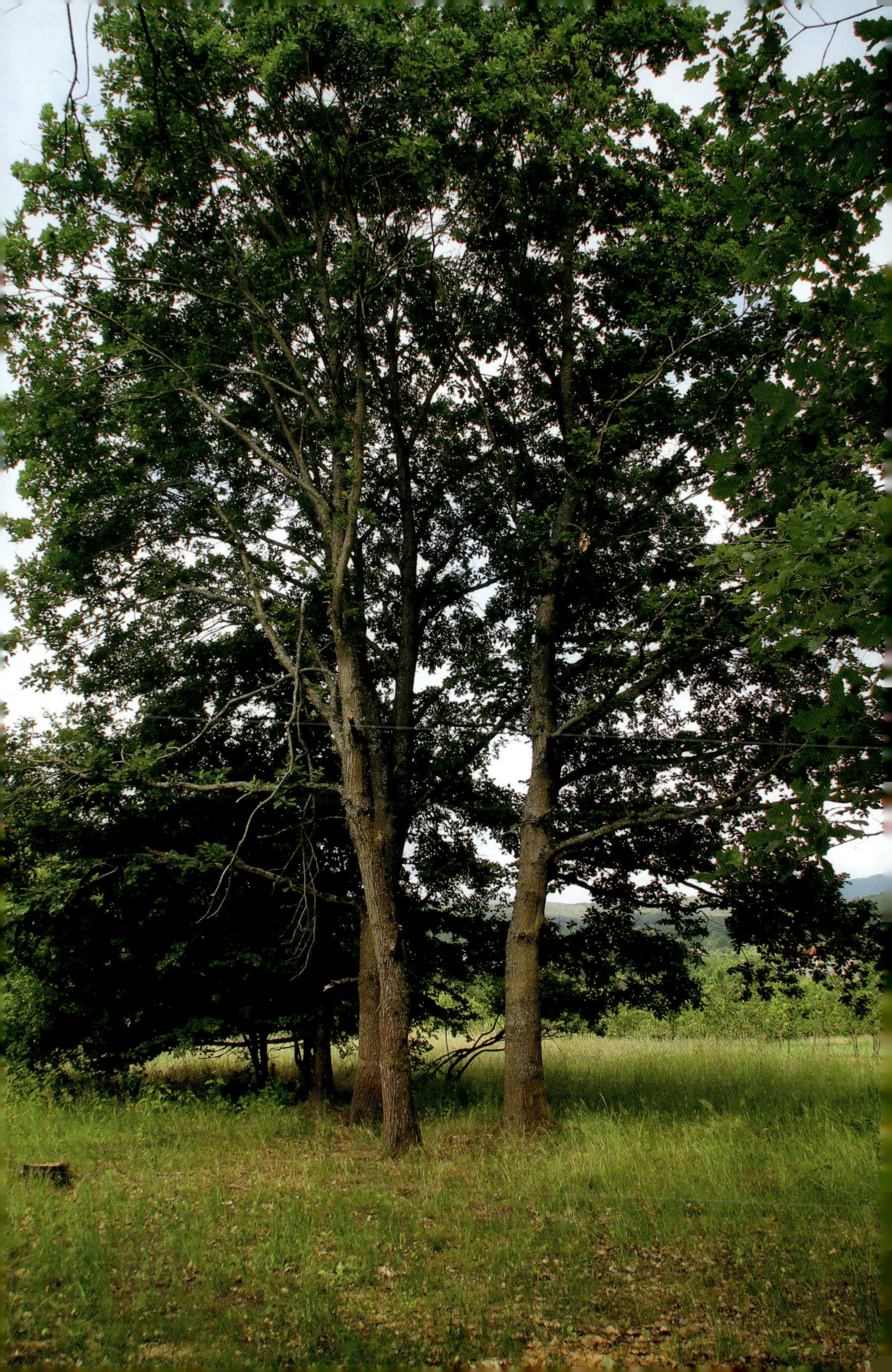

straße zum Theater von Wiesbaden. Von Weitem sehen wir schon das Kurhaus und begeben uns direkt in den ❶ **Kurpark**, der im Stil eines englischen Landschaftsgartens angelegt wurde. Neben schönen Plätzen zum Verweilen befinden sich hier auch ein Weiher und ein Biergarten.

Zur Burgruine Sonnenberg Immer geradeaus weiter erreichen wir eine Statue und das Denkmal für den Schriftsteller Gustav Freytag, der in Wiesbaden seine letzten Lebensjahre verbrachte. An der nächsten Kreuzung biegen wir rechts ab und laufen

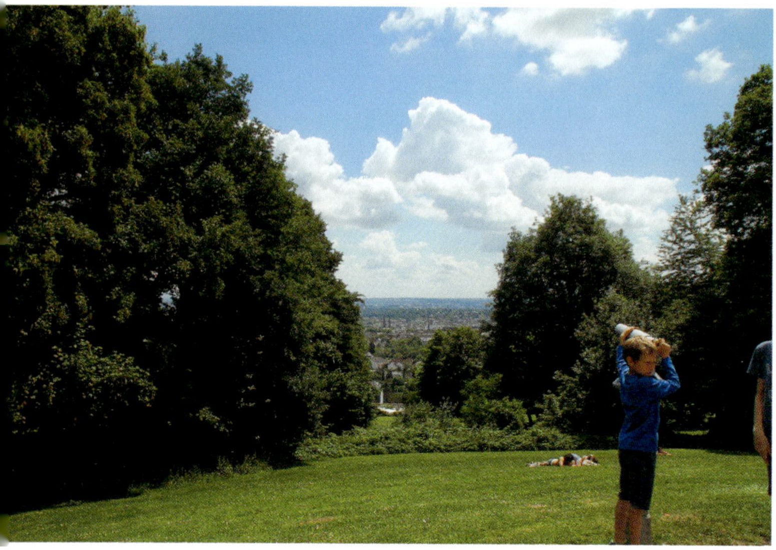

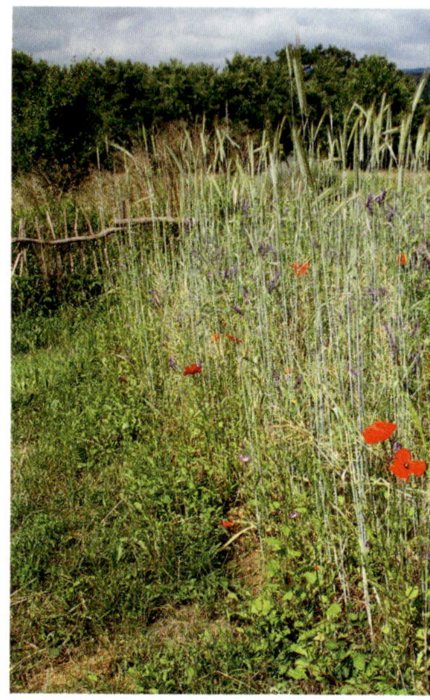

Links: Auf dem Neroberg befinden sich Liegewiesen zum Picknicken.

Mitte: Zauberhafte Blumenwiese abseits des Weges

Rechts: Die kleine Nerobergbahn benötigt nur wenige Minuten bis zum Gipfel.

rechts am Salzbach entlang. Schon bald sehen wir eine große Wiese, wo wir rechts aufwärts an den Tennisplätzen vorbeiwandern und die Parkstraße erreichen. Nach der Straßenüberquerung geht es wieder geradeaus.

Nach nur wenigen Höhenmetern gabelt sich der Weg, und wir erreichen die sehenswerte ❷ **Burgruine Sonnenberg**. Um 1200 wurde die Burg von den Grafen von Nassau errichtet. Im heute noch erhaltenen Turm befindet sich ein kleines Burgmuseum, das über die Geschichte der Burg Sonnenberg informiert.

Zum Schützenhaus Hinter der Burg führt die Route nun weiter bis zu einem Scheideweg. Rechts geht es weiter bis zur nächsten Wegkreuzung, an der wir links bis zur Straße weitergehen. Nach der Überquerung halten wir uns links bis zur Bushaltestelle und wandern direkt von dort auf dem Weg bis zum Wiesenrand. Hier machen wir eine Pause, bevor wir uns weiter bergauf mühen.

Aus dem Wald heraus gelangen wir zur Dudenstraße, biegen hier nach rechts und vor den Teichen dann links in den Wald ein, wo wir am Bach entlang zum Schützenhaus kommen.

Auf dem Neroberg An der nächsten Wegkreuzung führt die Tour links auf einer asphaltierten Straße weiter. An der zweiten Wegkreuzung halten wir uns erneut links und erreichen bald das Schild »Bahnholz 5«. Dort geht es rechts auf einem Waldweg weiter bis zum Wegkreuz Schutzhütte, wo wir den zweiten Weg von links wählen. Über den Kanzelbuchenweg ist die Gabelung bei der Tierischen

Nerobergbahn

Seit 1988 befördert die kleine Nerobergbahn in nur wenigen Minuten ihre Gäste auf den Neroberg. Die Standseilbahn fährt jeweils von Karfreitag bis Oktober zur Bergstation, wobei die Betriebszeiten monatlich abweichen (www.eswe-verkehr.de/nerobergbahn). Mehr zu ihrer Geschichte können Besucher im ehemaligen Toilettenhäuschen mit Museum an der Talstation erfahren.

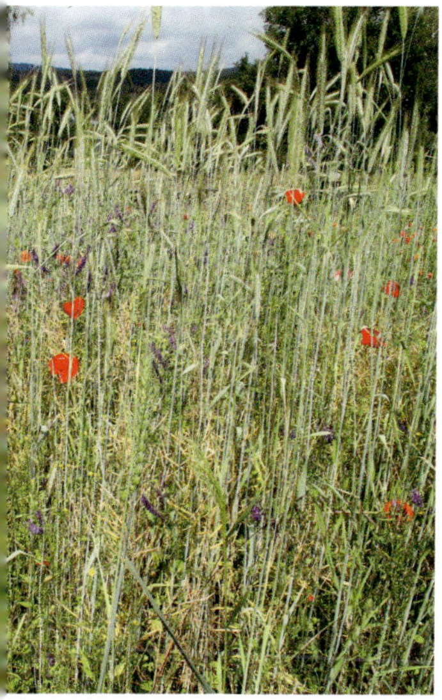

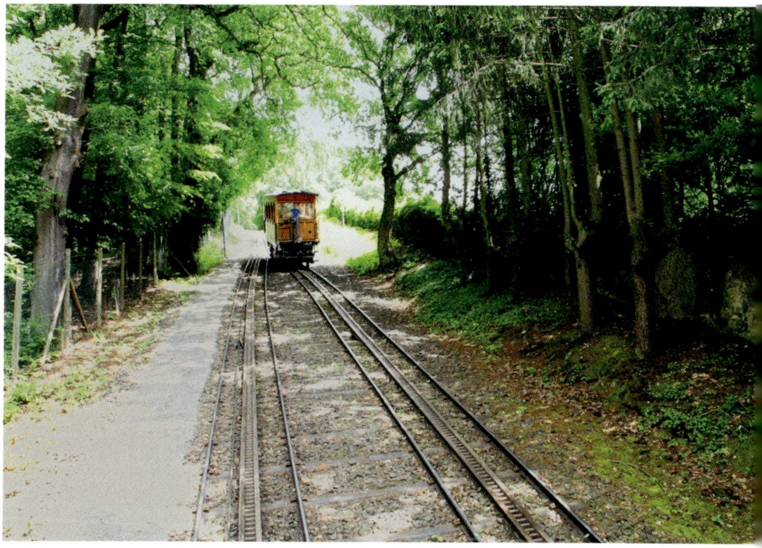

Sprunggrube nun nicht mehr weit. Hier nehmen wir den Weg nach rechts und folgen diesem bis zum ❸ **Neroberg**. Am Klettergarten geht es nun leicht rechts abwärts zum Neroberg-Tempel. Dieser wurde 1851 von Philipp Hoffmann erschaffen. Von hier aus kann man wunderschöne Ausblicke auf Wiesbaden genießen. In direkter Nähe befindet sich zudem die Russische Kirche mit ihren fünf vergoldeten Zwiebelkuppen, die kaum zu übersehen sind. 1847–1855 wurde die Grabkirche für die Ehefrau und das Kind Herzog Adolfs errichtet.

Rückweg nach Wiesbaden Direkt an den Schienen der Nerobergbahn (s. Tippkasten) entlang führt uns der Weg abwärts bis zur Bahnbrücke. Unter dieser hindurch gelangen wir zur Straße Nerotal bis zum Ende des Parkplatzes. Danach streifen wir durch den etwa einen Kilometer langen Nerotal-Park, wo wir dem ersten linken Hauptweg folgen.

Am Ende des Parks erwartet uns wieder die Straße Nerotal sowie die nachfolgende Taunusstraße. Rechter Hand über die Saalgasse nehmen wir nach wenigen Metern die Treppen, die uns zum Kochbrunnenplatz bringen. Über den Kranzplatz und die Langgasse erreichen wir linker Hand die Marktstraße, queren anschließend den Schlossplatz und passieren die neugotische Marktkirche (ursprünglich als Nassauer Landesdom erbaut) und gelangen so in Kürze wieder zum Ⓔ **Marktplatz**.

25

Am Schinderhannes-Steig

Ganz nach dem Geschmack des Räubers

Mittel | 38,5 km | 1100 Hm | 14 Std.

Tourencharakter
Mittelschwere aussichtsreiche, aber auch sehr lange Wanderung mit historischen Höhepunkten und mehreren Einkehrmöglichkeiten

Ausgangspunkt
Gimbacher Hof in Kelkheim/Taunus

Endpunkt
Landsteiner Mühle in Weilrod

Höchster Punkt
bei Oberreifenberg 683 m

Anfahrt
Auto: A 66 bis Abfahrt Frankfurt am Main/Höchst, dann auf die B 8, bei Niederhofheim auf die L 3014 nach Kelkheim und nach dem Ortseingang in die Altkönig- und die Gundelhardstraße, dann nach 50 m rechts in den Gimbacher Weg zum Gimbacher Hof.
Bus & Bahn: Von Frankfurt-Hbf. mit der Regionalbahn R12 bis Bahnhof Kelkheim, von dort zu Fuß weiter durch Altkönig-, Gundelhardstraße und Gimbacher Weg zum Gimbacher Hof.
Rückkehr zum Ausgangspunkt mit Taxi.

Beste Jahreszeit
Ganzjährig

Einkehr
Gimbacher Hof; Café-Pension-Restaurant Marx in Schmitten

Karte
Kompass 1:50 000, Nr. 840 Östlicher Taunus

Infos
www.kelkheim.de

Der lange Steig, dessen Namensgeber der bekannte Räuber Johannes Bückler ist, führt durch die einzigartige Naturkulisse des Taunus. Vorbei am Limes, dem Kaisertempel und der Burgruine Eppstein bieten sich unterwegs immer wieder unberührte Flecken zum Rasten und Genießen an.

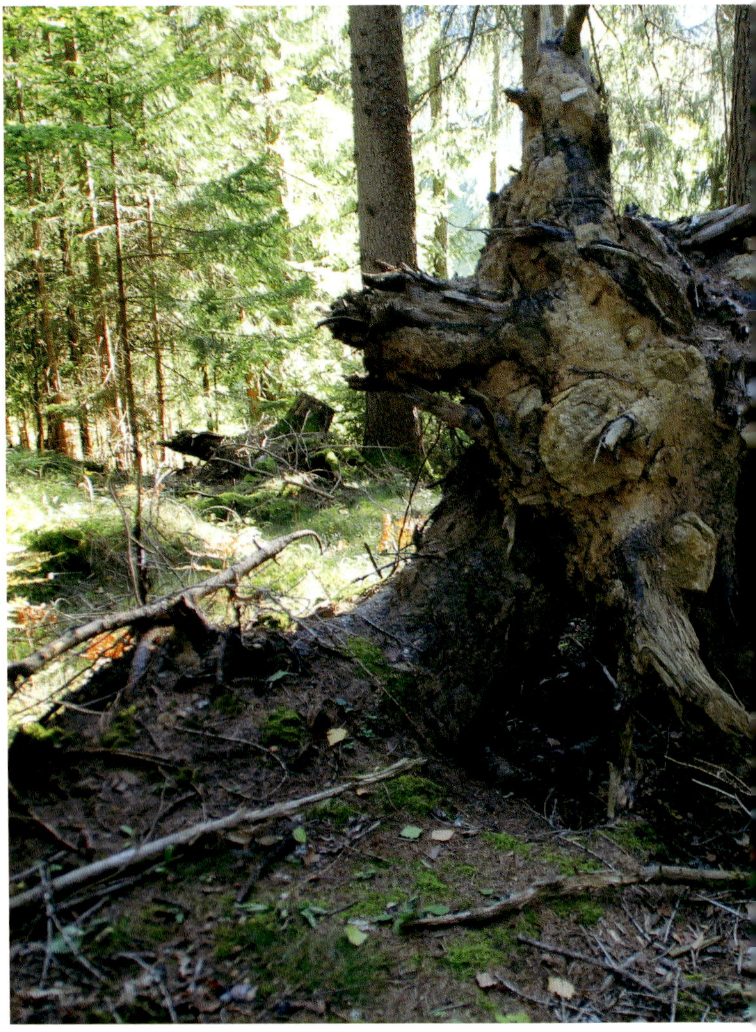

Eine beeindruckende Wurzel

Der Ⓐ **Gimbacher Hof**, ein Gasthof mit Produkten aus eigenem Anbau, ist der Startpunkt. 1488 wurde das Hofgut erstmals urkundlich erwähnt; heute ist es ein beliebtes Ziel im Taunus, und gerade bei schönem Wetter sitzen die Ausflügler im Garten unter den großem Kastanienbäumen und genießen die Sonne. Zum Gimbacher Hof gehört ein kleines Tiergehege, das besonders für die Kleinen interessant ist. Zudem bietet der Hof historische Führungen an.

Von hier aus geht es mit Hilfe der weißen Markierung und dem Schriftzug Schinderhannes zum ❶ **Waldgasthof Gundelhard**, der 1910 erbaut wurde. Hier kann man sich vor der Tour noch mit frisch gekochten hessischen Gerichten stärken. Dann geht es entspannt an den weiten Feldern entlang weiter. Hier genießen wir die ersten schönen Ausblicke auf die Metropolstadt Frankfurt am Main und ihre Umgebung.

Zum Kaisertempel Den nächsten Halt kann man am ❷ **Kaisertempel** unweit von Eppstein machen, der sich auf einem Felsvorsprung befindet. In seinem Inneren gibt

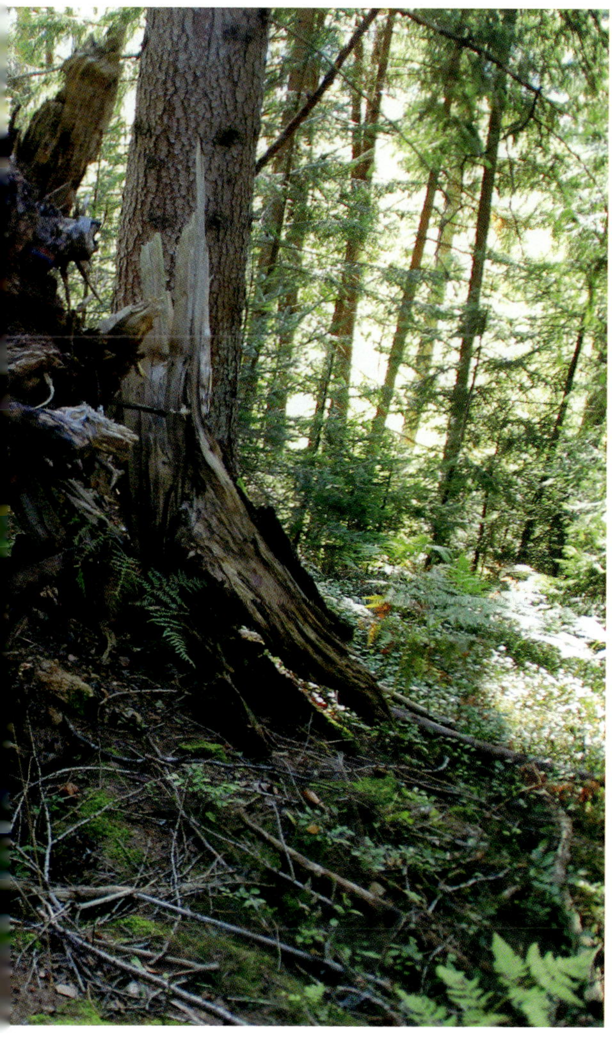

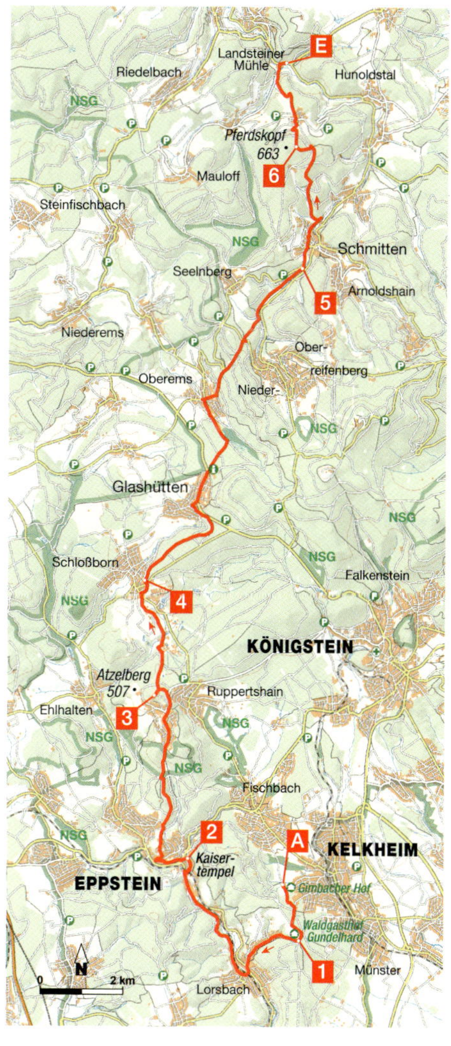

Kaiserlicher Genuss

Vom Kaisertempel (auch Ausgangspunkt für mehrere Wanderungen, u. a. zum Großen Mannstein, 430 m) genießt man einen wunderschönen Ausblick auf Eppstein mit seiner Burg. Schon kurz nach der Einweihung des Tempels im Jahr 1894 wurde neben ihm ein gleichnamiges Ausflugslokal eröffnet, das seine Besucher mit ausgesuchten Weinen und feinen Gerichten erfreut (www.kaisertempel.de).

es Büsten von Bismarck und dem deutschen Kaiser Wilhelm I. zu sehen (s. auch Tippkasten). Nachdem wir Eppstein durchstreift und einen Blick auf seine Burgruine geworfen haben, geht es auf der markierten Route in den Wald. Nach Eppenhain, dem kleinsten Stadtteil von Kelkheim, erreichen wir den ❸ **Atzelberg** (506,7 m) mit seinem Fernmelde- und Aussichtsturm aus Kiefernholz (ca. 30,30 m hoch). Nachdem wir die Plattform über 151 Stufen erreicht haben, können wir eine fantastische Rundumsicht auf den Taunus-

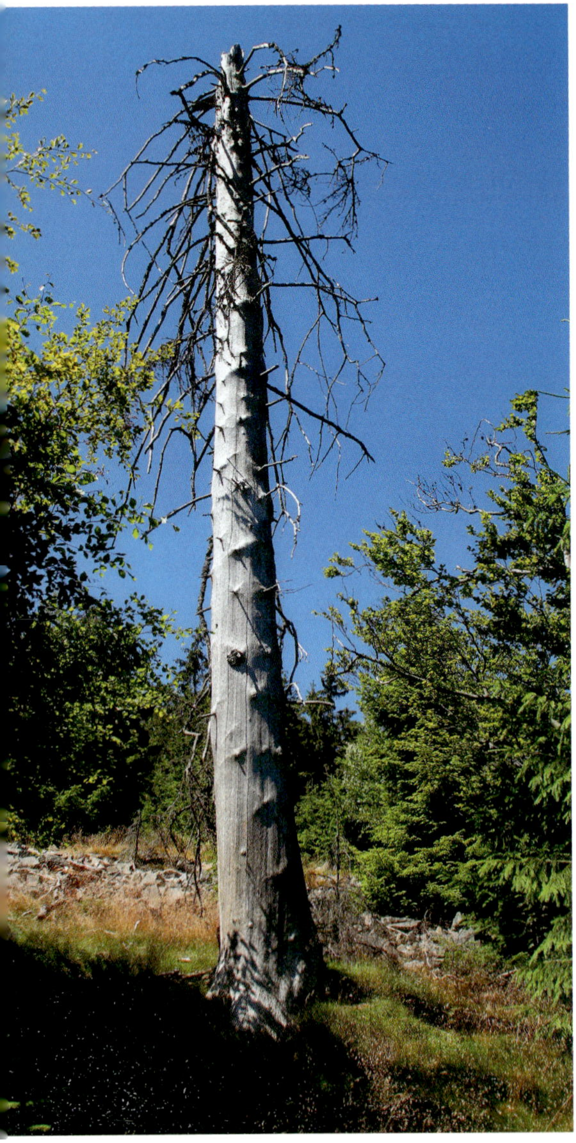

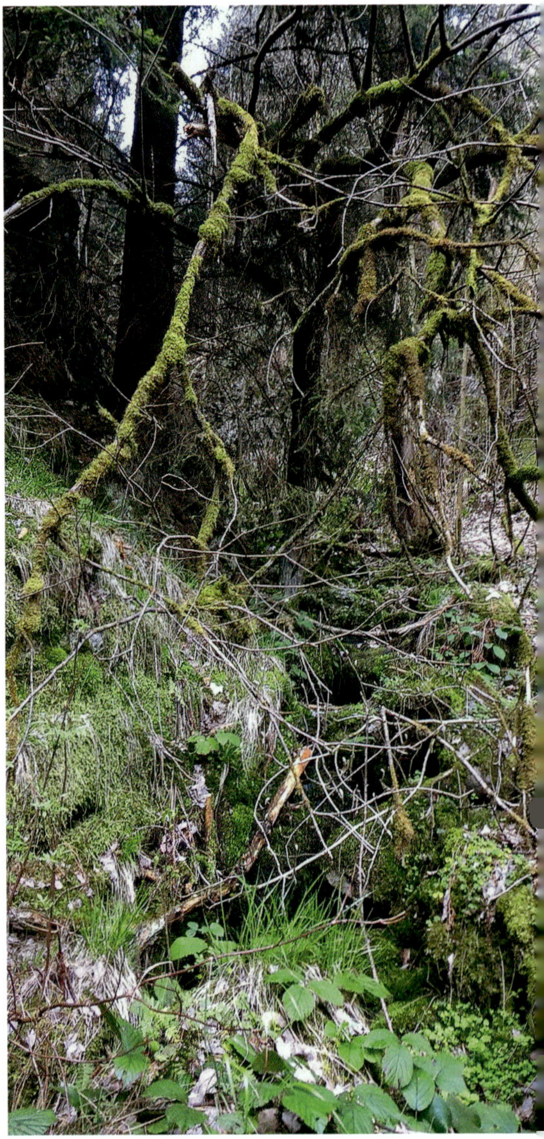

kamm, die Rhein-Main-Region und Frankfurt genießen.

Durch Schloßborn Das nächste Zwischenziel ist ❹ **Schloßborn**, ein Ortsteil von Glashütten. Schloßborn gilt als älteste nachweisbare Siedlung der Idsteiner Senke. Im Jahr 1043 wurde der Ort in der »Bardo-Urkunde« erstmals erwähnt: Erzbischof Bardo bestätigte in ihr die Grenzen einer Großpfarrei Brunnon sowie die Erbauung einer Holzkirche. Im Jahr 1369 errichtete Graf Eberhard I. von Eppstein ein Jagdschloss in Born. Von ihm sind heute noch Überreste der Ringmauer und eines Turms sichtbar. Im alten Ortskern der Gemeinde Schloßborn gibt es eine katholische Pfarrkirche von 1713/14 zu besichtigen, zudem sind die Überreste der alten Stadtmauer sehenswert.

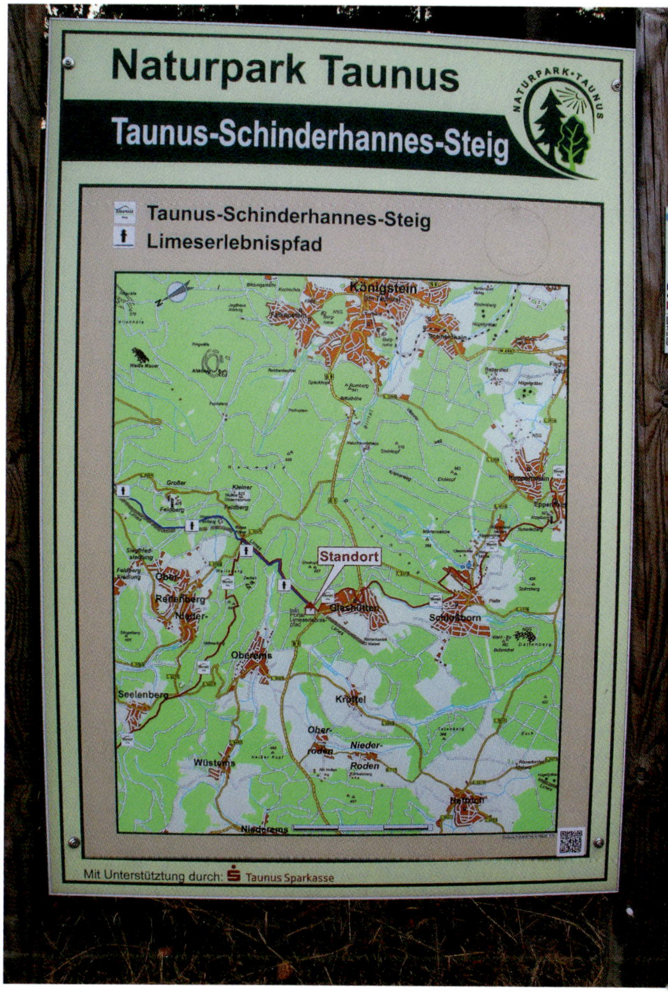

Ein beliebter Wanderweg

Glashütten und Schmitten Danach erreichen wir die Taunusgemeinde Glashütten. Von 1675–1686 gab es hier einen Glashüttenbetrieb, den Ursprung der Ortschaft also, mit zwölf Bewohnern. Die Reste einer Glashütte können an der Emsbachschlucht noch bestaunt werden; diese bestand um 1450. Eine weitere befindet sich unterhalb am Dornsweg und eine dritte am Buchholzweg in einem Waldgebiet.
Jetzt hinter Glashütten kommen wir wieder in den Wald und treffen auf den Limes. Der römische Grenzwall bestand in der Zeit zwischen 90–260 n. Chr. Immer weiter durch den Wald wandernd erreichen wir schließlich den Luftkurort ❺ **Schmitten** und nachfolgend den ❻ **Pferdskopf** bei Treisberg, einem Ortsteil von Schmitten.

Am Pferdskopf Der Pferdskopf ist mit 662,5 Metern die vierthöchste Erhebung im Taunus; auch hier befindet sich mitten im Wald ein Aussichtsturm (34 m). Nach einigen Treppenstufen gelangen wir auf die Plattform, von der wir bei guter Sicht den weiten Rundumblick auf Hochtaunus, Wasserkuppe und Donnersberg bis in den Hunsrück genießen. Bänke unter schattigen Bäumen laden zu einem kleinen Päuschen ein, bevor wir auf unserer vertrauten markierten Route weitergehen. Als Nächstes passieren wir Treisberg und erreichen alsdann unser Ziel, die Ⓔ **Landsteiner Mühle** in Weilrod. Zurück zum Ausgangspunkt geht es mit dem Bus oder auch dem Taxi.

Linke Seite

Links:
Trotzt noch jedem Sturm

Rechts:
Ursprüngliche Vegetation bei Schmitten

26

Rundwanderung Rettershof

Weitblick vom Atzelturm

Leicht | 13 km | 360 Hm | 4 Std.

Tourencharakter
Leichte Rundwanderung mit Aussicht auf gut markierten Wegen

Ausgangs-/Endpunkt
Parkplatz Landsgraben am Rettershof in Kelkheim

Höchster Punkt
Atzelberg 506,7 m

Anfahrt
Auto: Über die B 455 zum Rettershof zwischen Fischbach und Schneidhain.
Bus & Bahn: Mit der Bahn bis Königstein und weiter mit dem Bus Linie 57 mit Umsteigen an der Haltestelle »Bischof-Kaller-Straße« in den Bus 263 bis Haltestelle Fischbach-Rettershof

Beste Jahreszeit
Ganzjährig

Einkehr
Unterwegs mehrere Einkehrmöglichkeiten; am Rettershof: Gasthaus Zum Fröhlichen Landmann

Karte
Kompass 1:50 000, Nr. 840 Östlicher Taunus

Infos
www.kelkheim.de

Der Wanderweg führt über kleine Pfade, gemütliche Waldwege und Streuobstwiesen. Straff bergauf geht es auf den Atzelberg, wo der Wanderer mit einem schönen Blick auf das Rhein-Main-Gebiet belohnt wird. Mehrere Einkehrmöglichkeiten sorgen zudem unterwegs für Entspannung.

Der Parkplatz Landsgraben am Ⓐ **Rettershof** dient als Ausgangspunkt. Am Café-Restaurant »Zum Fröhlichen Landmann« können wir noch einmal einen kurzen Stopp einlegen und uns mit einem Kaffee auf die Tour einstimmen. Ab jetzt ist die Wegmarkierung R9 richtungsweisend. Über den kleinen Liebespfad geht es auf der markierten Route weiter, leitet uns ein breiter

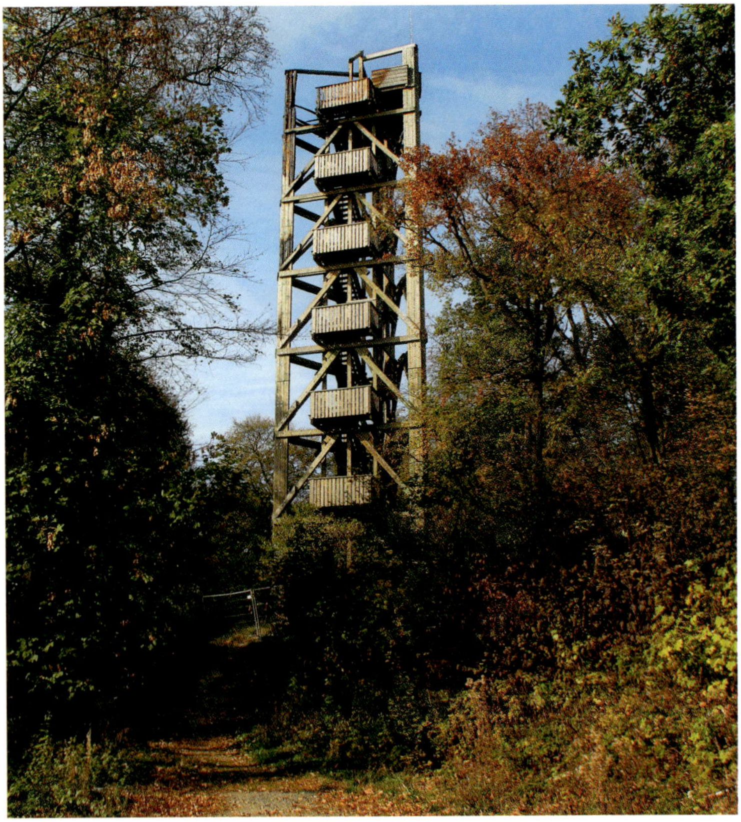

Der Atzelturm mit seiner offenen Aussichtsplattform

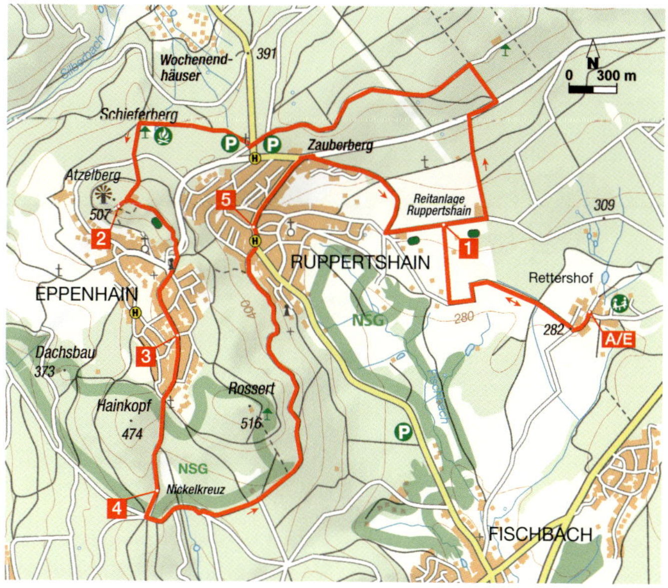

Waldweg bis zur familiär geführten ❶ **Reitanlage Ruppertshain**. Dort laufen wir rechts und bergauf am Waldrand weiter. Die nachfolgende Straße von Ruppertshain nach Königstein wird überquert.

Über den Atzelberg Dann folgt eine Etappe, die etwas Mühe kostet. Steil aufwärts erreichen wir mit der Markierung den Viktoriaweg. Hier gehen wir links weiter, bis wir zu zwei Parkplätzen kommen, wo wir die Straße nach Schloßborn überqueren. Am Fuß des Atzelbergs angekommen halten wir uns rechts. Der erst sanft ansteigende Weg führt dann nach einem halben Kilometer links straff bergan auf den ❷ **Atzelberg** (506,7 m) mit seinem 30,39 Meter hohen Aussichtsturm. Die offene Aussichtsplattform erreichen wir über 151 Stufen und genießen nun den schönen Blick bis nach Frankfurt am Main.
Zwischen dem Aussichtsturm und dem 98 Meter hohen Fernmeldeturm führt dann unser markierter Weg hinunter nach ❸ **Eppenhain**. Am Friedhof vorbei ist das Kriegerdenkmal bald erreicht. Über die Rossertstraße geht es dann zum ❹ Nickelkreuz.

Hirte der Gemeinde

Eppenhain ist der kleinste Stadtteil von Kelkheim. Umgeben von viel Wald und Feldern wurde hier hauptsächlich Viehhaltung betrieben. Drei Viehherden nannte die Gemeinde Anfang des 19. Jahrhunderts ihr Eigen. Dafür wurde ein Gemeindehirte angestellt, der ein eigenes Haus bewohnen durfte. Die Kosten wurden auf die Bürger aufgeteilt, die dafür je zwei Schweine dem Hirten zum Hüten mitgeben durften.

Abstecher zum »Zauberberg« Nun führt die Strecke auf einem schönen Weg durch das Naturschutzgebiet. Wir treffen auf einen asphaltierten Weg, dem wir links folgen und auf dem wir an der Heimlichen Wiese vorbei links nach ❺ Ruppertshain kommen. Wer Zeit hat, kann gern einen Abstecher zum »Zauberberg« unternehmen. Das Gebäude der ehemaligen Lungenklinik befindet sich am Südhang; heute sind hier Wohnungen, Ateliers und Praxen untergebracht. Neben dem Felsenkeller, der für Veranstaltungen genutzt wird, gibt es auch ein Café, in dem sich herrlich brunchen lässt.
Zurück auf der ursprünglichen Route laufen wir auf der Robert-Koch-Straße bis zum Haus Nr. 48 und danach links in die Wiesenstraße. Nachdem wir Ruppertshain verlassen haben, streifen wir den Sportplatz und folgen dem Weg Am Sportplatz, bis wir uns links haltend durch Streuobstwiesen und Felder weiterwandern, wo sich schöne Ausblicke auf Fischbach darbieten. Nach kurzer Zeit sind wir nun wieder am Ⓔ **Parkplatz Landsgraben am Rettershof** angekommen.

27

Von Bad Soden nach Kelkheim

Kurzweiliger Rundweg

Leicht | 17 km | 192 Hm | 4 Std.

Tourencharakter
Abwechslungsreiche Wanderung mit sehr ruhigen Feld-, Wiesen- und Waldabschnitten

Ausgangs-/Endpunkt
Gasthof Rote Mühle in Bad Soden

Höchster Punkt
Oberhalb von Schneidhain 356 m

Anfahrt
Auto: B 8 und B 519, zwischen Kelkheim und Altenhain in die Mühstraße und bis zur Roten Mühle.
Bus & Bahn: Mit der S-Bahn von Frankfurt nach Königstein, weiter mit der Regionalbahn RB12 bis Schneidhain und von dort ca. 1,5 km zu Fuß zur Roten Mühle.

Beste Jahreszeit
April bis Oktober

Einkehr
Jausenstation »Eberhards Scheuer« in Bad Soden; Gasthof Rote Mühle

Karte
Kompass 1:50 000, Nr. 840 Östlicher Taunus

Infos
www.bad-soden.de

Diese Wanderung im Vordertaunus bindet drei beliebte Ausflugslokale mit Erlebniswert ein. Auf bequemen Wegen ohne größere Anstiege geht es vom historischen Rettershof über den Waldgasthof »Zum Fröhlichen Landmann« bis zur Jausenstation »Eberhards Scheuer«.

Der Ⓐ **Gasthof Rote Mühle** blickt auf eine lange Geschichte bis ins Jahr 1146 zurück. Seit 1920 beherbergt der Mühlenhof eine Gaststätte. Nach der Zerstörung im Krieg wurde die Gaststätte 1948 wiedereröffnet. Heutzutage ist sie immer noch ein Treffpunkt für Gäste, die das rustikale gemütliche Ambiente schätzen. Von der Roten Mühle führt die Tour markiert durchs idyllische Liederbachtal. Im Sommer wird das Wasser des Liederbachs gern für eine Abkühlung genutzt.

Von Schneidhain zum Rettershof Von ❶ **Schneidhain**, einem Stadtteil von Königstein, führt unser Waldweg zum historischen ❷ **Rettershof**. Der Rettershof war ein ehemaliges Prämonstratenserkloster und ein be-

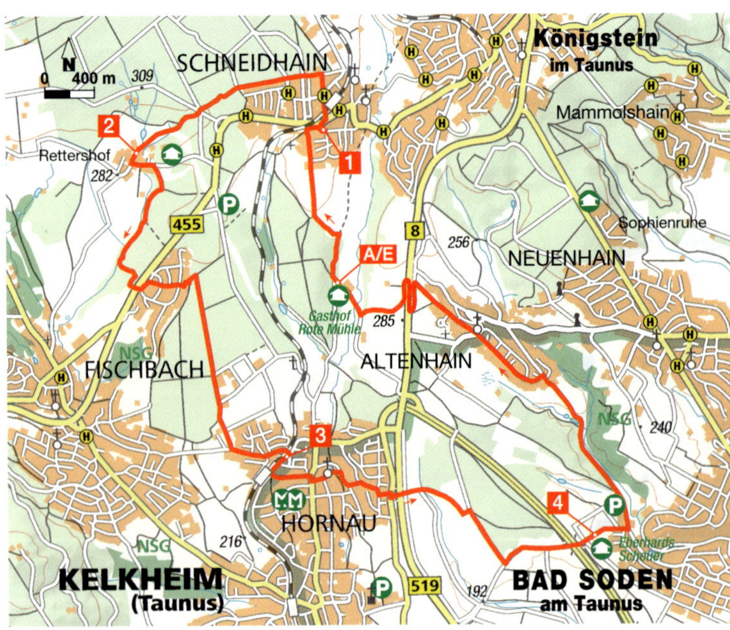

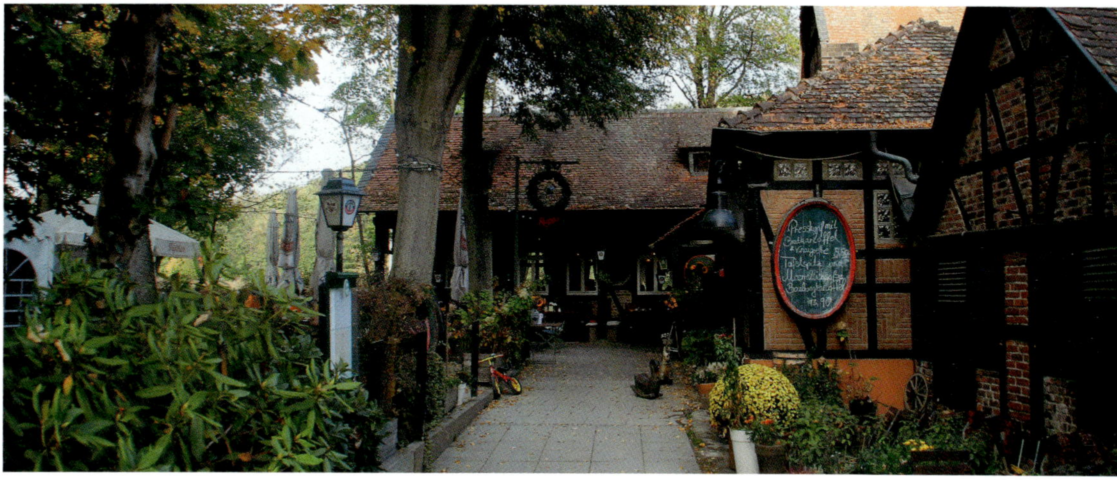

Im Gasthof »Rote Mühle« gibt es traditionelle hessische Gerichte.

liebtes Freizeitziel. 2018 gab es hier einen großen Brand, der viele Gebäudeteile zerstörte. In direkter Nähe befindet sich das Gasthaus Zum Fröhlichen Landmann, das deftige Küche wie Spezialitäten vom Wild anbietet.

Durch Hornau Nun wandern wir weiter paralell zum Braubrach an den Bahnschienen entlang bis ❸ **Hornau**, das als Stadtteil von Kelkheim 874 das erste Mal urkundlich erwähnt wurde. Einst prägte die Familie des Freiherren Hans Christoph von Gagern den Ort. Noch heute erinnern Straßennamen und die Familiengräber auf dem Friedhof an sie. Wer sich ein wenig in Hornau umsehen möchte, dem sei das Gesindehaus des ehemaligen Hofguts der Freiherren von Gagern sowie das 1988 errichtete »Pfingstbörnchen«, ein Laufbrunnen in der Hornauer Straße, empfohlen.
Nachdem wir das Örtchen mit seinen bezaubernden Fachwerkhäusern durchstreift haben, steigen wir links vom Brunnen, dem Pfingstbörnchen, die Treppen empor und verlassen den Ort. Über Feld und Wiese wandern wir nun in Richtung Bad Soden.

Rückweg durchs Altenhainer Tal Kurz bevor wir in Bad Soden ankommen, nutzen wir die Gelegenheit und biegen rechts in einen Feldweg ein, der uns zur Jausenstation ❹ **»Eberhards Scheuer«** bringt. Die auf 195 Metern Höhe liegende Innen-Fachwerkscheune wurde 1976 erbaut. Hier werden typisch hessische Gerichte wie Spundekäs, Handkäs oder auch Kartoffelpuffer angeboten, und man kann eine ausgiebige Pause auf der Wanderung einlegen.
Auf dem ursprünglichen Weg zurück gehen wir weiter geradeaus und halten uns vor dem Schwimmbad links. Über den Parkplatz gelangen wir in den Wald und durchstreifen das Altenhainer Tal. Das Naturschutzgebiet bietet vielen bedrohten Pflanzen- und Tierarten ein Refugium. Bald haben wir unseren Ausgangspunkt, den Ⓔ **Gasthof Rote Mühle**, wieder erreicht.

Alter Kurpark Bad Soden

Direkt in der Innenstadt befindet sich der Kurpark und ist damit nicht zu verfehlen. Ab 1823 wurde er im Stil eines englischen Landschaftsparks angelegt. In ihm befinden sich mehrere Brunnen, wie z. B. der Schwefelbrunnen. Zudem steht hier ein Gebäude, das einst als Badehaus diente – in ihm erhielten die Kurgäste in Holz- und Steingutwannen ihre Behandlungen.

28 Am Drei-Burgen-Weg

Von Burg zu Burg und quer durch einen Zoo

Schwer | 11 km | 535 Hm | 4 Std.

Tourencharakter
Kulturell historische Rundtour mit einigen Auf- und Abstiegen und vielen Aussichtsmöglichkeiten

Ausgangs-/Endpunkt
Burg Königstein

Höchster Punkt
Falkenstein 492 m

Anfahrt
Auto: Über B 8 oder B 455 zum Königsteiner Kreisel, dort in die Frankfurter Straße, weiter in die Hauptstraße und Richtung Burg.
Bus & Bahn: Mit der S-Bahn von Frankfurt-Hbf. bis Bahnhof Königstein, von dort ca. 500 m zu Fuß zur Burg.

Beste Jahreszeit
Ganzjährig

Einkehr
Burg-Restaurant Königstein; Restaurant Die Grüne Gans in Kronberg im Taunus

Karte
Kompass 1:50 000, Nr. 840 Östlicher Taunus

Infos
www.burgkronberg.de

Kaum einer kann sich dem Zauber dieser drei Burgen entziehen: Die romantische Burgruine Königstein, die schlichte Schönheit der Burgruine Falkenstein mit ihren wunderbaren Fernblicken oder die geheimnisvolle Burg in Kronberg betören alle Besucher.

Die Ⓐ **Burgruine Königstein**, Wahrzeichen dieser hessischen Stadt, ist der Startpunkt unserer Tour. Schon von Weitem kann man ihre Mauern erblicken. Die Burg gehört zu den größten und bedeutendsten Burgruinen in Deutschland. Die ältesten Mauerreste, die bei Ausgrabungen gefunden wurden, stammen aus dem 10. bzw. 11. Jahrhundert. Zu Beginn des 14. Jahrhunderts war es Aufgabe der Burg, die Handelsstraße zwischen Frankfurt und Köln zu bewachen. Die im Lauf der Zeit ausgebaute Burg wurde Ende des 18. Jahrhunderts stark beschädigt. Neben dem

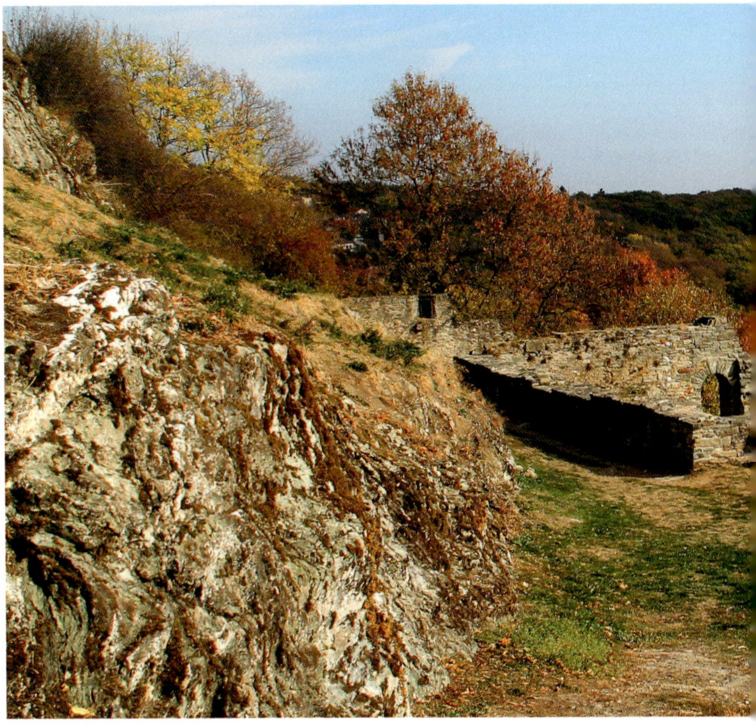

Eine schöne Aussicht bietet die Burgruine Falkenstein.

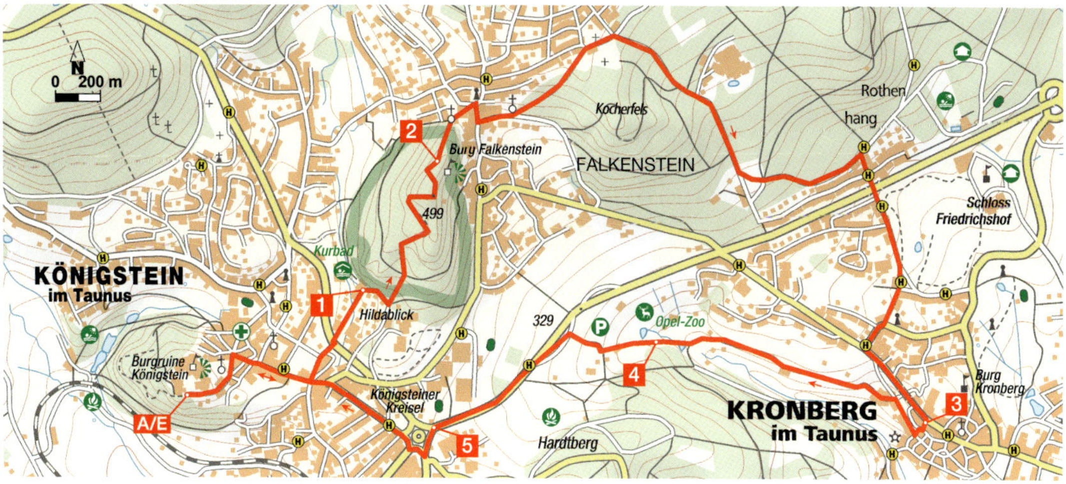

Burgturm können heute noch eine Vielzahl von Kellern das ganze Jahr über besichtigt werden. Außerdem bietet sich von der Ruine eine weite grandiose Aussicht.

Weiter Blick über Königstein Von hier aus geht es mit der Markierung über den Burgweg in die Altstadt mit ihren schönen Fachwerkhäusern. Über den Kapuzinerplatz und die Georg-Pingler-Straße ist das Kurbad Königstein schnell erreicht. Durch Adelheidstraße und Graf-Stolberg-Straße gelangen wir zum Burghain Falkenstein mit dem Aussichtstempel ❶ **Hildablick**, von dem wir eine fantastische Aussicht auf

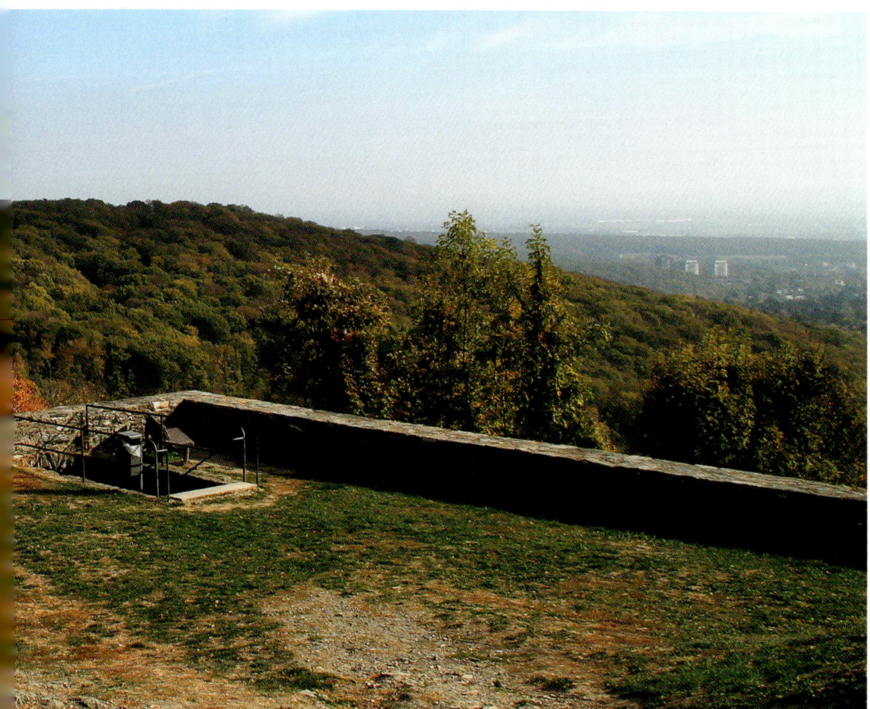

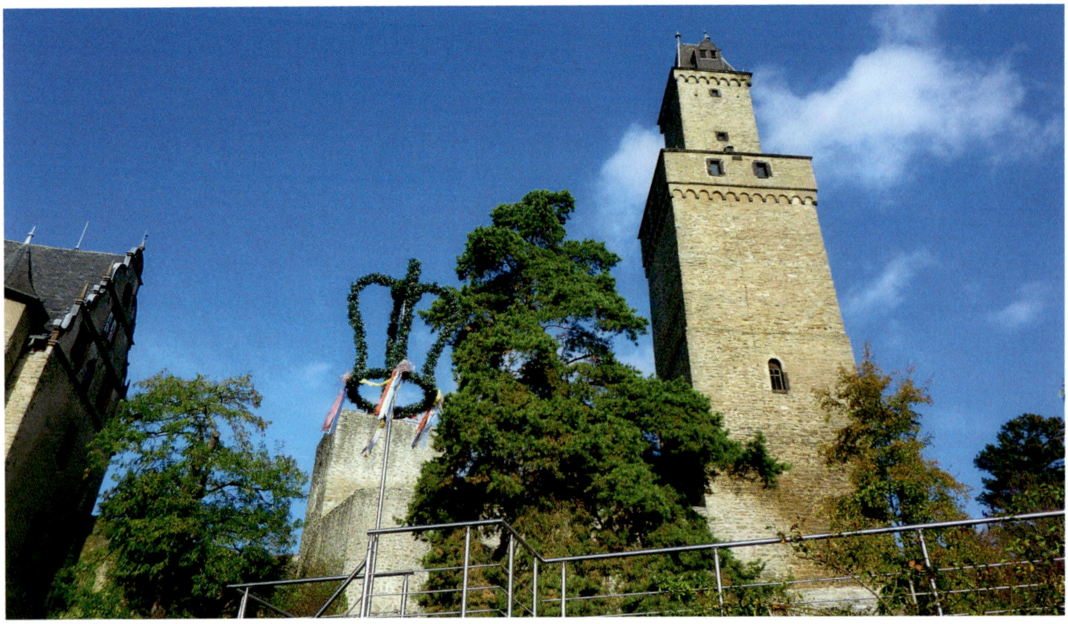

Im Burgtorbereich der Burg Kronberg befindet sich das Museum für Stadtgeschichte.

Königstein haben. Weiter durch den Burghain wandernd können wir die Stille im Wald genießen und die anmutigen Felsgruppierungen eingehend betrachten.

Zur Burg Falkenstein Am Dettweiler Tempel verweilen wir kurz und bestaunen den Blick über die Frankfurter Region, die quasi zu unseren Füßen liegt. Etwa 200 Meter weiter ist noch der Turmstumpf der Burg Nürings sichtbar; diese Höhenburg wurde im 11. Jahrhundert von den Herren Nürings erbaut. Unweit davon befindet sich die ❷ **Burg Falkenstein**, die besichtigt werden kann. Um 1100 wurde die Burg ebenfalls von den Grafen von Nürings errichtet. Später war sie im Besitz der Herren von Münzenberg und der Herren von Bolanden-Falkenstein. Auch nachfolgend gab es immer wieder Besitzerwechsel. Besucher sind heute noch beeindruckt – zu spektakulär sind die Ausblicke von ihr. Die Burg Falkenstein wurde im letzten Gedichtband des Dichters Stefan George (1868–1933) verewigt; das Gedicht »Burg Falkenstein« widmete er seinem Freund Ernst Morwitz.

Burgfest in Königstein

Alljährlich im August feiern die Königsteiner 3 Tage lang ihre Burg. Nachdem zum Gottesdienst das amtierende Burgfräulein verabschiedet wurde und die Inthronisation des neuen Burgfräuleins erfolgte, gibt es viel Musik, Feuerwerk und einen Festumzug. Außerdem erfolgt eine symbolische Schlüsselübergabe des Bürgermeisters, nach der das Burgfräulein 4 Tage lang Burg und Stadt regiert.

Viktoriatempel und Burg Kronberg An der Christkönigskirche vorbei geht es über den Debusweg zum Hotel und bis zur Martin-Luther-Kirche. Über den Platz am Schwarzen Häuschen, vorbei am Friedhof in Falkenstein, führt der Arbeiterweg zum alten jüdischen Friedhof in Kronberg. Die Antoniuskapelle und der Viktoriatempel sind die nächsten markanten Punkte, die wir auf dem markierten Weg erreichen. Gerade der Viktoriatempel ist ein lauschiges Plätzchen, das zum Innehalten einlädt.

Über die Viktoriastraße, den Freseniusweg und den Burgweg kommen wir zur Königsteiner Straße und über die Höllgasse zur ❸ **Burg Kronberg**. Hier können wir die Gelegenheit nutzen und das Museum besuchen. Besonders eindrucksvoll ist die nachgebaute Rüstung von Hartmuth VI. von Kronberg aus dem 14. Jahrhundert. Außerdem kann eine mittelalterliche Küche mit Brunnen und alten Gerätschaften innerhalb einer Führung besichtigt werden.

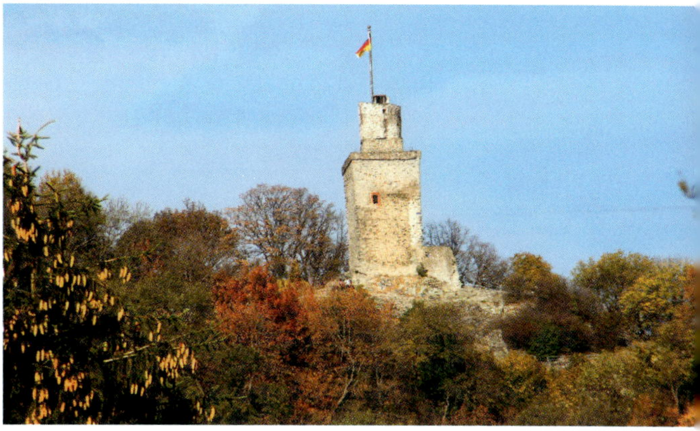

Die Burg Falkenstein wurde Mitte des 14. Jahrhunderts errichtet.

Vom Opel-Zoo nach Königstein Die Obere Höllgasse führt uns nun zur Eichenstraße, bevor wir auf dem Philosophenweg direkt durch den ❹ **Opel-Zoo** wandern (s. auch Tour 30) bis zum ❺ **Königsteiner Kreisel**, von wo aus wir schnell den Kapuzinerplatz und im Weiteren den Kurpark erreichen. Hier faszinieren nicht nur die schönen alten Bäume und die blühenden Pflanzen, sondern auch die Villa Borgnis. Bis 1923 war das Gebäude noch im Besitz der Familie Borgnis, seit 1927 dient es als Kurhaus. In ihm befindet sich nicht nur das Standesamt, sondern auch ein beliebtes Restaurant.

Vom Kurpark sind es nur noch wenige Meter bis zu unserem Ausgangspunkt, der Ⓔ **Burgruine Königstein**.

Die Burg Königstein ist das Wahrzeichen der hessischen Stadt Königstein.

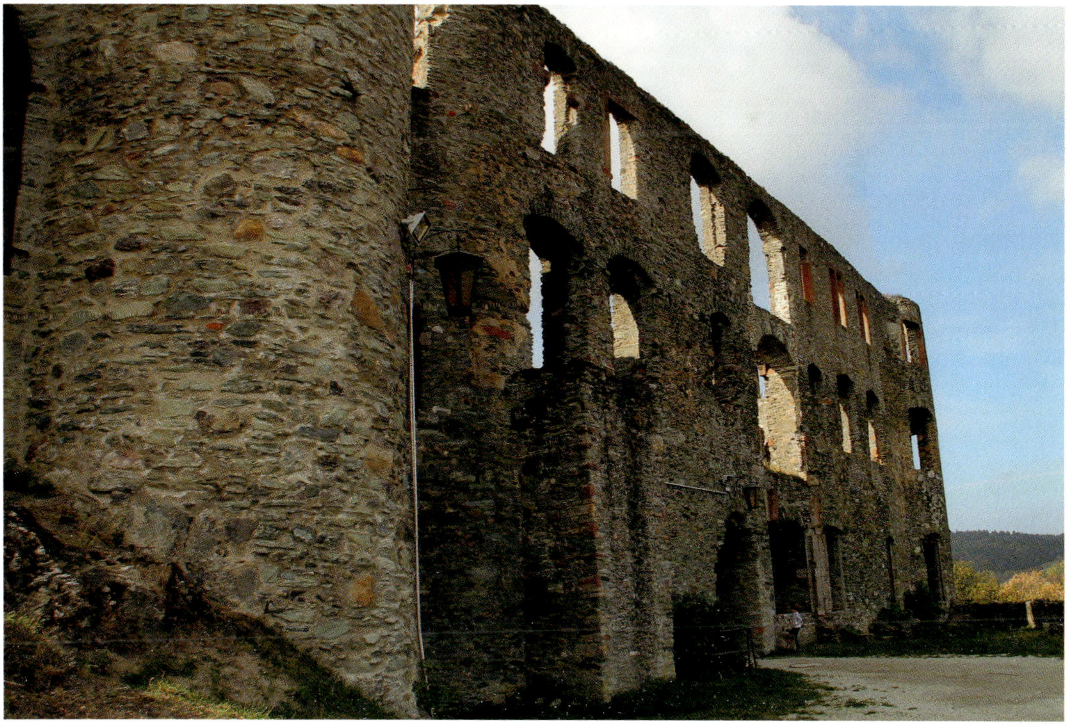

29 Am Tillmannsweg

Malerisches Tal mit bunter Tierwelt

Leicht | 8 km | 250 Hm | 2.30 Std.

Tourencharakter
Schöne Rundwanderung in abwechslungsreicher Umgebung

Ausgangs-/Endpunkt
Wanderparkplatz Tillmannsweg an der B 8 bei Königstein

Höchster Punkt
Fuchstanz 662 m

Anfahrt
Auto: Über B 8 oder B 455 nach Königstein und von dort weiter auf der B 8 Richtung Glashütten bis zum Parkplatz Tillmannsweg.
Bus & Bahn: Mit der S-Bahn von Frankfurt bis Bahnhof Königstein, weiter mit dem Bus Richtung Neu-Anspach bis Königstein-Friedhof, von dort ca. 1 km zu Fuß.

Beste Jahreszeit
Ganzjährig

Einkehr
Waldgaststätte Fuchstanz

Karte
Kompass 1:50 000, Nr. 840 Östlicher Taunus

Infos
www.koenigstein.de

Zum beliebten Ausflugsziel Waldgaststätte Fuchstanz führt diese Tour, dann über den Rübezahlweg zur Burgruine Falkenstein und ins idyllische Reichenbachtal, das durch seine Wiesen und Waldgebiete bezaubert und zahlreiche geschützte Tierarten beheimatet.

Kurz vor dem Heilklimatischen Kurort Königstein befindet sich der Ⓐ **Wanderparkplatz Tillmannsweg**. Von hier wandern wir über einen bequemen ausgeschilderten Weg zum beliebten ❶ **Waldgasthaus Fuchstanz**.

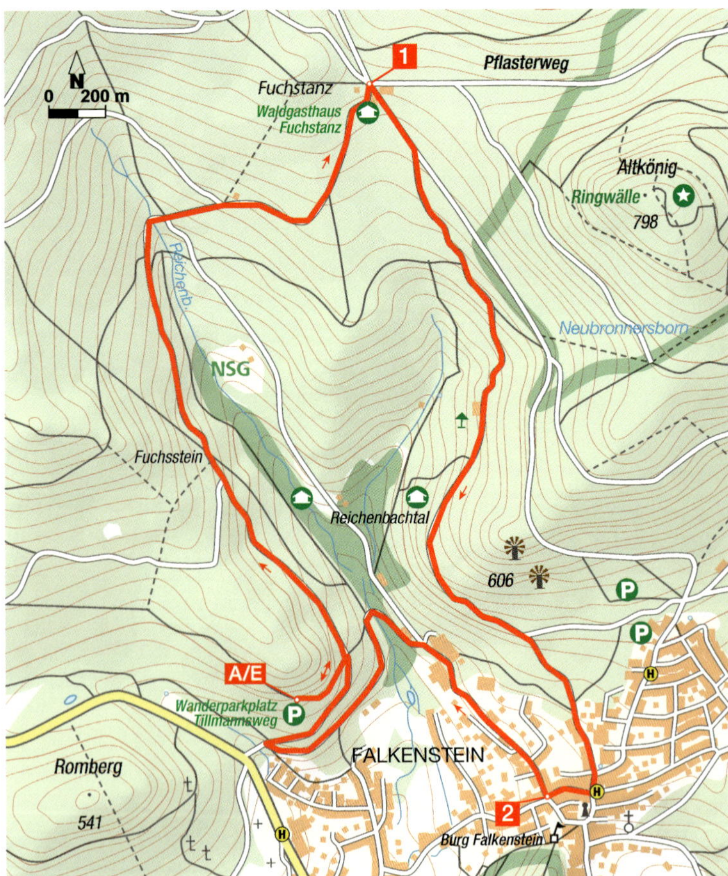

Vor den Mauern der Burgruine Falkenstein

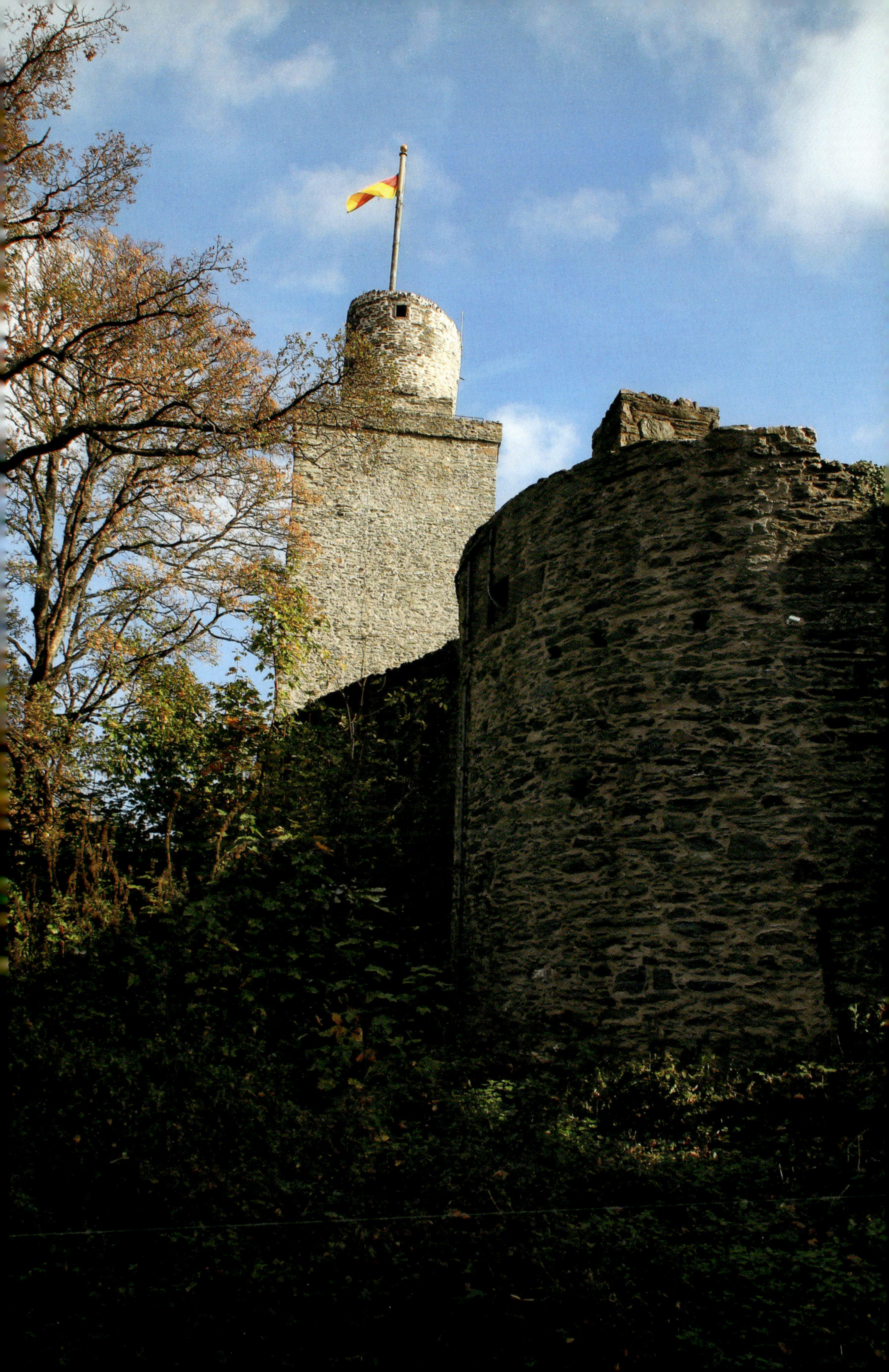

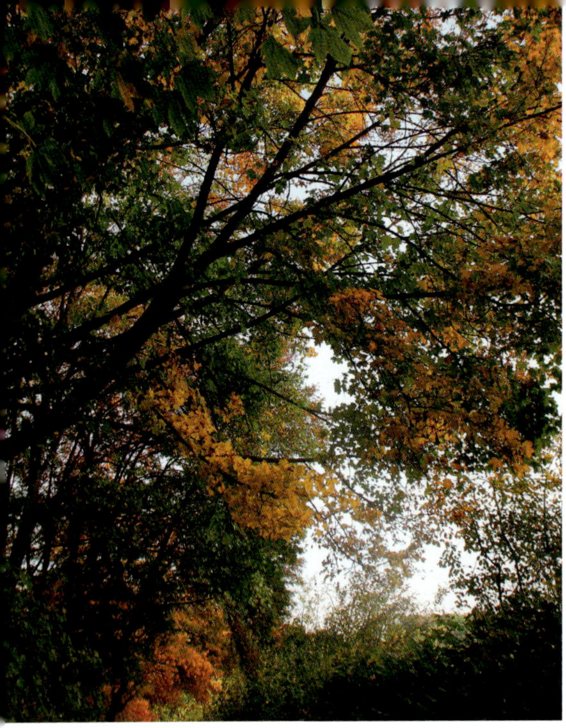

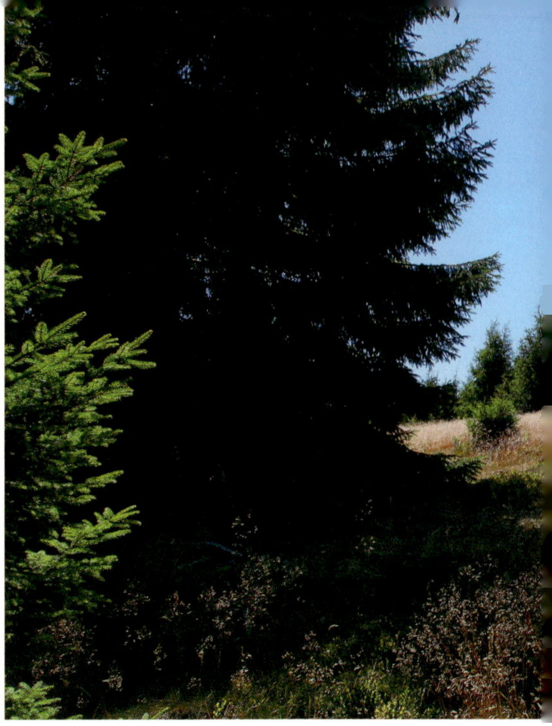

Von Kelten und Römern genutzt Der Fuchstanz ist ein Pass zwischen Kleinem Feldberg und Altkönig und wurde als solcher schon von den Römern genutzt. Um 400 v. Chr. siedelten sich die Kelten auf dem nahen Altkönig an – was die Vermutung nahelegt, dass auch hier der Pass keine geringe Bedeutung für die Menschen hatte. Ende des 18. Jahrhunderts war am Fuchstanz eine Köhlerei angesiedelt.

Vom Waldgasthof Fuchstanz aus, der schon seit über 100 Jahren bewirtschaftet wird, können viele Wanderungen unternommen werden. Ganzjährig lädt die Waldgaststätte zu Speis und Trank ein. Im Winter lässt sich hier im gemütlichen und rustikalen Gastraum herrlich schlemmen, während im Sommer der Biergarten zu einem kühlen Getränk einlädt.

Falkenstein und seine Burgruine Nach einer kurzen Pause wandern wir auf dem Rübezahlweg und über den Fuchstanzweg weiter. Unser nächstes Zwischenziel ist nun die Falkensteiner Hütte, welche zügig erreicht wird. Im Folgenden kommen wir zur aus Holz gebauten Lions-Hütte, die 1993 vom hiesigen Lions-Club errichtet wurde. Von hier aus erreichen wir auf kurzem Weg die ❷ **Burg Falkenstein**, ein Wahrzeichen des gleichnamigen Orts. Neben der Ringmauer kann der Wanderer den Bergfried mit seiner Höhe von 18 Metern sowie weitere Gebäudereste bewundern – hinweisgebend dafür ist die Christkönigstraße, neben der ein kleiner Weg direkt zu den alten Mauern führt.

Von der Burgruine aus bietet sich zudem eine wunderbare Sicht auf die Skyline von Frankfurt. Falkenstein selbst trug bis zum 17. Jahrhundert

Burgruine Falkenstein

Die Burgruine Falkenstein kann nur zu Fuß erreicht werden. Einst war die Burg der stolze Besitz der Grafen von Nürings, die sie um 1100 errichteten. Später gehörte sie den Herren von Münzenberg, den Herren von Bolanden-Falkenstein und anderen Besitzern. Geöffnet ist die Burgruine März–Okt. jeweils Mo–So 10–19 Uhr und Nov.–Feb. Sa/So von 10.30–16.30 Uhr; der Eintritt ist frei.

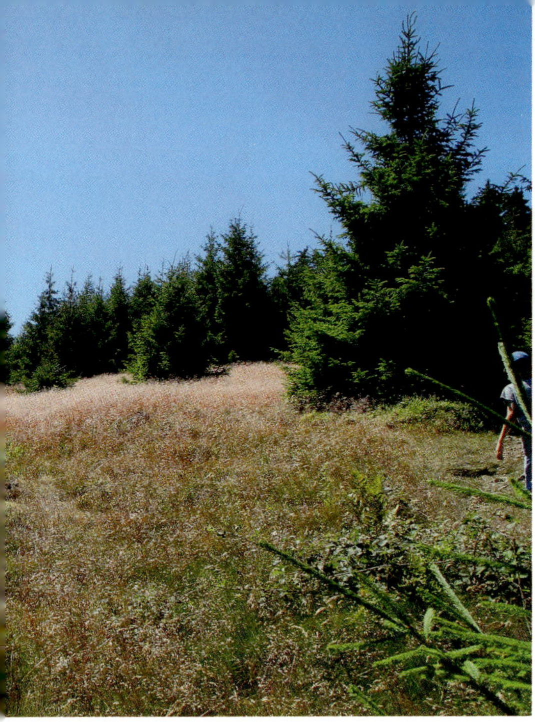

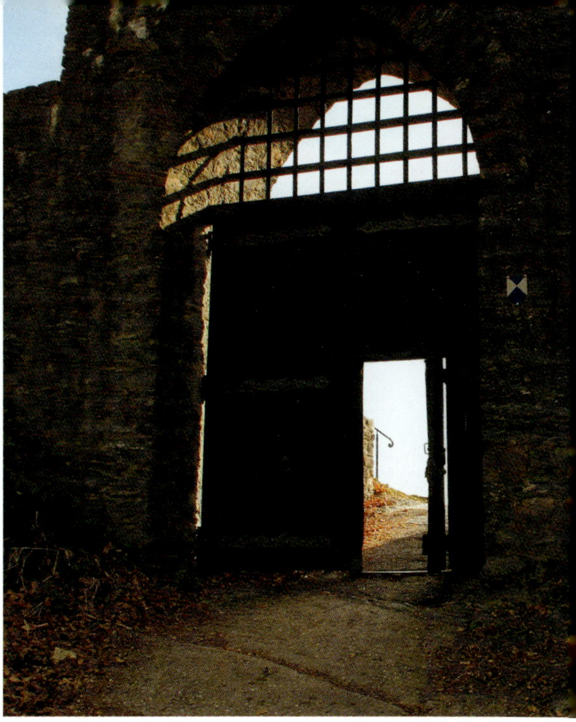

den Namen Nürings, der auf die Gaugrafen von Nürings zurückgeht. Sehenswert ist in diesem Zusammenhang das Alte Rathaus von 1650; das Fachwerkgebäude mit einem Satteldach befindet sich im Bergweg. Das hübsche Gebäude, das als Rathaus wie auch als Schule genutzt wurde, zieren eine Uhr und ein Glockenturm.

Links:
Herbstliches Blätterdach im Reichenbachtal

Mitte:
Schöne Waldwiese

Rechts:
Tor an der Burg Falkenstein

Durchs liebliche Reichenbachtal Wir wandern wieder zurück zur Hauptroute und auf dem Reichenbachtalweg ins gleichnamige Tal, ein über 20 Hektar großes Naturschutzgebiet. Früher betrieb im oberen Reichenbachtal ein schweizerischer Bauer eine Sennerei; hier wurde Molke für die damals beliebte Molkenkur erzeugt.
In diesem Tal, das zu den schönsten der Umgebung gehört, entdeckt das aufmerksame Auge zahlreiche Arten von Wiesenblumen und auch Pflanzenlieblinge wie Arnika und Knabenkraut. Der etwa fünf Kilometer lange Reichenbach, der fröhlich vor sich hinplätschert, ist der Quellbach des Liederbachs. Neben dem Kammmolch fühlen sich hier auch der Grasfrosch und die Ringelnatter wohl. Sehr beliebt im Reichenbachtal ist auch das gleichnamige Wirtshaus. In der Zirbelholzstuben können sich die Gäste über Wild- oder Gänsegerichte freuen.

Rückweg nach Königstein Vorbei an dem kleinen Forellenteich erreichen wir schließlich den Kaiserin-Friedrich-Weg, der uns direkt zu unserem Ausgangspunkt, dem E **Wanderparkplatz Tillmannsweg**, bringt.
Von hier aus ist es nicht mehr weit bis zur sehenswerten historischen Altstadt von Königstein. Hervorzuheben ist hier das Alte Rathaus, das ursprünglich um 1255 als das untere Burgtor der Burg errichtet wurde. Nach der Zerstörung des Gebäudes im Dreißigjährigen Krieg wurde das heutige Fachwerkgebäude errichtet, welches dann als Rathaus diente. Seit 1968 befindet sich in dem Gebäude das Burg- und Stadtmuseum.

30

Von Kronthal zum Opel-Zoo

Zwischen Affen und Giraffen

Leicht | 7 km | 230 Hm | 2.30 Std.

Tourencharakter
Leichte und entspannte Tour zum berühmten Opel-Zoo

Ausgangs-/Endpunkt
Quellenpark in Kronthal

Höchster Punkt
Hardtbergturm 409 m

Anfahrt
Auto: Über B 8 oder B 455 nach Königstein, weiter auf der L 3327 durch Mammolsheim, dann am Quellenpark abbiegen (»Im Kronthal«).
Bus & Bahn: Mit der S-Bahn von Frankfurt bis Bahnhof Königstein, weiter mit dem Bus Richtung Kronberg bis Haltestelle »Kronthal« und von dort ca. 300 m zu Fuß.

Beste Jahreszeit
Ganzjährig

Einkehr
Gasthof Zum Weinberg in Kronberg im Taunus

Karte
Kompass 1:50 000, Nr. 840 Östlicher Taunus

Infos
www.kronberg.de

Auf einem schmalen Weg verläuft die Wanderung vom Quellenpark über den Hardtbergturm bis zum Opel-Zoo. Hier laden u. a. Affen mit ihren Späßen zum Verweilen ein, und Flamingos zeigen ihre ganze Schönheit. Abschließend lockt der Quellenpark zu einem kurzen Aufenthalt.

Am Rand der Altstadt von Kronthal liegt der Quellenpark. Seit dem 16. Jahrhundert wurde die gesundheitlich positive Wirkung der Quellen im Sauerbornstal geschätzt. Der Aufenthalt dort war lange nur dem Adel vorbehalten. Die älteste Quelle ist die Theodorusquelle, deren Namensgeber der Arzt, Apotheker und Professor für Medizin und Botanik Theodorus Tabernaemontanus war; er beschrieb die Quelle bereits 1571.

Mammolshain und Hardtbergturm Am Parkplatz vom Ⓐ **Quellenpark Kronthal** beginnt die familientaugliche Rundwanderung. An den verschiedenen Heilquellen geht's entlang durch den Landschaftsgarten, dann überqueren wir die Kronthaler Straße. Hier ist die erste Markierung »Kastanien-Erlebnispfad« angebracht. Der Pfad windet sich durch die 200 Jahre alten Edelkastanien entlang des Sauerbornbachs, bis wir schließlich

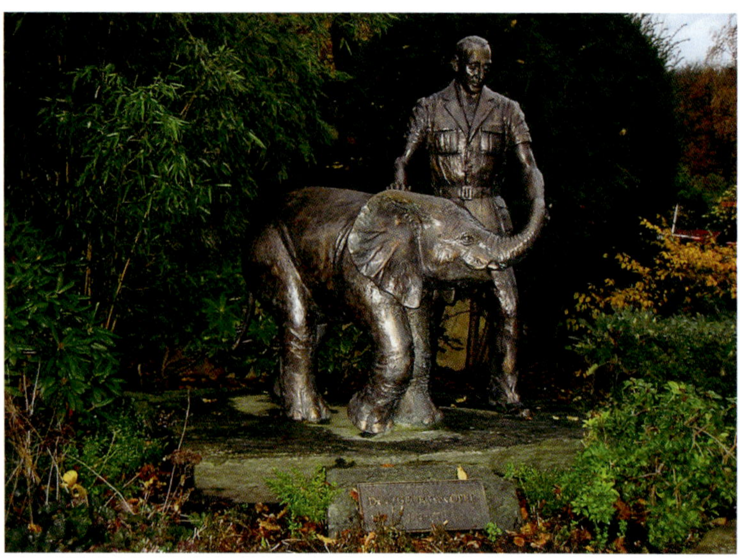

Die Statue von Georg von Opel

❶ **Mammolshain** erreicht haben. Entlang der Hauptstraße gelangen wir zu einer Kurve. Zwischen Ober- und Vorderstraße folgen wir weiter unserer Route und laufen auf dem schmalen Weg aufwärts bis zum Sportplatz. Auf der Hauptstraße weitergehend gilt es nach ca. 200 Metern links den Ochsenweg zu nehmen. Auf dem breiten Weg mit der Markierung X wandern wir nun zum ❷ Hardtbergturm. Eine Schutzhütte in seiner Nähe lädt auch bei schlechtem Wetter zu einer Rast ein.

Durch den Opel-Zoo Weiter geradeaus führt uns die Strecke wieder zur Mammolshainer Straße. Dort befindet sich auch der Waldparkplatz des ❸ **Opel-Zoos**. Nach Überqueren des Parkplatzes führt ein breiter Weg zum Opel-Zoo bzw. zum Philosophenweg. Der öffentliche Weg verläuft mitten durch den Zoo mit seinen über 1400 Tieren aus 200 Arten.
Nachdem der Zoo verlassen wurde, windet sich der Philosophenweg durch die Streuobstwiesen, bis wir die Altstadt von ❹ **Kronberg** erreicht haben.
Es ist empfehlenswert, durch die Gässchen mit den hübschen Fachwerkhäusern zu streifen und die Johanniskirche zu besuchen; diese wurde im 15. Jahrhundert erbaut und enthält einen spätgotischen Marienaltar sowie Grabmale ehemaliger Herrschaftsfamilien. Viele urige Gasthäuser laden zudem zum Verweilen ein. Hinter dem Rathausgarten führt die Tour wieder ausgeschildert zum Ⓔ **Quellenpark Kronthal**. Hier können wir Wasser aus den Quellen probieren und unsere Beine im Wassertretbecken kühlen.

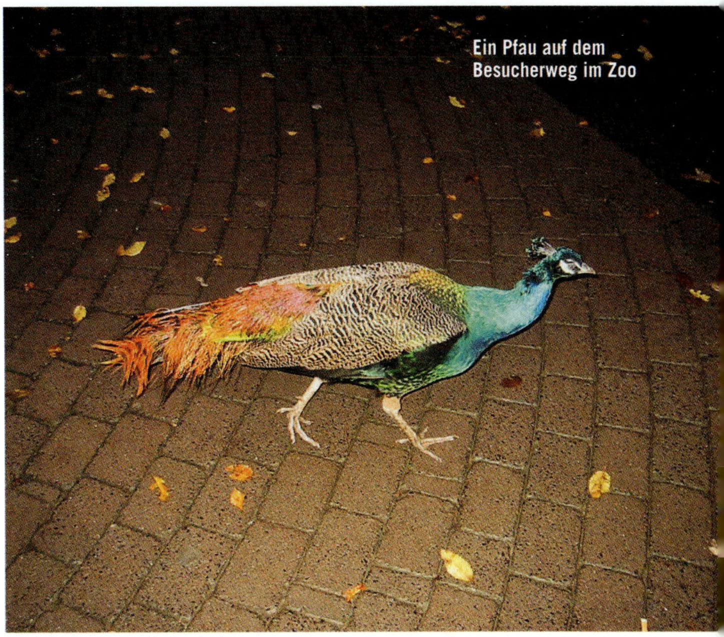

Ein Pfau auf dem Besucherweg im Zoo

Beliebte Dickhäuter

Der Opel-Zoo wurde 1956 von Georg von Opel als Forschungsgehege gegründet. Tiere aus allen Kontinenten und Klimazonen haben auf dem Gelände eine Heimat gefunden. Beliebt bei den Besuchern sind besonders die Afrikanischen Elefanten, die sonst in keinem hessischen Zoo zu sehen sind; das moderne Elefantenhaus mit Außenanlage ermöglicht eine gute Sicht auf die Publikumslieblinge (www.opel-zoo.de).

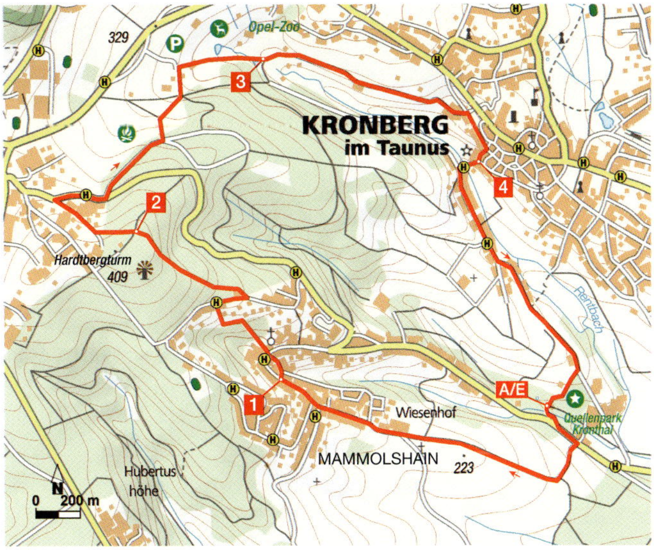

31

Am Mühlenwanderweg

Entlang des idyllischen Urselbachs

Mittel | 14 km | 31 Hm | 3 Std.

Tourencharakter
Interessante lange Wanderung ohne große Höhenunterschiede

Ausgangspunkt
U-Bahn-Station (U3) Hohemark in Oberursel

Endpunkt
Campingplatz Sandelmühle in Frankfurt am Main

Höchster Punkt
Hohemark 314 m

Anfahrt
Auto: Von Frankfurt am Main über A 661 und B 455 bis Oberursel-Hohemark; zurück mit der U3.
Bus & Bahn: Mit der U3 von Frankfurt bis Oberursel-Hohemark.

Beste Jahreszeit
Ganzjährig

Einkehr
Gasthaus Speisekammer in Heddernheim/Frankfurt am Main

Karte
Kompass 1:50 000, Nr. 840 Östlicher Taunus

Infos
www.taunus.info

Im Teich im Rushmore-Park spiegelt sich die Christuskirche

Eine schöne Wanderung ist die Tour auf dem Mühlenwanderweg. Auch wenn kaum noch Mühlen zu entdecken sind, bietet er tolle Naturerlebnisse entlang des Wassers. Mehrere Infotafeln informieren zudem über den Nutzen der Wasserkraft.

Der etwa 15 Kilometer lange Wanderweg startet an der Ⓐ **U-Bahn-Station Hohemark** (U3) am Taunus-Informationszentrum an der Grenze zum Stadtwald von Oberursel. Dieser mit einem Mühlrad markierte Wanderweg bietet – auch wenn kaum noch Mühlen zu sehen bzw. zu finden sind – schöne Aussichten und weist kaum Steigungen auf. Der Urselbach schien schon seit dem 15. Jahrhundert für Mühlen geeignet – 1448 werden 13 Mühlen genannt: vier Walkmühlen, zwei Ölmühlen, zwei Mahlmühlen, drei Schleifmühlen und zwei Lohmühlen.

Durch Oberursel Von der U-Bahn-Station wandern wir am Urselbach und später am Mühlgraben entlang bis zum ❶ **Parkplatz Bleiche** in der

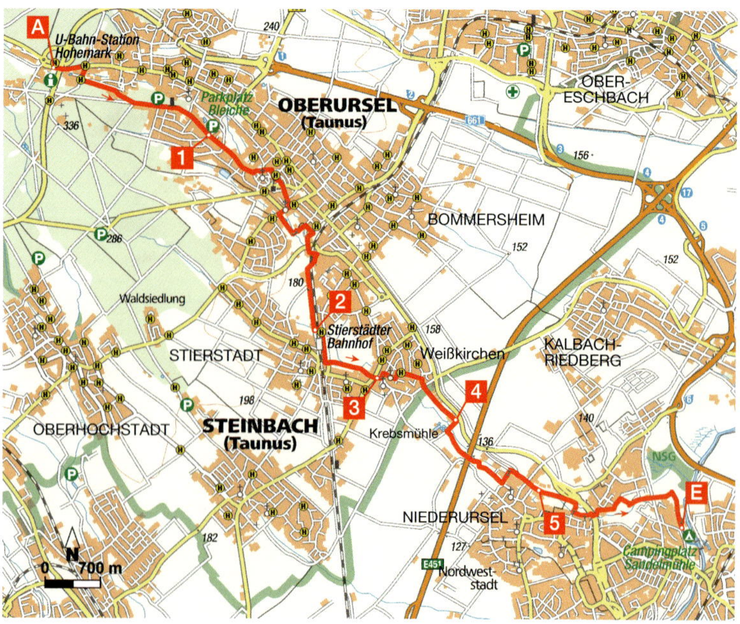

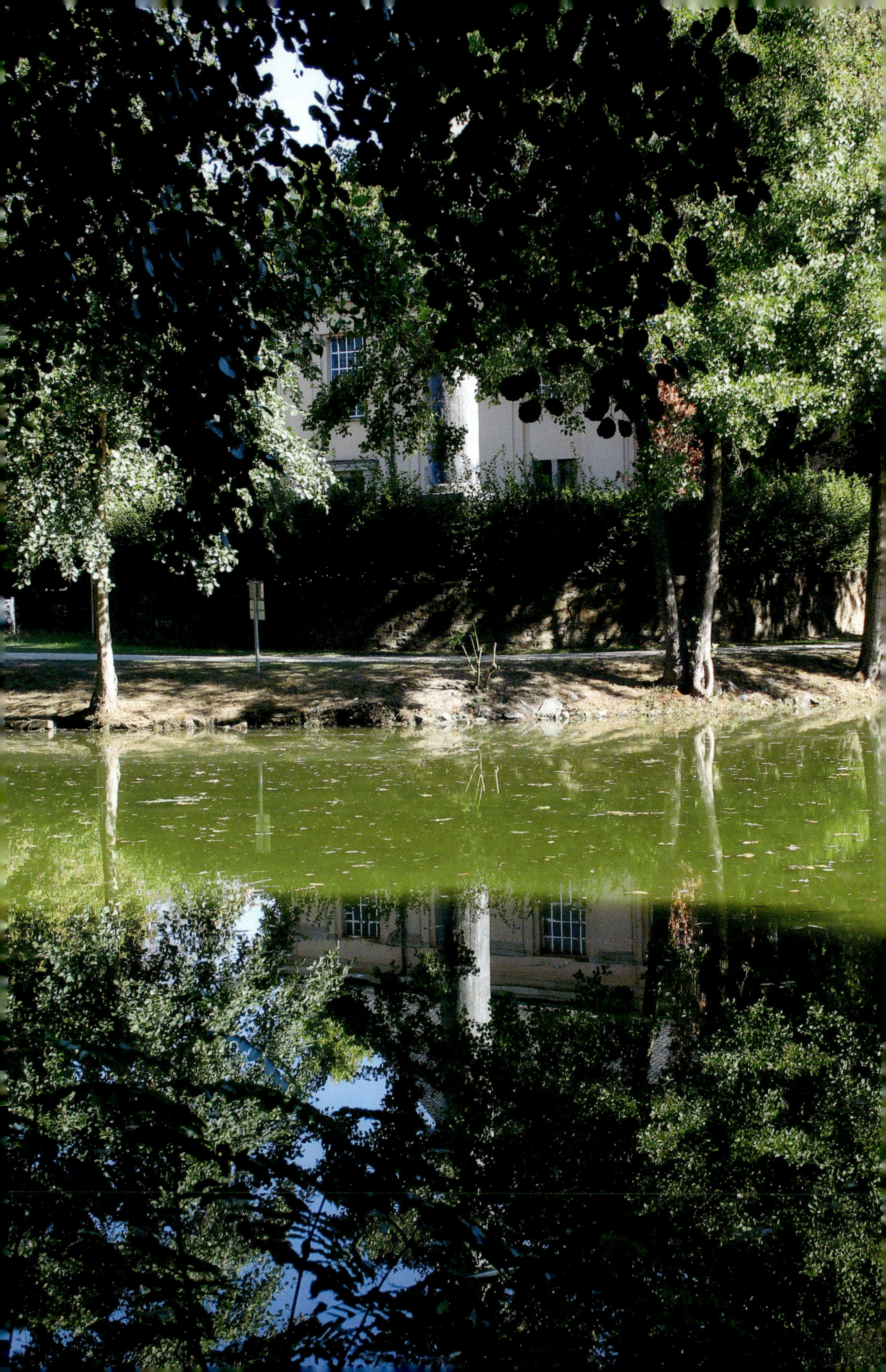

Wahrzeichen Oberursels

Schon von Weitem ist die St.-Ursula-Kirche sichtbar, Mitte des 15. Jh. erbaut. Allerdings haben Forscher herausgefunden, dass den Standort schon vor 1000 Jahren religiöse Bauwerke zierten. Im 500 Jahre alten Turm befindet sich das Turmmuseum, das im Rahmen einer Führung besichtigt werden kann. Außerdem kann man vom Turm aus einen schönen Blick über das Rhein-Main-Gebiet genießen.

Altstadt von Oberursel. Über Kopfsteinpflaster geht es nun zum Marktplatz, wo sich das Vortaunusmuseum in einem alten Fachwerkhaus befindet; es informiert über die Industriegeschichte Oberursels, darunter auch über die Nutzung des Urselbachs. Außerdem präsentiert es Dauerausstellungen zur Entwicklung des Seifenkisten-Sports und zum Maler Hans Thoma, der in Oberursel lebte. Neben dem Museum steht das Historische Rathaus, das 1479 auf den Resten der Stadttore erbaut wurde. Geziert wird es von einer Sonnenuhr und der barocken Nachbildung des Stadtwappens aus dem 15. bzw. 18. Jahrhundert.

Idylle im Rushmore-Park Über die Weidengasse gelangen wir zur Hospitalkirche St. Barbara von 1728. Über dem Eingang sowie auch im Inneren der Kirche ist die Patronin des kleinen Gotteshauses zu sehen. Der Hochaltar von St. Barbara ist wunderschön anzusehen: Ihn zieren Engel von Andreas Donett sowie der Hl. Rochus mit seiner Pestwunde und der Hl. Josef von dem aus Frankfurt stammenden Künstler Johann Bernhard Schwarzenberger.
Weiter geht es über die Korfstraße vorbei am Schäferbrunnen zum Rushmore-Park mit seinem kleinen Teich, in dessen Wasser sich die schöne Christuskirche spiegelt. Neben Enten und Reihern lassen sich hier auch Boulespieler entdecken. Viele Bänke laden zum Verweilen ein. Für Liebhaber von Büchern gibt es hier eine kleine nostalgische Telefonzelle, die als öffentlicher Bücherschrank genutzt wird.
Hinter dem Gelände des TC laufen wir links ein Stück auf der Aumühlenstraße weiter und dann rechts in die Wiesenaustraße. An deren Ende geht's ein Stück nach rechts und dann wieder links über die L 3015.

Historische Krebsmühle Wir laufen am Bahndamm entlang bis kurz vor dem ❷ **Stierstädter Bahnhof**. Nach Überquerung der Schienen führt die Strecke nach ❸ **Weißkirchen** und dort in den Zimmersmühlenweg. Anschließend wird ganz Weißkirchen durchquert, bis die ❹ **Krebsmühle** erreicht ist. Seit dem Mittelalter hat die Krebsmühle eine wechselvolle Geschichte. Die einstige Getreidemühle hatte unter mehreren Besitzern und Plünderungen zu leiden. Heute befinden sich auf dem historischen Gelände Läden und ein Restaurant und es werden zahlreiche Veranstaltungen durchgeführt.

Nach Niederursel Nach einer Weile weiter auf dem markierten Mühlenweg wandernd kommen wir nach ❺ **Niederursel**. Da der Ort am Urselbach liegt, siedelten sich hier einst viele Mühlen an, von denen heute allerdings nicht mehr viel sichtbar ist. Insgesamt waren hier einmal 34 Mühlen aktiv; heute werden sie als Betriebsstätten oder Wohnungen genutzt.
Wir verlassen nun vorerst den Urselbach, und kurzzeitig wird der Mühlbach zu unserem Begleiter. Über die Spielgasse, die Straße Alt-Niederursel und die Seibertgasse erreichen wir aber bald wieder den Urselbach, queren diesen und kom-

men in die Wiesenau. Weiter geht es auf dem markierten Weg nach Heddernheim und zur Nidda. Entlang des Flusses gelangen wir alsbald zum E **Campingplatz Sandelmühle**, wo nicht nur der Urselbach in die Nidda mündet sondern auch unsere Wanderung endet und wir mit der U-Bahn zurück nach Oberursel fahren können.

Wasserrad im Mühlbach

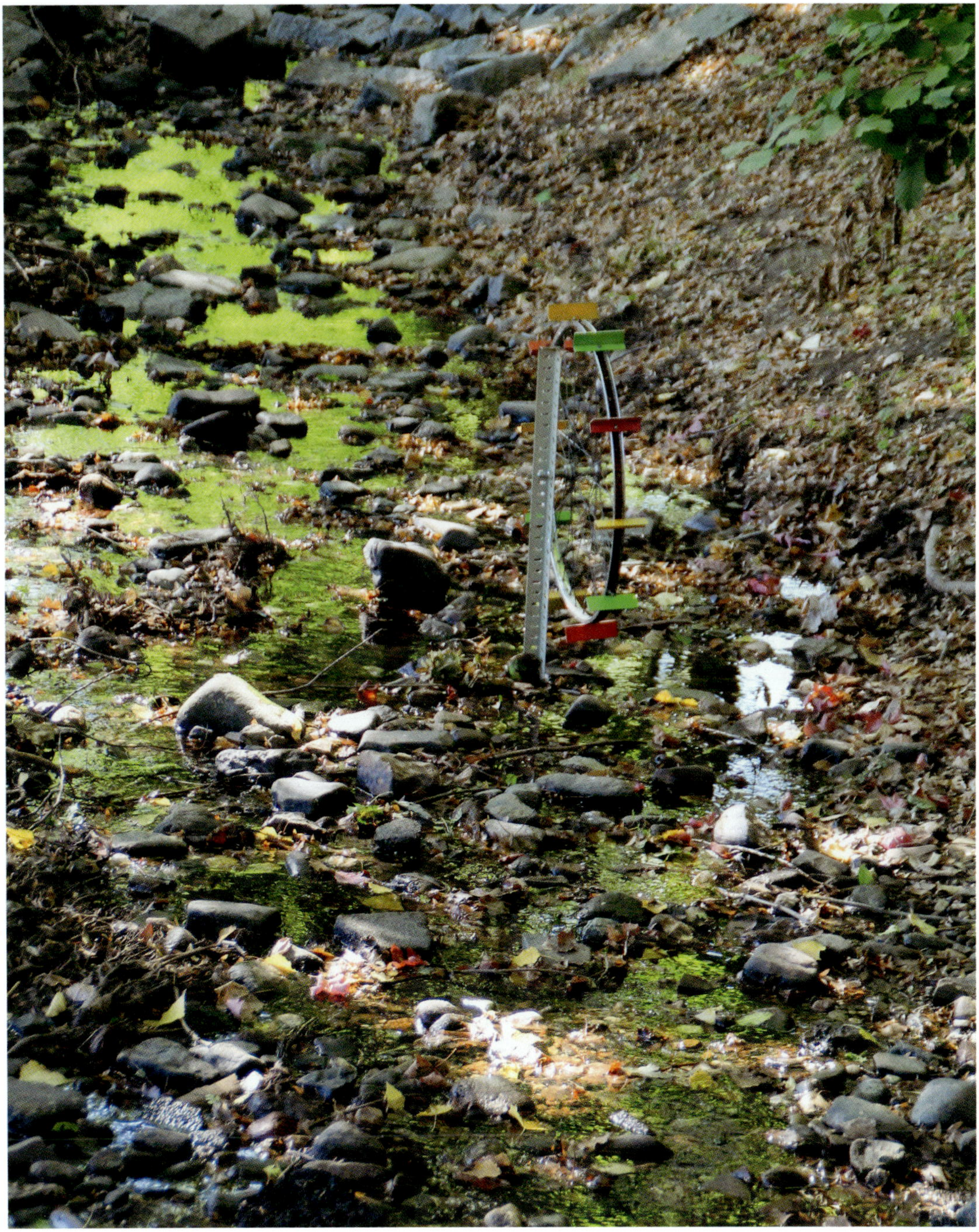

32 Wanderung zu archäologischen Highlights

Das Erbe der Römer und Kelten

Mittel | 18 km | 555 Hm | 5 Std.

Tourencharakter
Erlebnisreiche und landschaftlich schöne lange Tour zu den archäologischen Highlights im Taunus

Ausgangspunkt
Bahnhof Oberursel

Endpunkt
Bahnhof Saalburg. Rückfahrt mit der Taunusbahn nach Bad Homburg und weiter mit der S-Bahn nach Oberursel. Mit der Bahn dann zurück zum Ausgangspunkt

Höchster Punkt
Herzberg 591,4 m

Anfahrt
Auto: Über die A 661 bis Ausfahrt Nr. 2, nach Oberursel und zum Bahnhof.
Bus & Bahn: Mit der S-Bahn von Frankfurt nach Oberursel.

Beste Jahreszeit
Ganzjährig

Einkehr
Berggasthof Herzberg am Herzbergturm; Restaurant im Bahnhof Saalburg

Karte
Kompass 1:50 000, Nr. 840 Östlicher Taunus

Infos
www.taunus.info

Das ehemalige Oppidium Heidegetränk ist das erste Highlight dieser Tour. Dann führt die Wanderung über die keltischen Wallanlagen zum Herzbergturm mit seiner phänomenalen Aussicht. Ein weiteres Ziel ist das ehemalige Römerkastell Saalburg mit dem Limes.

Vom **A Bahnhof Oberursel** geht es links zur Nassauer Straße. Dann folgen wir dem Mühlenweg. Immer den Urselbach in der Nähe gilt es nun die Parkanlagen auf markierten Wegen zu durchstreifen. Weiter durch die Gartenanlage wird der Weg sichtbar schmaler. Nach der Überquerung eines Wegs ist das erste Zwischenziel, eine Schutzhütte, bald erreicht. An der **1 Klinik Hohemark** führt die Route nun rechts weiter bis zur

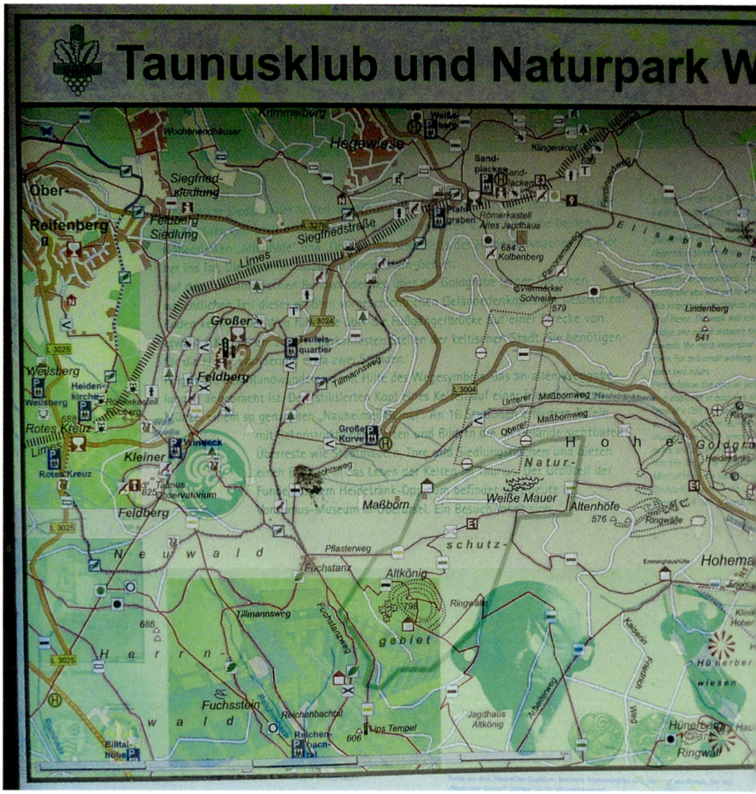

Beste Orientierung im Taunus

Hauptstraße. Eine Hinweistafel vermittelt dort Informationen zum Verlauf des archäologischen Wanderwegs.

Archäologie mit Aussicht Jetzt gilt es, der Markierung roter Punkt am Archäologischen Rundweg mit seinen Stationen 16 bis 8 bis zur ❷ **Schönen Aussicht** zu folgen. An dieser Stelle wenden wir uns nach rechts und folgen dem Rundwanderweg weiter den Berg hinauf, begleitet von Tafeln mit Informationen zu den vorhandenen Wall- und Toranlagen.

An der Station 8 laufen wir auf dem Weg mit der Markierung schwarzer Strich weiter bis zu einer Weggabelung, wo wir nun den unmarkierten Pfad geradeaus nehmen. Nach ca. 400 Metern treffen wir wieder auf die Markierung roter Strich und wenden uns nach links.

Über den Bleibeskopf ... An der Kreuzung mit dem gelben Punkt erreichen wir die zweite Schutzhütte auf dieser Tour. Hier wechseln wir nun auf den Weg mit der Markierung schwarzes Dreieck. In Kürze verlassen wir aber die markierten Wege und biegen rechts in einen un-

Keltisches Oppidium Heidegetränk

Der Wall der ehemals großen Keltensiedlung erstreckt sich über die Höhenrücken Altenhöfe und Goldgrube. Informationstafeln geben Auskunft über das damalige Leben in der keltischen Stadt. Im Vortaunusmuseum in Oberursel können archäologische Exponate, wie z. B. Geräte für die Feld- und Gartenarbeit, bewundert werden (www.vortaunusmuseum.de).

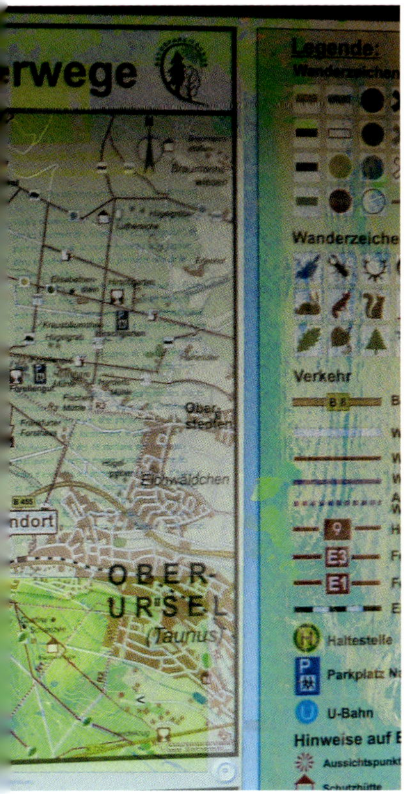

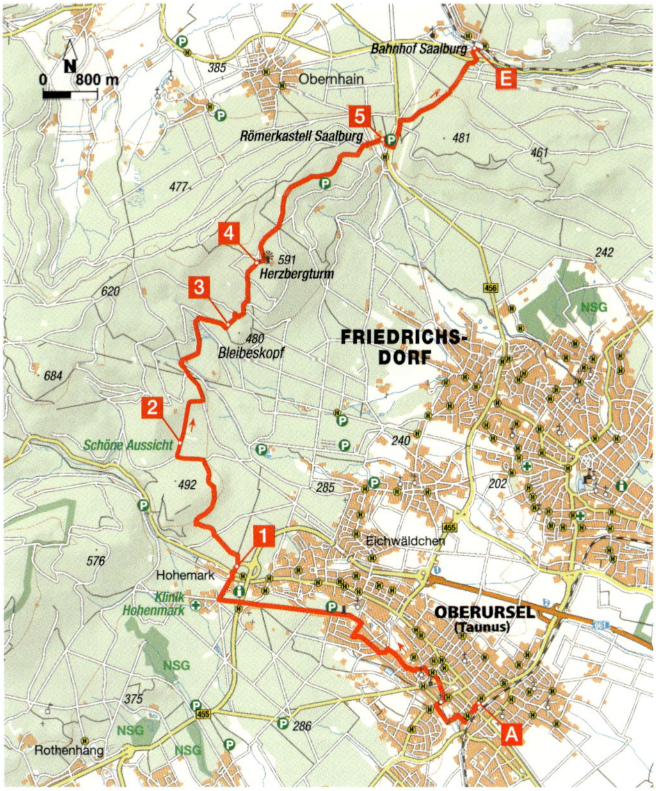

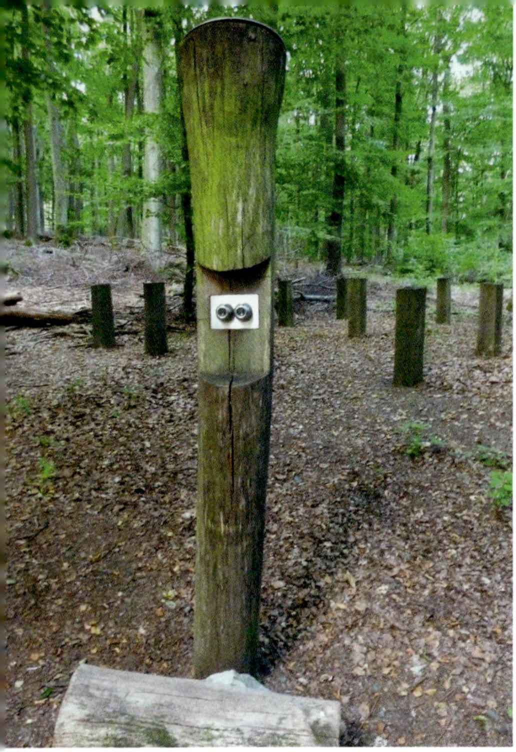

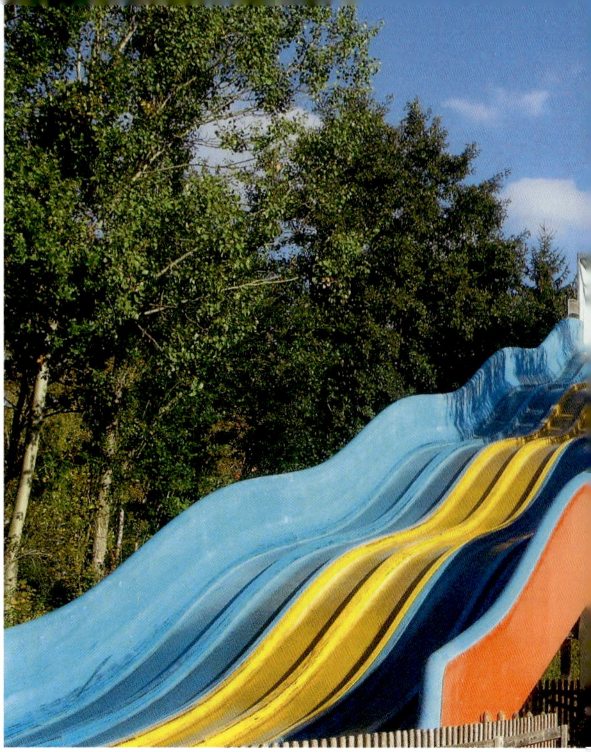

Links:
Spannender Durchblick auf dem Archäologischen Rundweg

Mitte:
Zum Abschluss eine Rutschpartie im Freizeitpark

markierten Forstweg ein. Im Tal des Habigsborn wählen wir an der Kreuzung den linken Weg und an der zweiten Kreuzung wieder links den Weg, der uns zum ❸ **Bleibeskopf** (480 m) bringt. Früher wurde er auch Bleibiskopf genannt und aufgrund der bizarren Felsen als Kultplatz genutzt. Der Gipfel mit dem Ringwall ist ein schöner Platz für eine Rast.

... zum Herzbergturm Auf dem Forstweg rechts haltend, geht es auf dem Weg mit der Markierung blauer Punkt weiter. Im weiteren Wegverlauf treffen wir nun immer wieder auf interessante Figuren im Wald. Über steinigen Untergrund folgen wir dem Pfad bis zum ❹ **Herzbergturm**. Die Form des Turms wurde dem eines römischen Limes-Wachturms nachempfunden – außer in seiner Größe, denn der Herzbergturm ist mit 24,5 Metern höher als ein Wachturm. Nachdem wir den Turm bestiegen haben, können wir uns an der grandiosen Aussicht erfreuen. In direkter Nähe befindet sich zudem der Berggasthof Herzberg, in dem das Verkosten der Wildbratwurst oder der Forellengerichte empfehlenswert ist.

Zum Römerkastell Saalburg Nun gilt es, der Markierung schwarzes Dreieck über bequeme Wege bis zum ❺ **Römerkastell Saalburg** zu folgen. Das Kastell befindet sich auf einem Taunuskamm, der als Passübergang genutzt wurde und wird. Wenn vor und hinter der Saalburg noch kein Schnee liegt, finden sich am Kastell oft schon die ersten Wintersportfreunde ein. Auch im Sommer ist es hier immer etwas kühler. Mehr als 500 Soldaten, die an die Kälte gewöhnt waren, bewachten hier den Grenzwall Limes. Vor dem Kastell befand sich ein kleines Dorf mit Handwerkern und Händlern. Um das Jahr 260 verließen die Römer die Wehranlage, und die Gebäude wurden sich selbst überlassen. Um 1900 veranlasste Kaiser Wilhelm II. einen teil-

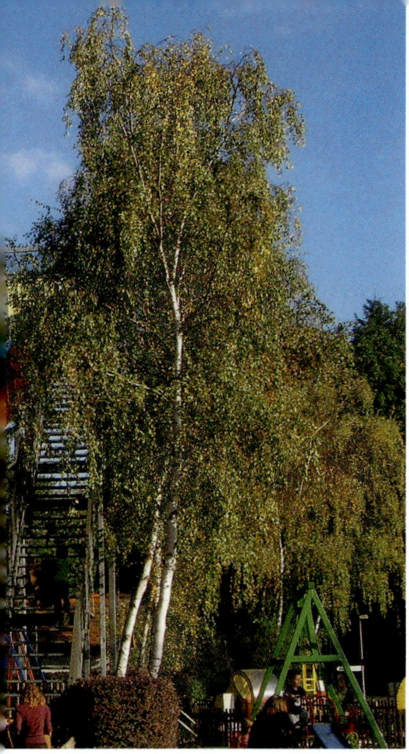

weisen Wiederaufbau. Infolge von Ausgrabungen konnten etliche Funde aus dem täglichen Leben der Soldaten und Bewohner geborgen werden, die man heute im Saalburg-Museum besichtigen kann.

Denkmalgeschützter Bahnhof Entlang der Straße und mit der Markierung blaues X gelangen wir in Kürze zum Ⓔ **Bahnhof Saalburg** in der Nähe des Freizeitparks Lochmühle. Das ehemalige Empfangsgebäude des Bahnhofs wurde im Stil eines malerischen Gartenhauses gebaut; das damalige Stationsgebäude steht heute unter Denkmalschutz und wird als Restaurant genutzt. Von hier aus können wir mit der Bahn zum Ausgangspunkt zurück fahren.

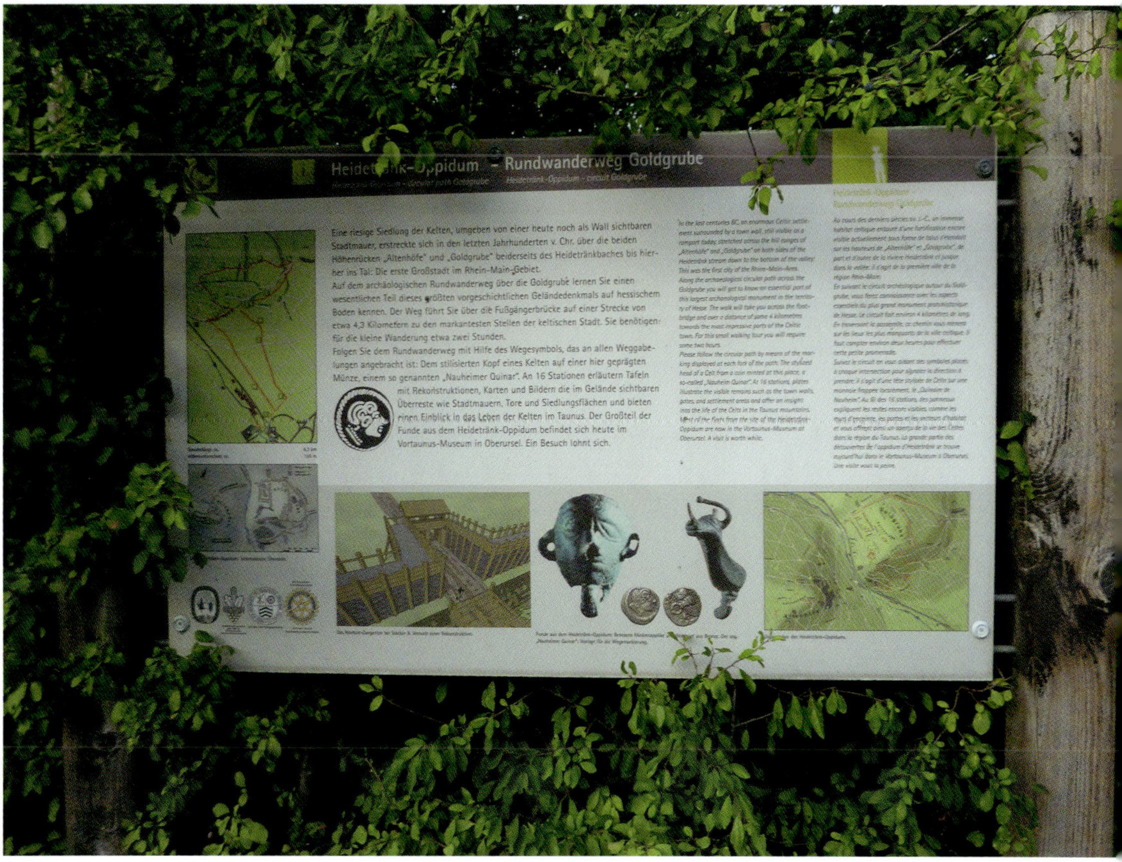

Lehrreiche Schautafel zur Goldgrube

33

Zum Forellengut Herzberger

Beschauliche Tour im Oberurseler Stadtwald

Leicht 10 km 110 Hm 2.30 Std.

Tourencharakter
Markierte Wanderung (R3) durch Wald und am Bach entlang zum Forellengut

Ausgangspunkt
Parkhotel am Taunus in Oberursel

Endpunkt
Bahnhof Oberursel

Höchster Punkt
Forellengut 350 m

Anfahrt
Auto: Über A 661 oder B 455 nach Oberursel, dort über die Hohemark durch die Hohemarkstraße zum Parkhotel; Rückfahrt mit der U3 zum Ausgangspunkt.
Bus & Bahn: Von Frankfurt mit der U3 zur Hohemark/Oberursel.

Einkehr
Forellengut Herzberger in Oberursel

Karte
Kompass 1:50 000, Nr. 840 Östlicher Taunus

Infos
www.taunus.info

Diese bequeme Tour führt durch den Wald zu einem besonderen Baum. Weiter am launigen Bach entlang ist bald das Forellengut Herzberger mit seinen Teichen in Sicht. Weiter geht es über ein sonniges Feld zu einem geschichtsträchtigen Ort, der an ein vergangenes Dorf erinnert.

Vom **A Parkhotel am Taunus** führt die Tour markiert auf dem Forsthausweg entlang. Unter der B 455 hindurch ist das Tierheim Hochtaunus am Wald bald erreicht. Schon von Weitem ist das Bellen der Hunde zu hören. Hier befindet sich auch in direkter Nähe das ehemalige **1 Frankfurter**

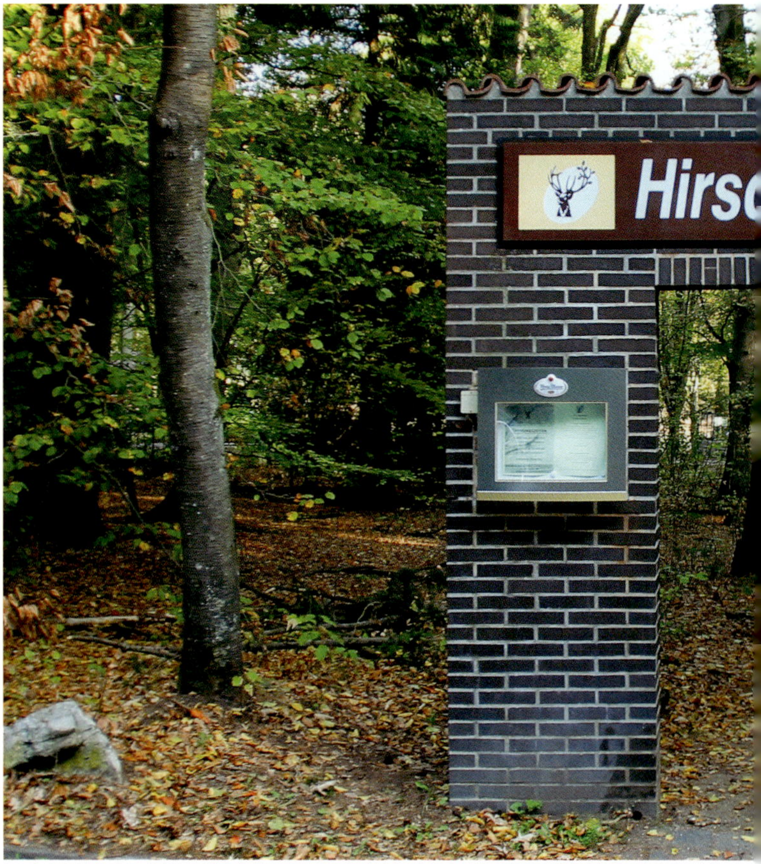

Eingang zum Hirschgarten

Forsthaus. Sehr beeindruckend ist der ca. 110 Jahre alte Mammutbaum mit seinem Umfang von etwa 7,9 Metern.

Zum Forellengut Nun geht es links weiter in den Haardtweg. Nach wenigen Hundert Metern erreichen wir den Weg mit der Markierung rotes Kreuz; auf ihm gelangen wir bequem zum Kalten Wasser, dem Quellbach des Dornbachs.

Eine wunderbar lauschige Strecke erwartet uns nun. Rechts sehen wir schon die Forellenteiche und weiter ei-

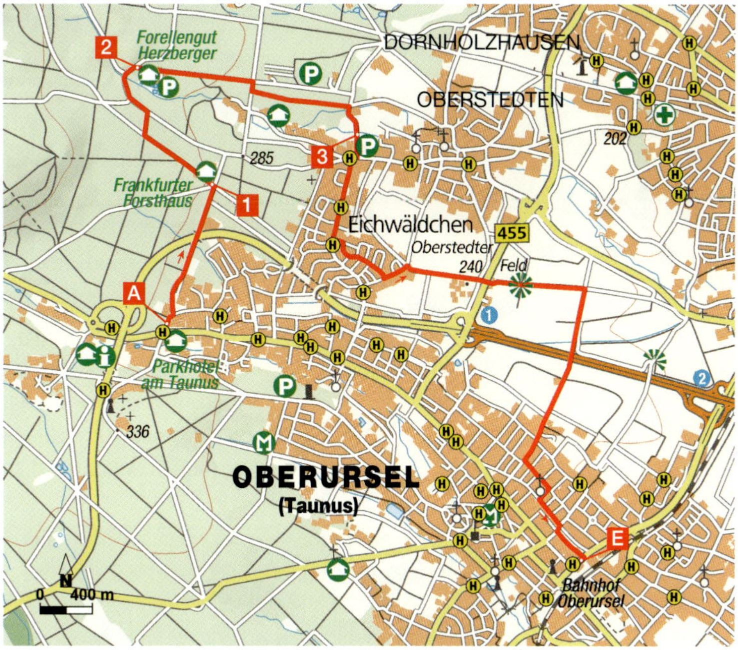

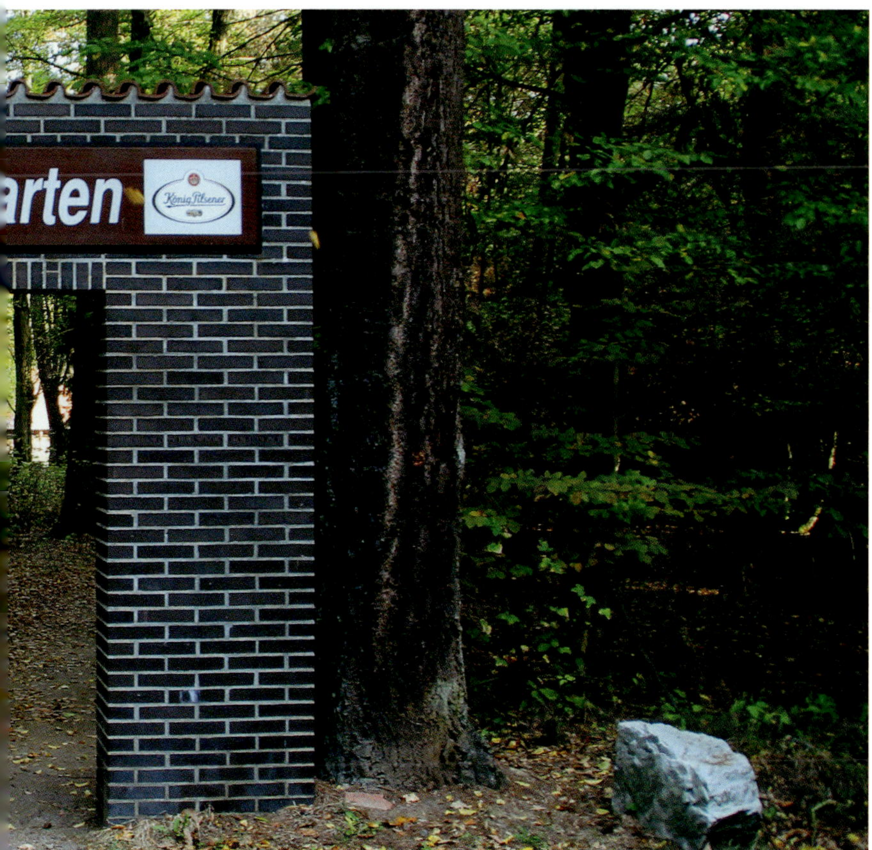

Königlich und kaiserlich

Einst gehörte das Familienunternehmen zu den königlich-kaiserlichen Hoflieferanten. 1894 wurde das Forellengut gegründet; es verfügt mittlerweile über 40 Teiche. Neben Forellen können hier auch Zander, Karpfen, Barsche oder Hechte fangfrisch gekauft werden. Frisch zubereitet sind sie eine Leckerei, die im schönen alten Biergarten oder in den gemütlichen Gasträumen verkostet werden kann (www.forellengut-herzberger.de).

nen kleinen Hügel mit einem Obelisk. Auf der Obeliskenschneise weiterwandernd ist in Kürze das ❷ **Forellengut Herzberger** erreicht (s. Tippkasten). Hier lohnt es sich durchaus einzukehren und eines der köstlichen Fischgerichte zu probieren.

Nach Oberstedten Weiter auf der markierten Route geht es rechts in den Wald hinein. An der Hölschermühle vorbei ist die König-Wilhelm-Schneise nicht mehr weit. Dort wandern wir ein Stück nach rechts, halten uns dann wieder links und laufen über den Haardtweg bis zum Waldrand. In ❸ **Oberstedten** angekommen biegen wir rechts in den Ahornweg. Danach kreuzt der Hühnerbergweg unsere Route, dem wir links folgen. Schon bald kreuzt dieser den Bergweg, wobei

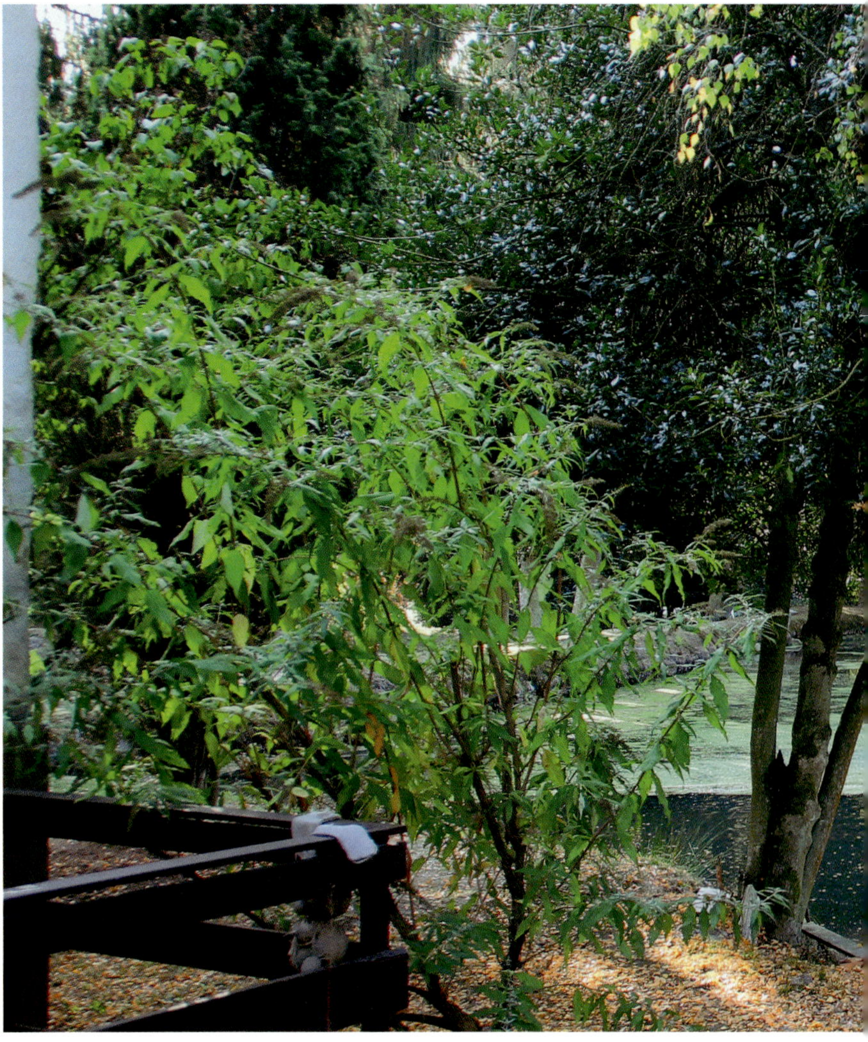

Der große Fischteich des Forellengutes

sich ein schöner Ausblick auf Oberursel und Bad Homburg ergibt. Nun am Feldweg weiterwandernd und am Geflügelzuchtverein vorbei ist die B 456 in Sichtnähe.

Durchs Mittelstedter Feld Nach dem Überqueren der B 456 führt die Route durch das Mittelstedter Feld bis zum Lindenbäumchen. Diesem wird nachgesagt, eine ehemalige Gerichtslinde gewesen zu sein. Das Feld wie auch die Linde erinnern heute noch an das ehemalige Dorf Mittelstedt, das vermutlich 1420 zu Zeiten des Städtekriegs untergegangen ist.

Nun geht es weiter über eine Brücke über die A 661. Als Nächstes erreichen wir das Stadtgebiet von Oberursel mit der Freiligrathstraße. Rechts in die Bleibiskopfstraße biegend passieren wir das Schulgelände der Erich-Kästner-Schule und gelangen über die Liebfrauenstraße in die Adenauerallee. Der E **Bahnhof Oberursel** ist nun in direkter Nähe. Ganz bequem können wir nun mit der U3 zu unserem Ausgangspunkt zurückfahren.

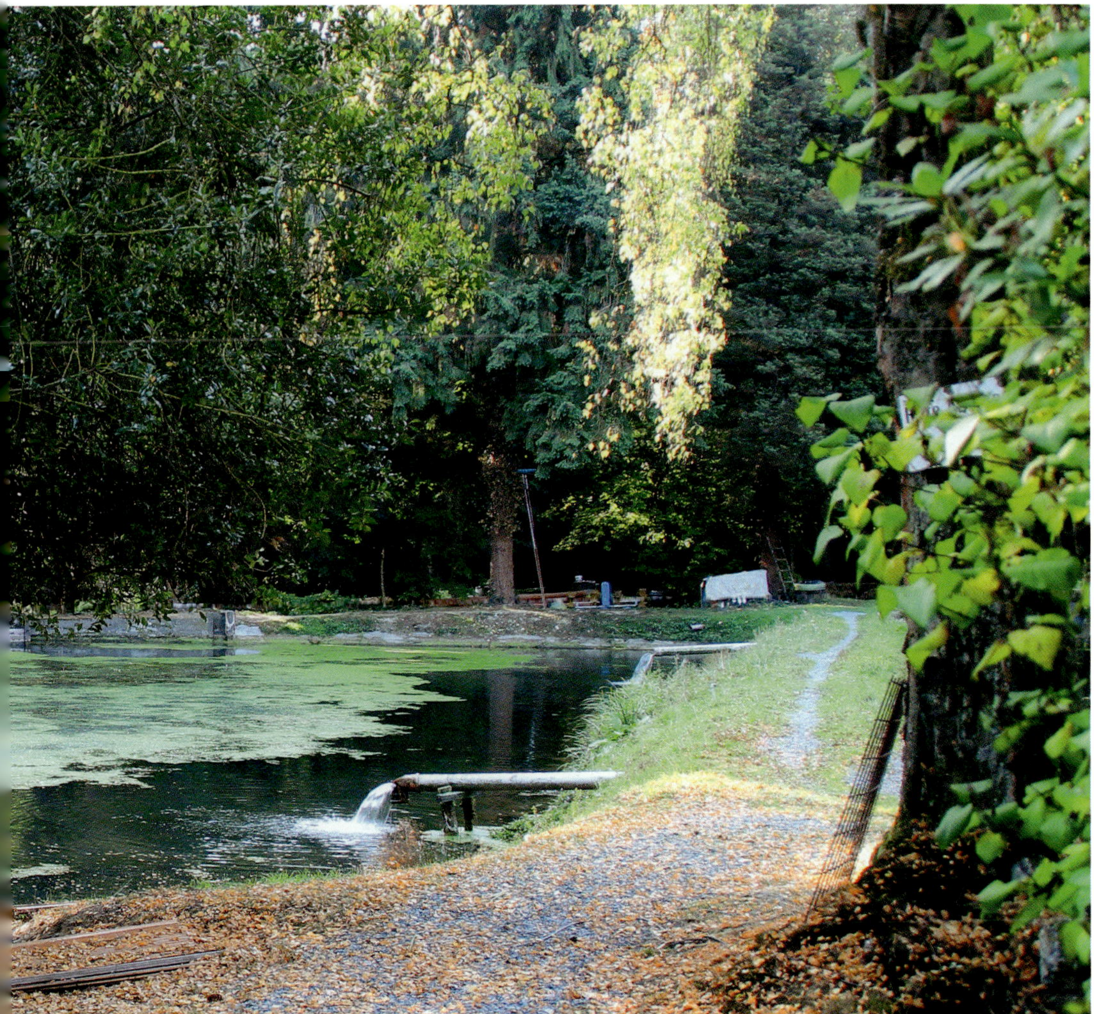

34

Zum Bleibeskopf

Kühle Bachtäler und hohe Türme

Schwer 16 km 545 Hm 4.30 Std.

Tourencharakter
Lange Wanderung durch den Wald auf teilweise unmarkierten Wegen mit historisch interessanten Höhepunkten

Ausgangs-/Endpunkt
Wanderparkplatz Hohemark in Oberursel

Höchster Punkt
Herzberg 591 m

Anfahrt
Auto: Über A 661 oder B 455 nach Oberursel und zur Hohemark.
Bus & Bahn: Mit der U3 von Frankfurt aus direkt zur Hohemark.

Beste Jahreszeit
Ganzjährig

Einkehr
Restaurant Hirschgarten in Bad Homburg vor der Höhe; Freizeitrestaurant Waldtraut in Oberursel

Karte
Kompass 1:50 000, Nr. 840 Östlicher Taunus

Infos
www.taunus.info

Über schöne Waldwege und Pfade führt die schwere Wanderung zu historischen Stätten am Bleibeskopf und zu wunderbaren Aussichtsplätzen wie dem Turm auf dem Herzberg. Am Ende besuchen wir noch eine alte eindrucksvolle Luthereiche.

Am Ⓐ **Wanderparkplatz Hohemark** in Oberursel starten wir die Tour. In direkter Nähe befindet sich das Taunus-Informationszentrum, wo wir uns noch einige Anregungen für die Wanderung besorgen können. An-

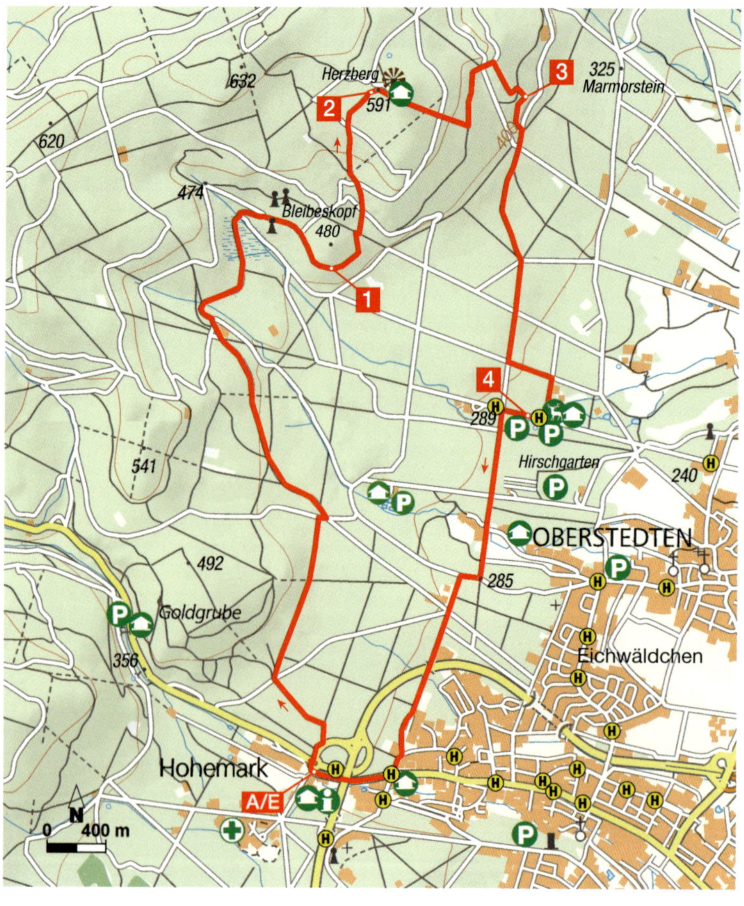

Auf dem Weg zum Bleibeskopf

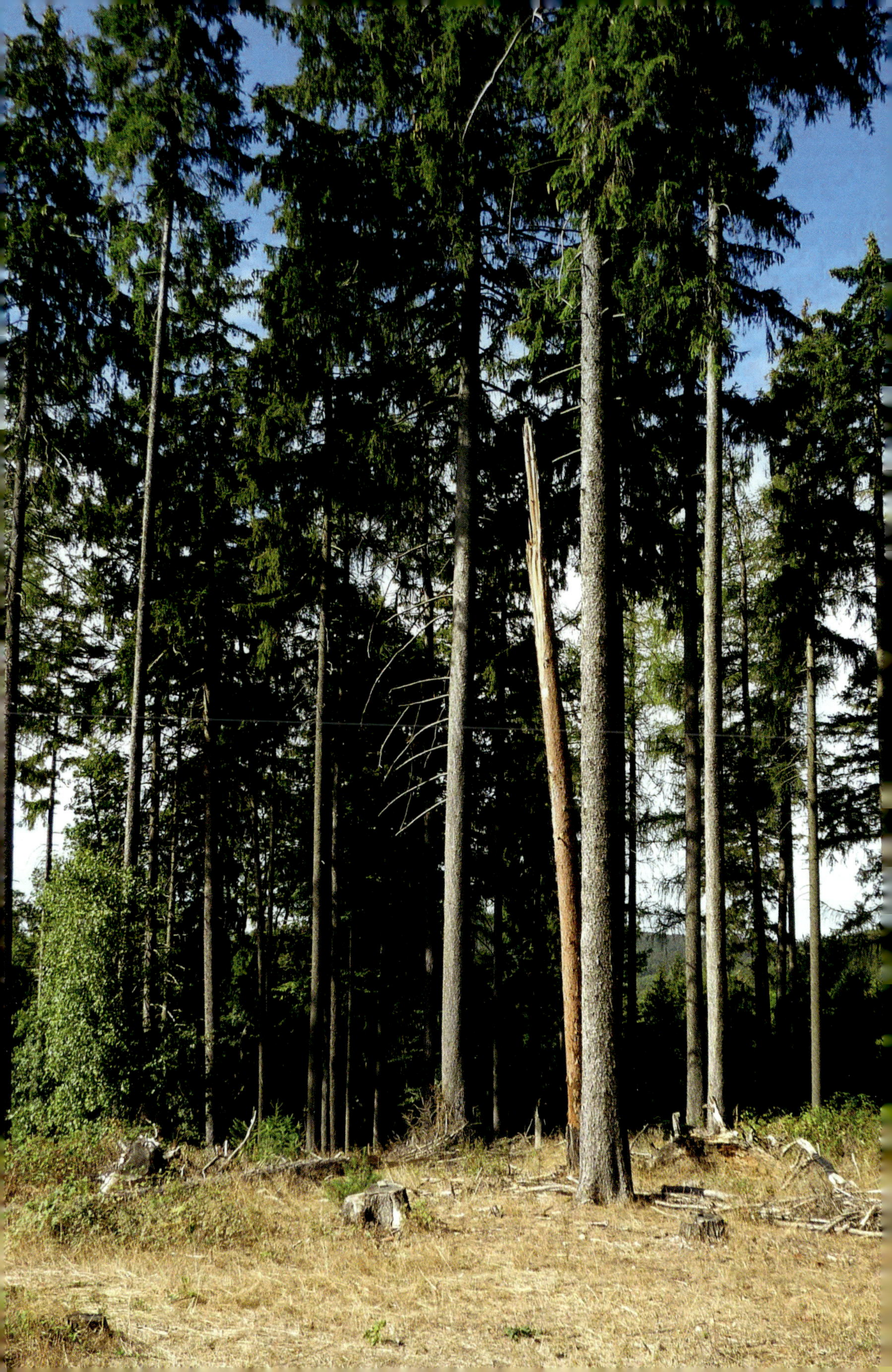

schließend überqueren wir die Hohemarkstraße, laufen ein Stück den Brückenweg entlang und biegen dann links in den Förster-Eigenbrodt-Weg ab. Jetzt befinden wir uns mitten im Wald und genießen die Stille und Einsamkeit. Der Förster-Eigenbrodt-Weg wird später vom Panoramaweg abgelöst. Vorbei an der urigen Bärenhöhle gehen wir über den Unteren Goldgrubenweg, bis wir auf die Viermärker Schneise treffen. Ein Stück links weiter biegen wir dann rechts in den Mathkreuzweg ab.

Keltische Gedächtnisstätte Nach kurzer Zeit halten wir uns wieder links und erreichen die Homburger Hütte. Bei schlechtem Wetter dient sie dem Wanderer als Schutz. Rechts über den Ferdinands- und den Landsgrafenweg treffen wir auf das

Der Herzbergturm ist ein beliebtes Ausflugsziel

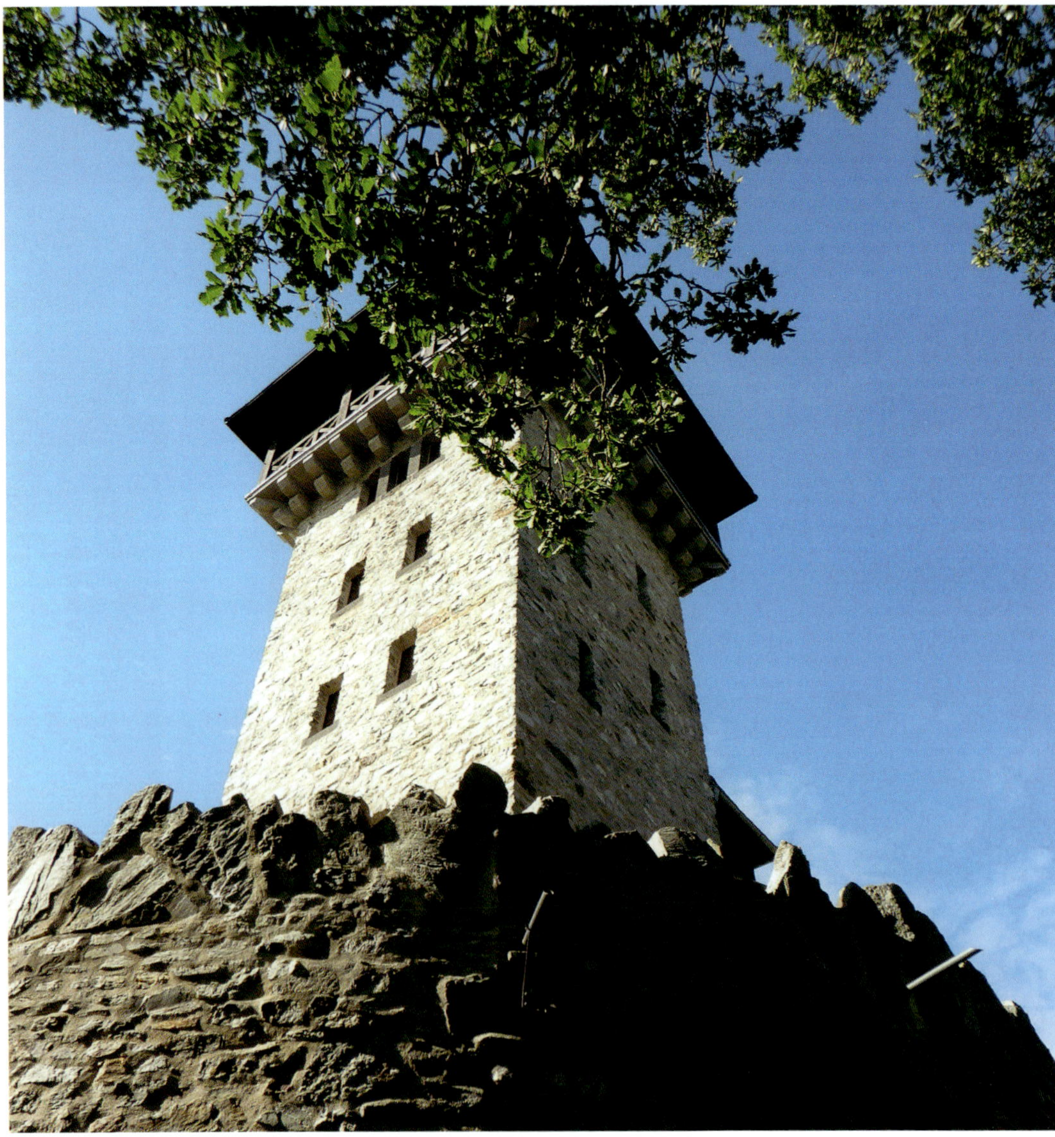

Kalte Wasser, den Quellbach des Dornbachs. Wir bleiben auf dem Landsgrafenweg und erreichen schließlich das Heuchelbachtal, durch das wir weiterwandern und schließlich den Heuchelbach queren.
Nun geht es Richtung Bleibeskopf. Hier und da sehen wir kleine Steintürmchen auf unserem Weg, die uns die Richtung weisen. Der ❶ **Bleibeskopf** (480 m) ist eine keltische Gedächtnisstätte mit Ringwällen und bietet einen faszinierenden Blick auf Frankfurt.

Mühlenbrunnen

Im größten Stadtteil von Oberursel, in Oberstedten, befindet sich ein Steinmühlenbrunnen. Dieser wurde zur Erinnerung an die zahlreichen Oberstedter Mühlen aus den originalen Kollergangsteinen der Hölscher Pappenmühle errichtet.

Marmorstein und Luthereiche Weiter wandernd erreichen wir den Turm von Lugnasad, einen Aussichtspunkt. Als nächstes Ziel begrüßt uns der ❷ **Herzbergturm**, von dem wir einen wunderbaren Blick auf den Taunus genießen: Eindrucksvoll präsentiert sich uns von hier der Große Feldberg (881 m) mit seinen Türmen. Nun geht es weiter markiert über die Telegraphenschneise bis zum ❸ **Marmorstein**, eine eindrucksvolle Felsengruppe aus Taunusquarzit.
Alsdann gelangen wir auf dem König-Wilhelms-Weg bald zur Luthereiche. Der Baum mit seinem Umfang von mehr als zweieinhalb Metern wurde 1817 im Rahmen des 300-jährigen Reformationsfests gepflanzt.

Zum Hirschgarten Von hier aus geht es zügig auf ausgeschildertem Weg weiter. Das nächste Zwischenziel ist der ❹ **Hirschgarten** mit seinem Restaurant und dem kleinen Wildpark. Als Garten wurde der Hirschgarten im Jahr 1698 durch den damaligen Landgrafen errichtet. Um 1822 ließ Friedrich VI. den Garten zum Wildgehege umgestalten – zwölf Hirsche waren damals die ersten Tiere. Später pachteten die Brüder Blanc das Gelände und richteten im Pürschhäuschen 1858 die erste Wirtschaft ein. Das heutige Gebäude mit dem Restaurant ersetzte später das Pürschhäuschen. Heute leben hier im Hirschgarten immer noch verschiedene Arten von Rotwild und Ziegen. Von der Terrasse des Restaurants können die Vierbeiner wunderbar beobachtet werden. Ein Minigolfplatz lädt zudem zum Relaxen ein. Wenige Meter unterhalb des Restaurants befindet sich eine Lichtung, wo gegrillt werden kann.

Rückweg zur Hohemark Auf der anderen Seite der Elisabethenschneise in Bad Homburg geradeaus weiter erreichen wir die Obeliskenschneise. Hier biegen wir rechts ab und wandern dann nach links auf dem König-Wilhelm-Weg weiter. Über die Hölschersmühle gelangen wir letztendlich wieder zum Ⓔ **Wanderparkplatz Hohemark**.
Hier können wir nochmals das Taunus-Informationszentrum besuchen oder uns auf den Liegestühlen im Außenbereich herrlich entspannen. Wer sich nach der Tour noch stärken möchte, dem sei das Freizeitrestaurant Waldtraut empfohlen. Sportlich Ambitionierte können an der Außenwand des Gebäudes bouldern, andere die Erlebnis- und Entdeckerausstellung besuchen, in der die Besonderheiten des Naturparks anschaulich dargestellt werden.

35

Von Kronberg nach Königstein

Felsen und Burgen

Mittel | 17 km | 470 Hm | 4.30 Std.

Tourencharakter
Aussichtsreiche lange Streckentour mit einigen Aufstiegen mit geologischen Höhepunkten

Ausgangspunkt
Bahnhof Kronberg

Endpunkt
Bahnhof Königstein

Höchster Punkt
Billtalhöhe 527 m

Anfahrt
Auto: Über die B 455 nach Kronberg, dort über Hain- und Schillerstraße zum Bahnhof.
Bus & Bahn: Mit der S4 von Frankfurt bis Bahnhof Kronberg. Von Königstein mit dem Bus 85 zurück zum Ausgangspunkt.

Beste Jahreszeit
Ganzjährig

Einkehr
Naturfreundehaus Borgnisweg im Billtal

Karte
Kompass 1:50 000, Nr. 840 Östlicher Taunus

Infos
www.kronberg.de

Schöne lange Waldabschnitte, eigentümliche Felsen mit Geschichte sowie Aussichten, Burgen und das Billtal erwarten den Wanderer auf dieser Tour. Hierbei ist nur leichtes Gepäck vonnöten, denn auf der Strecke gibt es mehrere Einkehrmöglichkeiten.

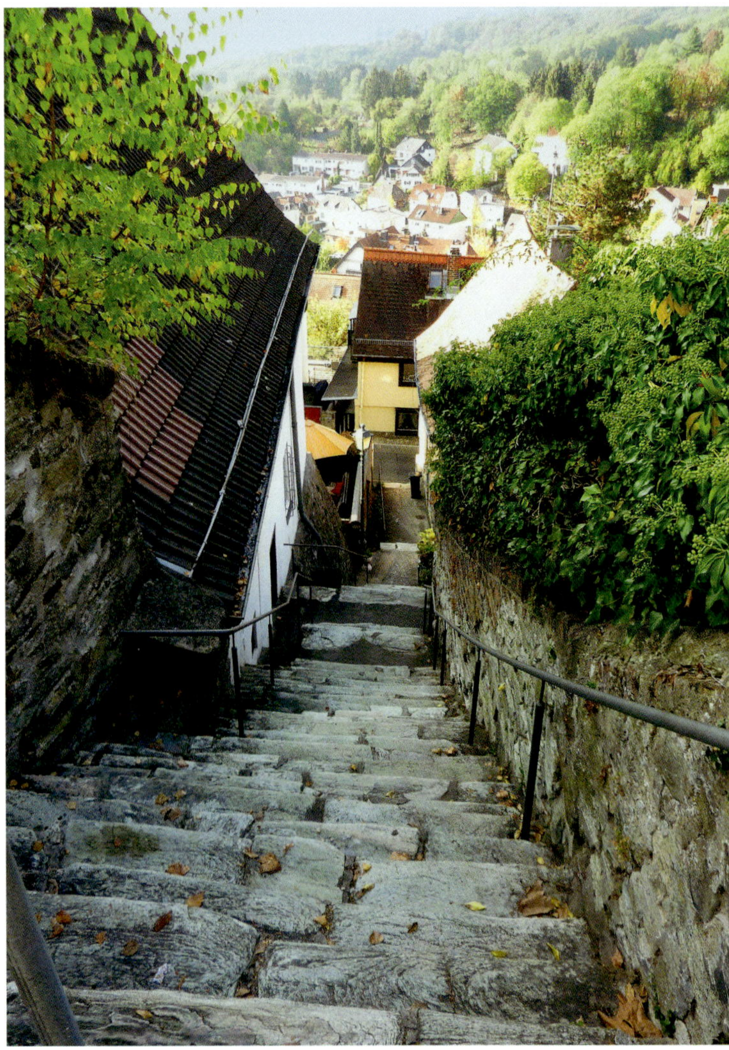

Viele Treppen führen zur Burg

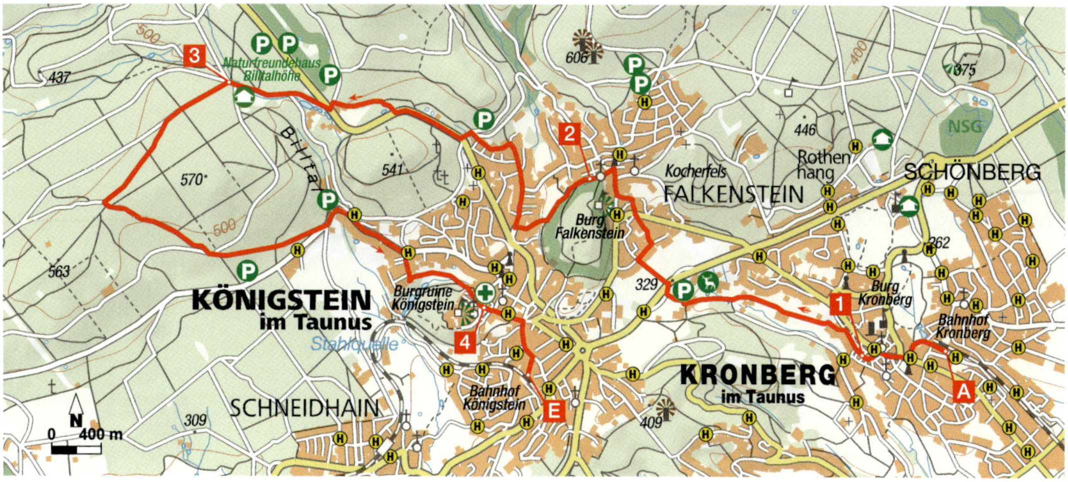

Vom **A** **Bahnhof Kronberg** erreichen wir nach rechts über die Bahnhofstraße den Kurpark, wenden uns dort links in die Bleichstraße und kommen bergan zum Berliner Platz. Von hier aus geht es über die Frankfurter Straße und die Friedrich-Ebert-Straße zur Burg. An der **1** **Burg Kronberg** vorbei folgen wir rechts der Oberen Höllgasse und gelangen über die Doppesstraße zur Hainstraße, der wir links folgen. Am Viktoriapark entlang gelangt man links über die Viktoriastraße zum Aberystwyth-Kreisel.

Zum Kocherfels Dort weiter geradeaus laufend erreichen wir den Ortsrand des Ortsteils Schönberg und biegen links auf den Förster-Hans-Streun-Weg ein, dem wir bis zum großen Hochbehälter folgen. Hinter diesem biegen wir rechts in die Straße Oberer Aufstieg und gelangen zum Bildungszentrum Kronberg. Hier verlassen wir die Straße und biegen links in den Wald ein. Jetzt geht es aufwärts bis zum Kocherfels. Bei dieser schönen Felsformation findet man noch Grünschiefer, der früher abgebaut und als Baumaterial verwendet wurde. Außerdem hat man von hier einen schönen Blick auf die Burg Falkenstein.
Mit Hilfe der Wegmarkierung schwarzer Ring gelangen wir zum Debusweg, dem wir bis Falkenstein folgen.

Burg Falkenstein Rechts über die Straße Alt-Falkenstein und links in den Reichenbachweg biegend machen wir uns auf den Weg zur Burg. Links über Am Steingarten an der Kirche vorbei gelangen wir auf einem steilen Abschnitt zur **2** **Burg Falkenstein**. Hier bietet es sich erst einmal an, eine größere Pause zu machen und den Ausblick auf Kronberg und die Umgebung zu genießen.
Nach dem Besuch der Burg laufen wir auf dem Hinweg bis zum Reichenbachweg zurück und folgen diesem weiter nach links. Am Ortsrand von Falkenstein, beim

Luftkurort Kronberg

Kronberg hat eine bezaubernde Altstadt und lockt mit Burg und Bergfried, dem »Hellhof«, dem ältesten Gebäude Kronbergs aus dem 13.–16. Jh. Die Ritter Kronbergs ließen damals den Adelshof erbauen, der heute z. T. als Galerie umgebaut wurde. Weiterhin sind der Edelkastanienwald, der Viktoriapark sowie die Streitkirche von 1758 sehr sehenswert.

Parkplatz, verlassen wir den Reichenbachweg und passieren am Borgnisweg schon bald die Fischweiher.

Schnitzel mit Äppelwoi Nach dem Kreuzen des Tillmannsweg umrunden wir halb den Speckwald und gelangen über den Staubesandweg links auf den Langen Weg. Nachdem wir die B 8 gequert haben, geht es auf dem Borgnisweg durch dichten Wald. Bald lädt das ❸ **Naturfreundehaus Billtalhöhe** mit seiner Waldgaststätte zu einer Rast ein. Nach dem Verkosten des frisch gebratenen Schnitzels mit Apfelwein nehmen wir unseren Rucksack und machen uns wieder auf den Weg.

Burg Königstein

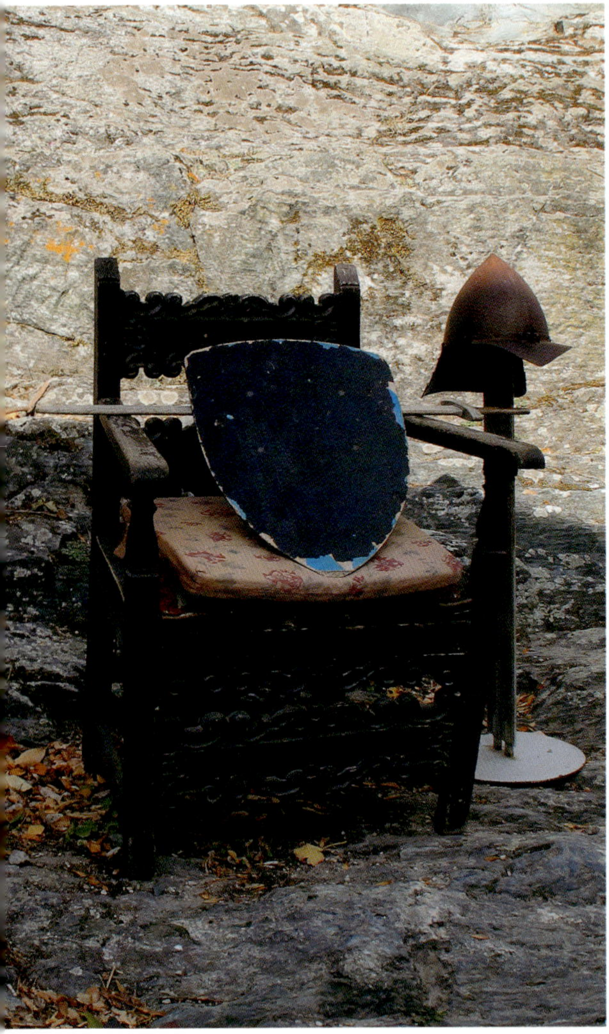

Links auf dem Kossweg wandern wir weiter, bis wir auf den Hermin-Herr-Weg treffen. Hier weiterwandernd erreichen wir als Nächstes die L 3369, die zu queren ist. Durch das Wiesental »Dem Bangert« gelangen wir zum Forellenweg, dem wir nach links folgen. Dort treffen wir bald auf das Haus des Entmologischen Vereins, der sich mit Schmetterlingen beschäftigt, und queren hier die Gleise.

Zur Burgruine Königstein Weiter durchs Woogtal und am Wasserradkanal vorbei erreichen wir Königstein. Beim St.-Josef-Krankenhaus kommen wir zur Woogtalstraße, der wir bergauf folgen. Über die Hintere Schlossgasse führt unsere Strecke am Luxemburger Schloss vorbei. Im 19. Jahrhundert war das Schloss im Besitz Herzog Adolfs von Nassau und dessen zweiter Gemahlin Adelheid Königstein und wurde als Sommerresidenz genutzt. Heute dient es als Sitz des Amtsgerichts. Jetzt geht es wieder aufwärts, bis die ❹ Burgruine Königstein erreicht ist, die man besichtigen kann.

Rückweg über den Freiheitsfelsen Nach der Burgbesichtigung laufen wir durch den Burghain bis zum Freiheitsfelsen, unseren letzten Etappenhöhepunkt. Seinen Namen bekam der Freiheitsfelsen erst 1930: Damit feierten die Bewohner Königsteins das Ende der seit 1919 herrschenden Besatzungszeit nach dem Ersten Weltkrieg.

Rechts über einen schmalen Pfad, vorbei an bizarren Schiefergesteinen, führt die Route zu einer Schrebergartenanlage. Parallel zur Bahn gehend erreichen wir über den Heuhohlweg die Bahnstraße und den Ⓔ **Bahnhof Königstein**. Von hier aus erreichen wir unseren Ausgangspunkt bequem mit dem Bus.

Rechte Seite: Das Burgtor der Burg Kronberg

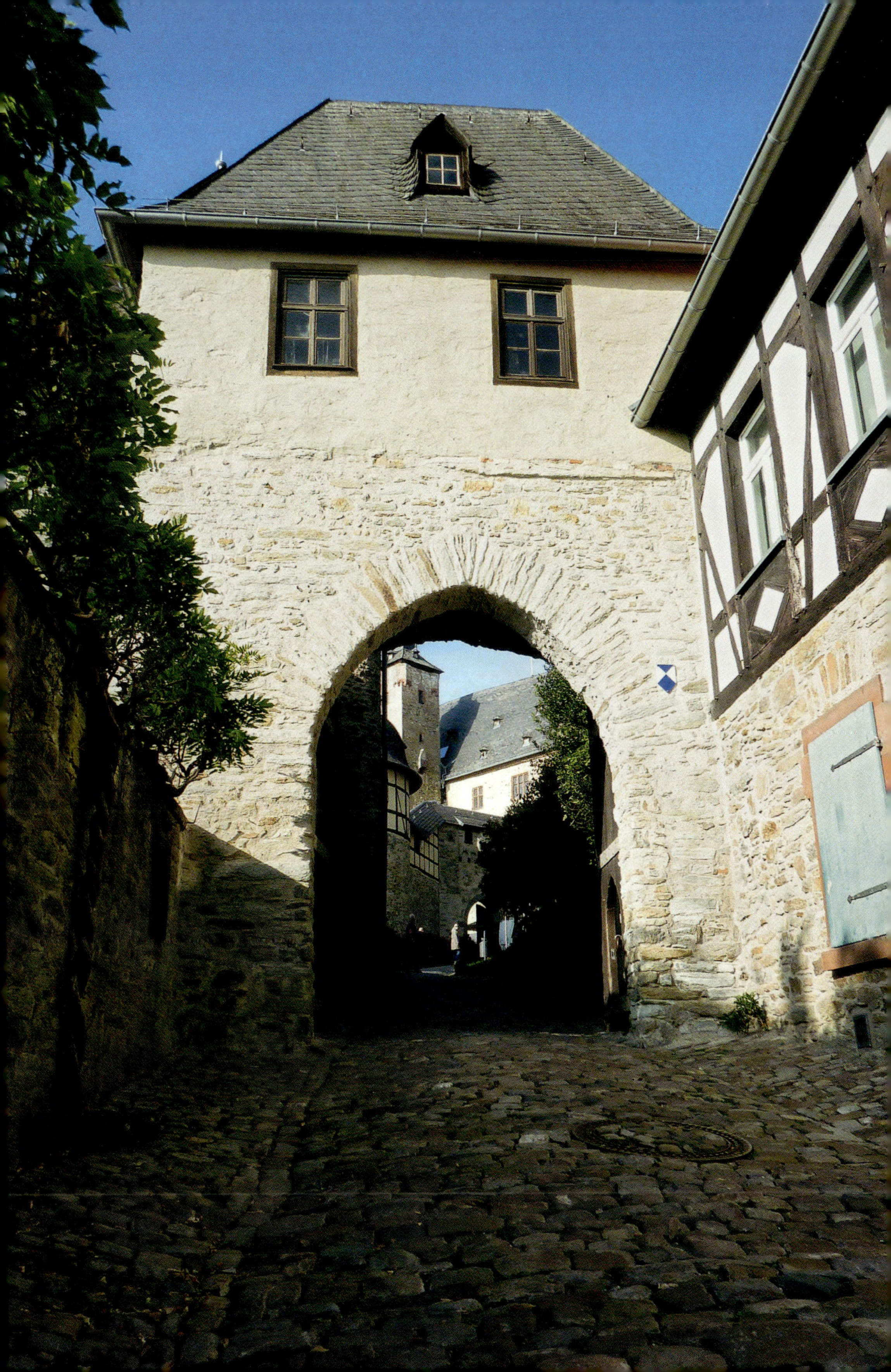

Für jeden Tag die richtige Tour

Nr.		Tour	km	Hm	🕓	🍴	☺	🏛	❄	☀	🌳	🚌	🚶	🚲
1	●	Von Wetzlar nach Braunfels	19 km	419 Hm	5 h	●		●	●		●	●		●
2	●	Zur Kubacher Kristallhöhle	13 km	385 Hm	4 h	●		●		●		●		●
3	●	Panoramaweg Waldsolms	18 km	398 Hm	3.30 h	●	●		●	●		●		●
4	●	Hirschweg in Bodenrod	10 km	218 Hm	3 h		●		●		●	●		
5	●	Ziegenberg-Winterstein-Runde	18 km	370 Hm	4 h	●		●	●		●	●		●
6	●	Naturpark Kransberg	7 km	170 Hm	2.30 h	●	●		●		●	●		●
7	●	Maibacher Schweiz	16 km	398 Hm	4 h	●		●	●		●	●		
8	●	Zum Grünwiesenweiher	10,5 km	242 Hm	2.30 h	●	●		●		●	●		●
9	●	Quarzitrunde	12 km	200 Hm	3 h	●	●	●	●		●	●		●
10	●	Holzbachtalrunde	18 km	300 Hm	4 h	●		●	●	●		●		●
11	●	Wanderung am Limes	12 km	385 Hm	3.30 h	●		●			●	●		
12	●	Säunickels Kleiderschrank	12 km	270 Hm	3 h	●		●	●		●	●		●
13	●	Von Seelenberg bis Treisberg	10 km	170 Hm	2,5 h	●	●		●		●	●		●
14	●	Um den Conradsberg	7 km	177 Hm	2 h	●	●		●	●				●
15	●	Wanderweg Heiligenwald	8 km	176 Hm	2 h	●	●	●	●	●		●		●
16	●	Im Zeichen des Limes	11 km	228 Hm	2.30 h	●		●		●		●		
17	●	Zur Quelle der Weil	8 km	250 Hm	2.30 h	●	●	●	●		●	●		●
18	●	Glashütten – Ober-Mörlen	33 km	618 Hm	9 h	●		●			●	●	●	

Nr.	Tour	Länge	Höhenunterschied	Gehzeit	Einkehr	kindergeeignet	Sehenswürdigkeit	wintergeeignet	viel Sonne	schattiger Weg	ÖPNV	Mehrtagestour	mit Rad möglich
19 ●	Unterwegs im Weiltal	47,5 km	560 Hm	10 h	●		●		●		●	●	
20 ●	Schmitten – Großer Feldberg	20 km	545 Hm	6 h	●		●	●			●		
21 ●	Drei-Gipfel-Tour	18 km	493 Hm	4 h	●		●	●			●		
22 ●	Zum Hexentanzplatz	6,5 km	288 Hm	2.30 h	●	●	●	●	●		●		●
23 ●	Zwei-Tempel-Tour	15 km	450 Hm	3.30 h	●		●	●	●		●		
24 ●	Rundwanderweg Wiesbaden	13 km	267 Hm	3.30 h	●		●	●	●		●		●
25 ●	Schinderhannes-Steig	38,5 km	1100 Hm	14 h	●		●	●	●		●	●	
26 ●	Rundwanderweg Rettershof	13 km	360 Hm	4 h	●	●	●	●	●		●		●
27 ●	Von Bad Soden nach Kelkheim	17 km	192 Hm	4 h	●				●		●		●
28 ●	Drei-Burgen Weg	11 km	535 Hm	4 h	●		●	●	●		●		
29 ●	Tillmannsweg	8 km	250 Hm	2.30 h	●	●	●	●		●	●		●
30 ●	Von Kronthal zum Opel-Zoo	7 km	230 Hm	2,5 h	●	●	●	●	●		●		●
31 ●	Mühlenwanderweg	14 km	31 Hm	3 h	●		●	●	●		●		●
32 ●	Archäologische Highlights	18 km	555 Hm	5 h	●		●	●		●	●		●
33 ●	Zum Forellengut Herzberger	10 km	110 Hm	2.30 h	●		●	●		●	●		
34 ●	Zum Bleibeskopf	16 km	545 Hm	4.30 h	●		●	●		●	●		●
35 ●	Von Kronberg nach Königstein	17 km	470 Hm	4.30 h	●		●	●	●		●	●	●

Piktogramme erleichtern den Überblick

Gehzeit
Länge
Höhenunterschied
Einkehr
kindergeeignet
Sehenswürdigkeit
wintergeeignet
viel Sonne
schattiger Weg
ÖPNV
Mehrtagestour
mit Rad möglich

PS:

Bekannt und dennoch unbekannt

Erholungssuchende, Abenteurer, Sportler und Familien zieht es in die Natur. Kaum zu glauben, dass sich so ein reizvolles Gebiet direkt vor den Toren der Metropole Frankfurt am Main befindet. Auch wenn so mancher Frankfurter gern einen Ausflug am Wochenende in den Taunus unternimmt, ahnt er kaum, welche Geheimnisse oder versteckten Orte die Landschaft birgt – auch Gebietskenner finden immer wieder Pfade und Wege, die sie aufs Neue überraschen.

Vergessen, verloren, vergangen

»Vergessene« Pfade gibt es im Taunus nur noch selten. Aber auf Wege, die man das letzte Mal vor Jahren begangen hat und die sich im Lauf der Zeit stark verändert haben, trifft man häufiger. Besonders idyllisch und ruhig ist es unter der Woche oder vormittags am Wochenende, dann trifft man kaum eine Menschenseele. Ab und zu zeigt sich dagegen ein Reh oder gar ein Hirsch, wie es mir auf der Tour 4 ergangen ist. Historisch interessante Wanderungen fand ich schon immer spannend. Von daher war ich überrascht von dem, was ich alles entdeckt habe – besonders beeindruckt haben mich die Wege der Touren 12 und 32.

Etwas fürs Gemüt

Bizarre Felsen, kleine Höhlen und wunderschöne Aussichten konnte ich bei den Touren 22 und 23 entdecken. Alte Bäume mit riesigen Wurzeln, seltene Pflanzen, die sichtbar die gute Luft genießen, und ab und zu ein Tierchen, was mir unbekannt schien, streiften meinen Weg. Wie Kunst im Einklang mit der Natur harmonieren kann, erfuhr ich auf der Tour 17. Mit der Tour 33 wurde ich als Liebhaberin feiner und frisch zubereiteter Gerichte hervorragend belohnt.

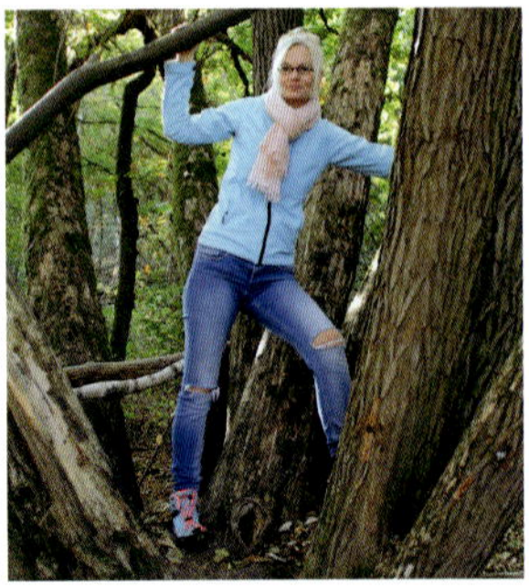

Antje Bayer

Ich wünsche Ihnen ebenfalls spannende Erfahrungen
und eine gute Wanderzeit!

Ihre

Antje Bayer

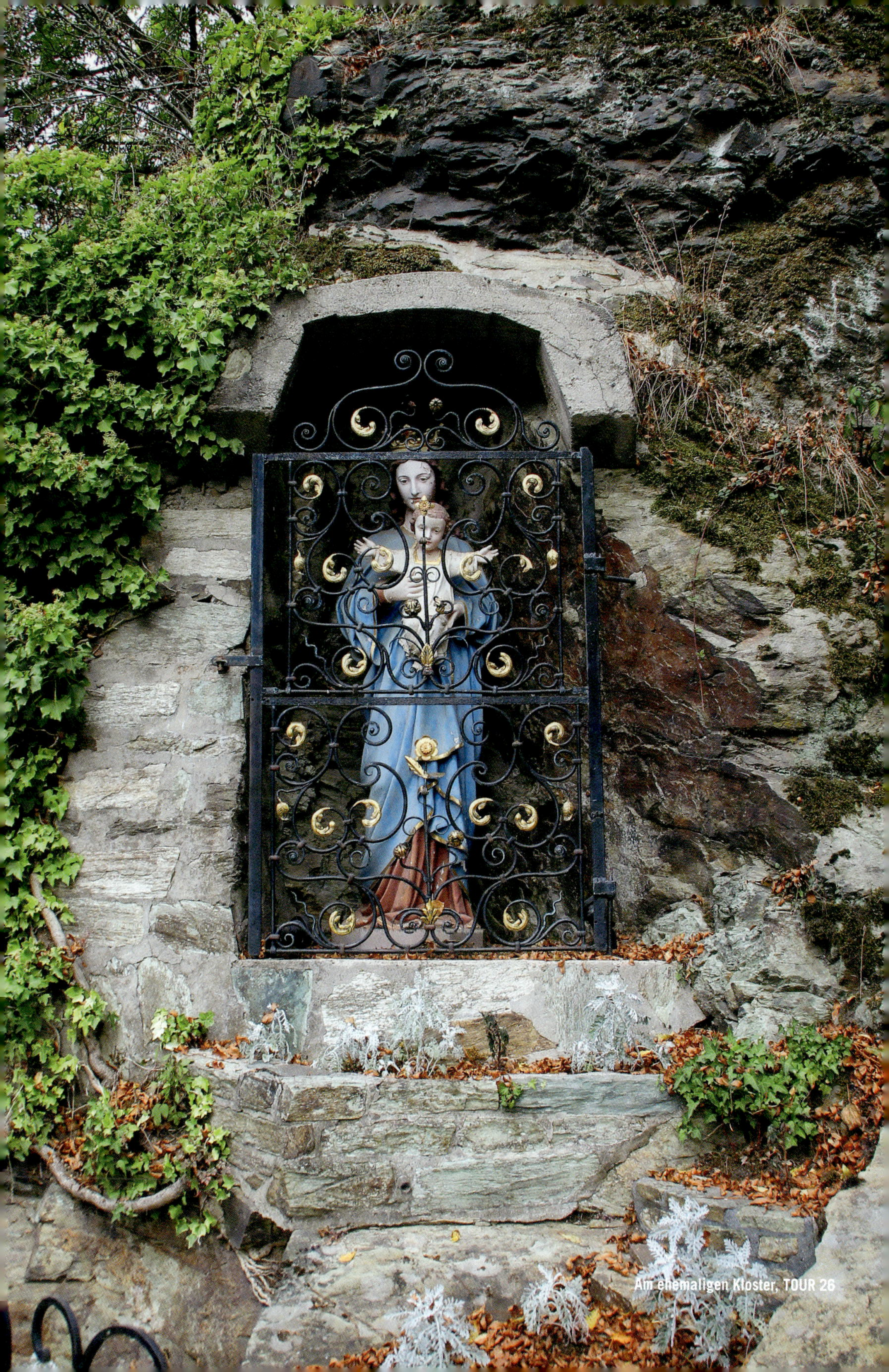

Am ehemaligen Kloster, TOUR 26

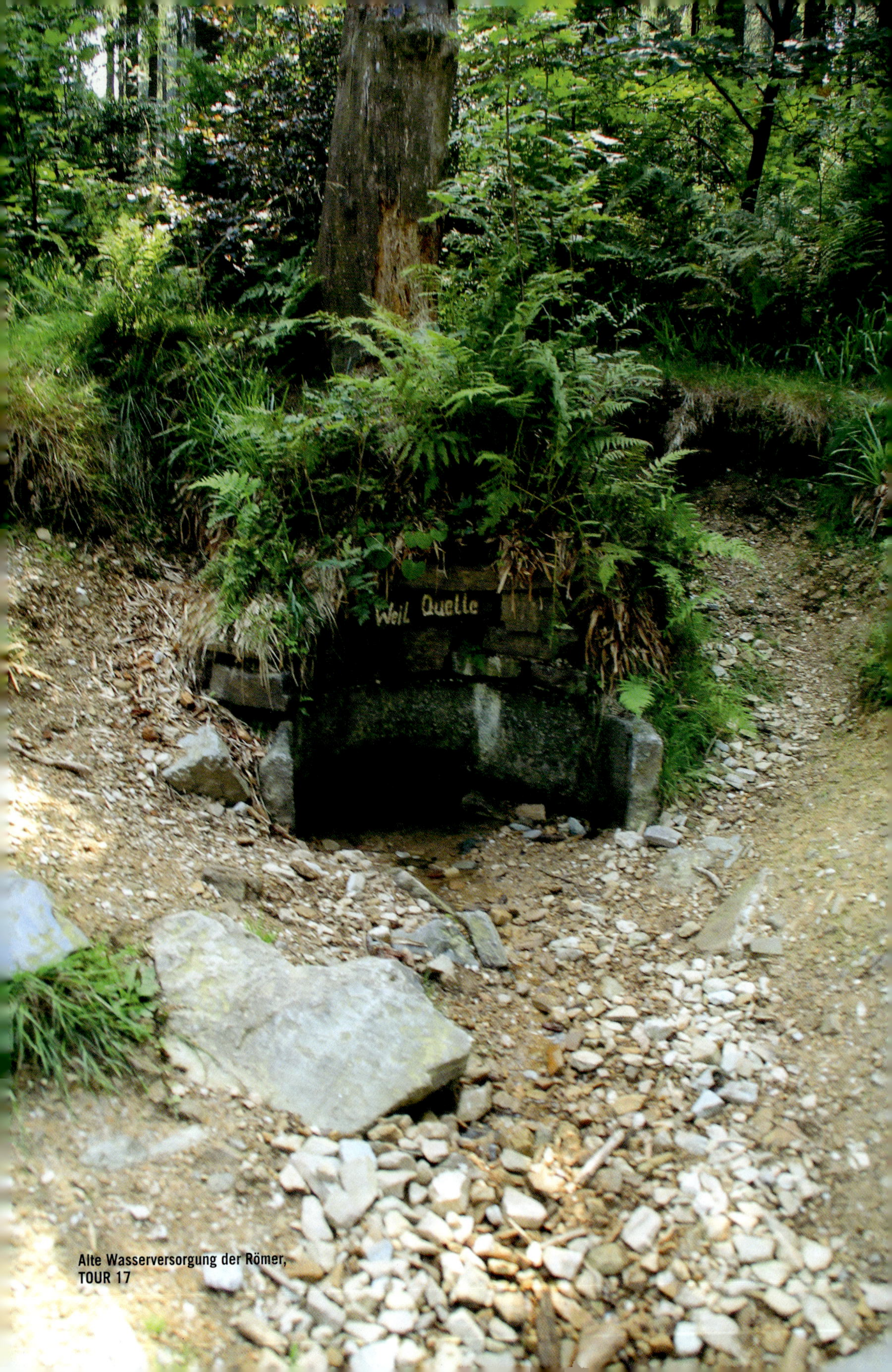

Alte Wasserversorgung der Römer,
TOUR 17

Register

Ebenfalls erhältlich ...

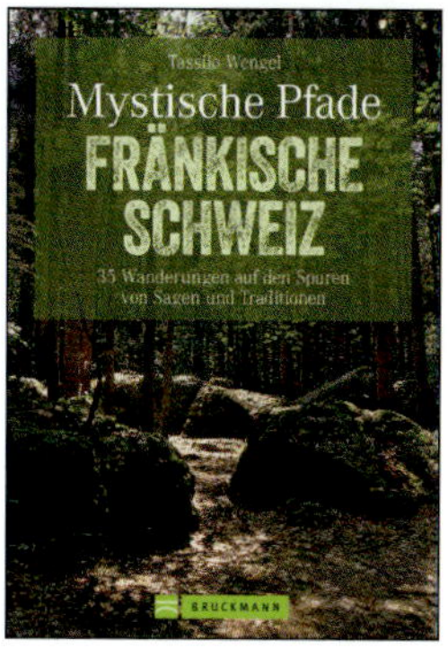

ISBN 978-3-7654-5499-8

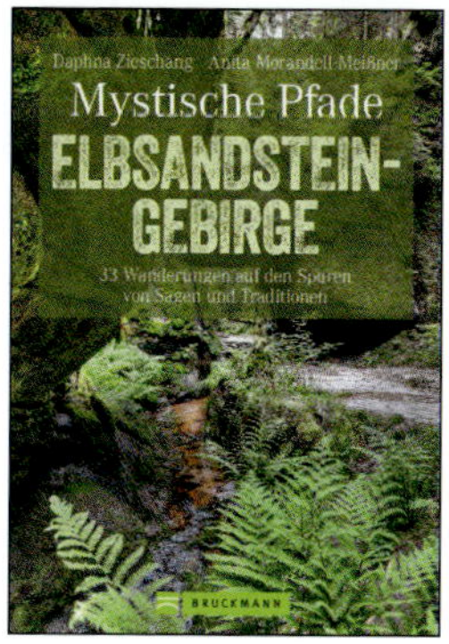

ISBN 978-3-7654-5933-7

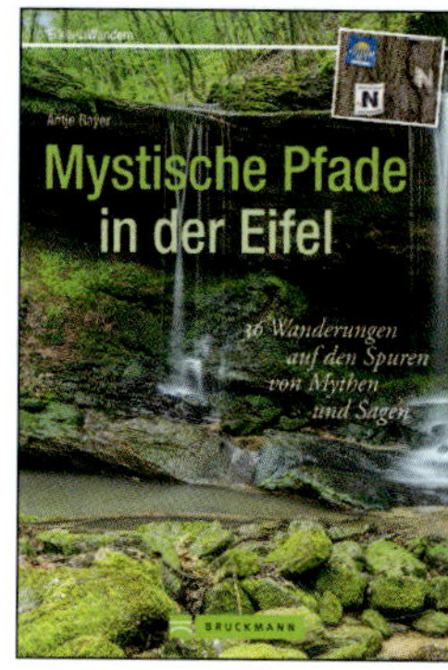

ISBN 978-3-7654-8775-0

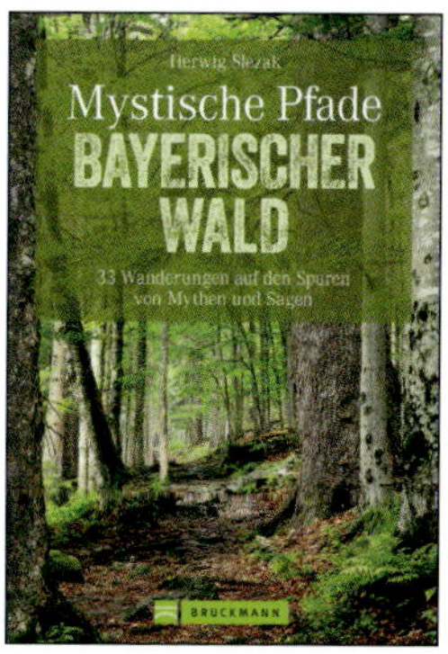

ISBN 978-3-7654-5610-7

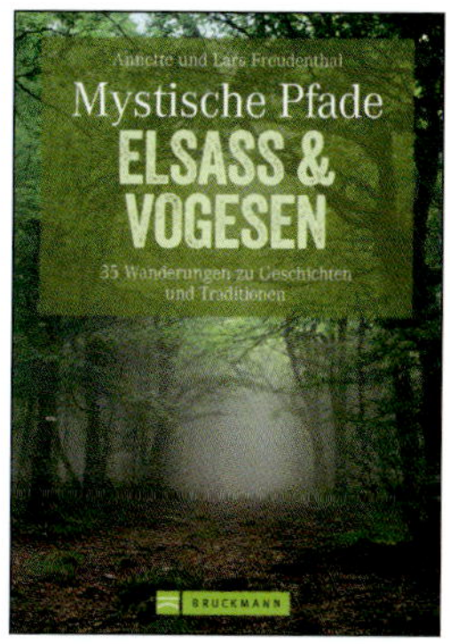

ISBN 978-3-7654-6012-8

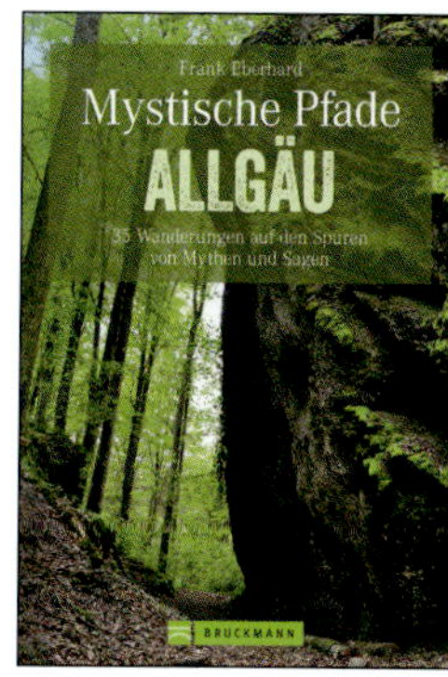

ISBN 978-3-7654-5731-9

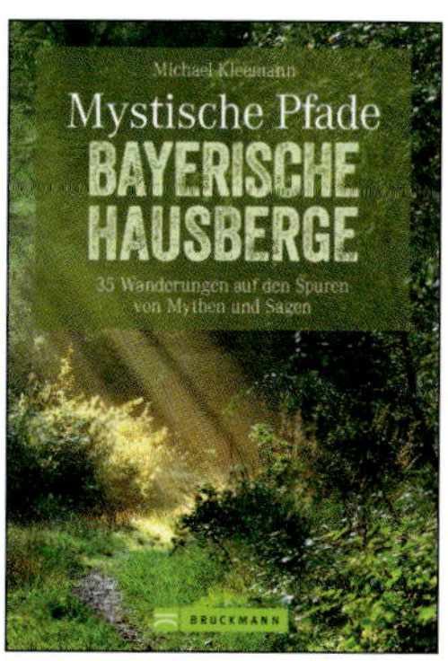

ISBN 978-3-7343-0552-8

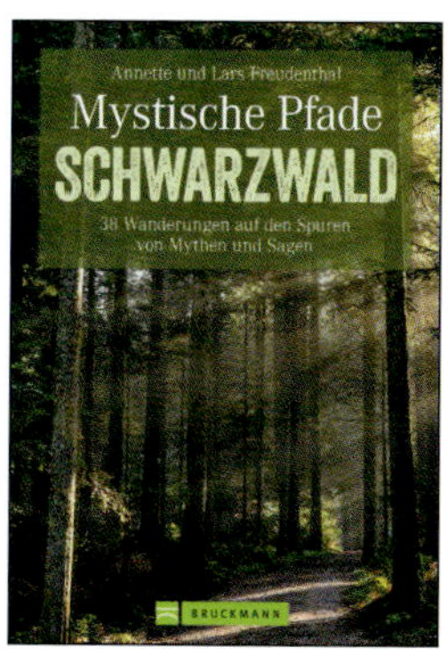

ISBN 978-3-7654-8264-9

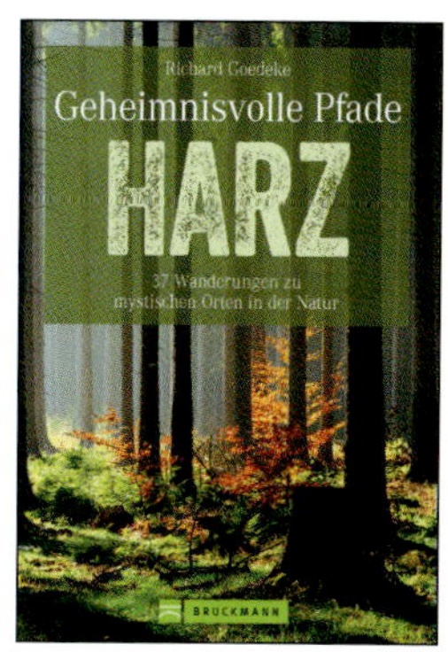

ISBN 978-3-7343-1226-7

BRUCKMANN

www.bruckmann.de

Impressum

Verantwortlich: Stefanie Krüger
Redaktion/Lektorat: Anette Späth
Layout: BUCHFLINK Rüdiger Wagner, Nördlingen
Umschlaggestaltung: Ralph Hellberg
Repro: Cromika
Kartografie: Bruckmann Verlag GmbH, Heidi Schmalfuß
Herstellung: Alexander Knoll, Stephanie Schlemmer
Printed in Slovenia by Flojancic

★★★★★

Sind Sie mit diesem Titel zufrieden? Dann würden wir uns über Ihre Weiterempfehlung freuen.
Erzählen Sie es im Freundeskreis, berichten Sie Ihrem Buchhändler, oder bewerten Sie bei Onlinekauf.
Und wenn Sie Kritik, Korrekturen, Aktualisierungen haben, freuen wir uns über Ihre Nachricht an Bruckmann Verlag, Postfach 40 02 09, D-80702 München oder per E-Mail an lektorat@verlagshaus.de.

Unser komplettes Programm finden Sie unter www.bruckmann.de

Autorenempfehlung
Sie sind auf der Suche nach weiterführender Literatur? Dann empfehle ich Ihnen den Titel »Einfach glücklich wandern Taunus«. Oder Sie werfen einen Blick in die Zeitschrift »Bergsteiger«. Hier werden Sie bestimmt fündig. Ihre Antje Bayer

Bildnachweis: Alle Bilder im Innenteil stammen von der Autorin.
Umschlagvorderseite: Buchenwald am Hammersberg (mauritius images/Udo Siebig)
Umschlagrückseite: Wilde Landschaft, Tour 22 (Antje Bayer)

Die Deutsche Nationalbibliothek verzeichnet diese Publikation in der Deutschen Nationalbibliografie; detaillierte bibliografische Daten sind im Internet über http://dnb.d-nb.de abrufbar.

2. aktualisierte Auflage

ISBN 978-3-7343-1330-1